高等学校小学教育专业系列教材

小学英语课程与教学论

主　编　吴俊芳
副主编　汪微琦　程丽芳　曹金萍
参　编　（以姓氏笔画为序）
　　　　方凤鸾　李　雪　欧阳慧
　　　　夏小红

南京大学出版社

图书在版编目(CIP)数据

小学英语课程与教学论 / 吴俊芳主编. — 南京：南京大学出版社，2018.7(2023.1 重印)
ISBN 978-7-305-20367-1

Ⅰ.①小… Ⅱ.①吴… Ⅲ.①英语课－教学研究－小学 Ⅳ.①G623.312

中国版本图书馆 CIP 数据核字(2018)第 123149 号

出版发行　南京大学出版社
社　　址　南京市汉口路 22 号　　　邮　编　210093
出 版 人　金鑫荣

书　　名　小学英语课程与教学论
主　　编　吴俊芳
责任编辑　曹　森　　　　　　　　编辑热线　025-83592123

照　　排　南京南琳图文制作有限公司
印　　刷　广东虎彩云印刷有限公司
开　　本　787×960　1/16　印张 17.25　字数 328 千
版　　次　2018 年 7 月第 1 版　2023 年 1 月第 5 次印刷
ISBN 978-7-305-20367-1
定　　价　45.00 元

网址：http://www.njupco.com
官方微博：http://weibo.com/njupco
微信服务号：NJUyuexue
销售咨询热线：(025) 83594756

* 版权所有，侵权必究
* 凡购买南大版图书，如有印装质量问题，请与所购
　图书销售部门联系调换

前 言

教学法是教育科学的一个重要分支,是培养教师过程中一门重要的专业课,具有很强的综合性和实践性。它的教学任务主要是阐述教学的基本理论、一般规律和教学方法,并通过典型的案例对学生进行指导和训练,使学生具备从事教育教学的能力。

鉴于中国教育部制定的《义务教育英语课程标准(2017版)》,我们编写了这本《小学英语课程与教学论》。本书以全新的教学理念来审视现代教学,注重工具性和人文性的统一,注重实用性、可操作性以及知识的更新和拓展。本书以现代英语教学理论为指导,参考国内外许多英语教学法的论著,在介绍理论的同时重点介绍小学英语教学的实际应用与实施。全书共六章。第一章综述小学英语课程标准,主要讲述小学英语课程标准的基本理念、课程目标,以及小学英语课程标准对教师素质的要求等。第二章介绍小学英语教学应遵循的规律,讲述语言的习得与学得,阐述小学生学习特征,分析小学生心理特征和小学生语言学习特征,以及小学英语教学原则。第三章讲述小学英语教学的组织与实施,主要阐述依据新课程标准如何进行备课、上课,如何说课、听课和评课,并附有典型课例。第四章介绍小学英语课堂教学技能与运用,具体介绍导入技能、讲解技能、提问技能、操练技能和结束技能,分别阐述各项技能的意义、作用、构成要素、方法和运用,且每小节附有从全国小学英语教师优质课视频中截取的视频片段,引导学生分析视频中的教师运用了哪些教学方法、如何使用这些教学技能。通过具有真实情境的视频资料,使得学生在学习过程中从直观到抽象,从感性到理性,从而形成分析问题、解决问题的思维方式,这一教学方式的应用能有效地启发学生、引导学生加深理解本章知识点。第五章讲述小学英语知识教学的具体实施,阐述小学英语语音、词汇、语法,听说读写的教学理论与目标,以及根据新课程目标所确定的各项教学内容与所应采用的教学方法,并附有教学示例、经典教学设计和相关的优质课教学视频供学生课堂讨论。第六章介绍小学英语教学评价,主要说明评价目的、方式,课堂评价以及阶段性评价等。本书借助二维码立体资源为学习者提供相关的优质课例、教学辅助资料以及相应的课件资源供使用者参考。

我们希望这本书能为师范学校英语专业学生和将从事小学英语教学工作的准教师奠定初步的基础,也能为小学英语教师的教学提供一定的指导和借鉴,为促进小学英语教学方法研究的发展发挥有益作用。

在编写和修订过程中,我们参考了国内国行的研究成果,在此一并表示感谢。由于编者水平有限,难免有错误之处,望读者不吝赐教,以便我们再次修订时修正,使其日臻完善。

编　者

2018 年 6 月

目 录

第一章　小学英语课程概述 …………………………………………………… 1
第一节　小学英语课程设置的指导思想 ………………………………… 2
第二节　小学英语课程设置的要求 ……………………………………… 4
第三节　小学英语课程标准基本内容介绍及解读 ……………………… 6
第四节　课程标准对小学英语教师素质的要求 ……………………… 14

第二章　小学英语教学应遵循的规律 ……………………………………… 22
第一节　语言与语言学习 ………………………………………………… 23
第二节　小学生学习特征 ………………………………………………… 35
第三节　小学英语教学原则 ……………………………………………… 41

第三章　小学英语教学的组织与实施 ……………………………………… 51
第一节　备　课 …………………………………………………………… 52
第二节　上　课 …………………………………………………………… 60
第三节　说　课 …………………………………………………………… 120
第四节　听课和评课 ……………………………………………………… 135

第四章　小学英语课堂教学技能与运用 …………………………………… 139
第一节　导入技能(Lead-in) …………………………………………… 140
第二节　讲解技能(Explaining) ………………………………………… 144
第三节　提问技能(Questioning) ……………………………………… 147
第四节　操练技能(Drilling) …………………………………………… 149
第五节　结束技能(Closure) …………………………………………… 154

第五章　小学英语知识教学的具体实施……158
第一节　小学英语语音教学……160
第二节　小学英语词汇教学……171
第三节　小学英语听力教学……182
第四节　小学英语口语教学……195
第五节　小学英语读写教学……206
第六节　小学英语语法教学……220

第六章　小学英语教学评价……236
第一节　评价的形式……237
第二节　课堂评价……239
第三节　形成性评价的方式与实施……244
第四节　终结性评价……250

附　录……258

参考文献……265

- 查看本书配套学习资源、精选课例、模拟试卷及答案
- 获取小学教师资格考试相关试题
- 教师入口可获取本书备课的相关资料

微信扫一扫

第一章 小学英语课程概述

章首语

《义务教育英语课程标准》（2017年版）（以下简称《标准》）指明了新时代小学英语课程的性质和基本理念。本章从小学英语课程指导思想、课程设置要求、课程标准简介及标准对小学英语教师素质要求四大方面概述小学英语课程。通过本章学习，希望学习者能够了解小学英语课程的新标准、新变化、新理念，从而有效进行小学英语教学。

知识点思维导图

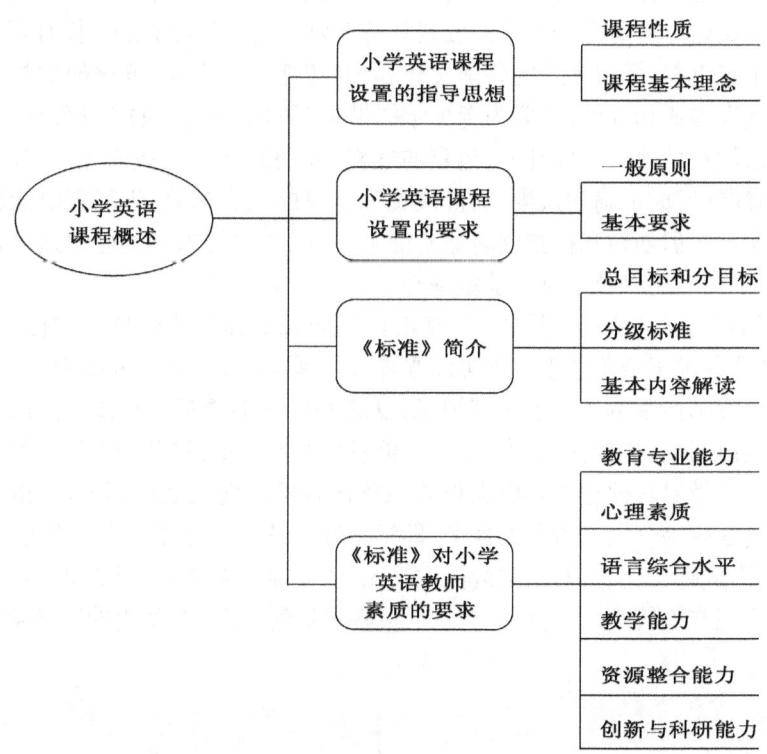

第一节 小学英语课程设置的指导思想

当今世界正处在大发展和大调整的变革时期,呈现出世界多极化和经济全球化以及信息化的发展态势。作为一个和平发展的大国,中国承担着重要的历史使命和国际责任与义务。英语作为全球使用最广泛的语言之一,已经成为国际交往和科技、文化交流的重要工具。学习和使用英语对吸引人类文明成果、借鉴国外先进科学技术、增进中国和世界的相互理解具有重要的作用。在义务教育阶段开设英语课程能够为提高整体国民素养,培养具有创新能力和跨文化交际能力的人才,提高国家的国际竞争力和国民的国际交流能力奠定基础。

一、小学英语课程性质

《标准》对义务教育阶段的英语课程价值进行了全新定位,指出在义务教育阶段开设英语课程对青少年未来发展具有重要意义。学习英语不仅有利于他们更好地了解世界,学习先进的科学文化知识,传播中国文化,增进他们与各国青少年的相互沟通和理解,还能为青少年提供更多的接受教育的职业发展的机会;学习英语能帮助他们形成开放、包容的性格,发展跨文化交流的意识与能力,促进思维发展,形成正确的人生观、价值观和良好的人文素养;学习英语能够为学生未来参与知识创新和科技创新储备能力,也能为他们未来更好地适应世界多极化、经济全球化以及信息化奠定基础。

《标准》明确了课程性质为"具有工具性和人文性双重性质"。就工具性而言,英语课程承担培养学生基本英语素养和发展学生思维能力的任务,即学生通过英语课程掌握基本的英语语言知识,发展基本的英语听、说、读、写技能,初步形成用英语与他人交流的能力,进一步促进思维能力的发展,为今后继续学习英语和用英语学习其他相关科学文化知识奠定基础。就人文性而言,英语课程承担着提高学生综合人文素养的任务,即学生通过英语课程能够开阔视野,丰富生活经历,形成跨文化意识,增强爱国主义精神,发展创新能力,形成良好品格和正确的人生观与价值观。工具性与人文性统一的英语课程为学生的终身发展奠定基础。

二、小学英语课程基本理念

（一）注重素质教育，体现语言学习对学生发展的价值

义务教育阶段设置英语课程的主要目的是为学生发展综合语言运用能力打基础，为他们继续学习英语和未来发展创造有利条件。语言既是交流的工具，也是思维的工具。学习一门外语能够促进人的心智发展，有助于学生认识世界的多样性，在体验中外文化的异同中形成跨文化意识，增进国际理解，弘扬爱国主义精神，形成社会责任感和创新意识，提高人文素养。

（二）面向全体学生，关注语言学习者的不同特点和个体差异

义务教育是全民教育的重要组成部分。义务教育阶段的英语课程应面向全体学生，体现以学生为主体的思想，在教学目标、教学内容、教学过程、教学评价和教学资源的利用与开发等方面都应考虑全体学生的发展需求。英语课程应成为学生在教师的指导下构建知识、发展技能、拓宽视野、活跃思维、展现个性的过程。由于学生在年龄、性格、认知方式、生活环境等方面存在差异，他们具有不同的学习需求和学习特点。只有最大限度地满足个体需求，才有可能获得最大化的整体教学效益。

（三）整体设计目标，充分考虑语言学习的渐进性和持续性

英语学习具有明显的渐进性和持续性特点。语言学习持续时间长，而且需要逐渐积累。《标准》和与之相衔接的《普通高中英语课程标准》将基础教育阶段英语课程的目标设为九个级别，旨在体现小学、初中和高中各学段课程的有机衔接和各学段学生英语语言能力循序渐进的发展特点，保证英语课程的整体性、渐进性和持续性。英语课程应按照学生的语言水平及相应等级要求组织教学和评价活动。

（四）强调学习过程，重视语言学习的实践性和应用性

现代外语教育注重语言学习的过程，强调语言学习的实践性，主张学生在语境中接触、体验和理解真实语言，并在此基础上学习和运用语言。英语课程提倡采用既强调语言学习过程又有利于提高学生学习成效的语言教学途径和方法，尽可能多地为学生创造在真实语境中运用语言的机会。鼓励学生在教师的指导下，通过体验、实践、参与、探究和合作等方式，发现语言规律，逐步掌握语言知识和技能，不断调整情感态度，形成有效的学习策略，发展自主学习能力。

（五）优化评价方式，着重评价学生的综合语言运用能力

英语课程评价体系要有利于促进学生综合语言运用能力的发展，要通过采

用多元优化的评价方式,评价学生综合语言运用能力的发展水平,并通过评价激发学生的学习兴趣,促进学生的自主学习能力、思维能力、跨文化意识和健康人格的发展。评价体系应包括形成性评价和终结性评价。日常教学中的评价以形成性评价为主,关注学生在学习过程中的表现和进步;终结性评价着重考查学生的综合语言运用能力,包括语言技能、语言知识、情感态度、学习策略和文化意识等方面。

(六)丰富课程资源,拓展英语学习渠道

语言学习需要大量的输入。丰富多样的课程资源对英语学习尤其重要。英语课程应根据教和学的需求,提供贴近学生、贴近生活、贴近时代的英语学习资源。创造性地开发和利用现实生活中鲜活的英语学习资源,积极利用音像、广播、电视、书报杂志、网络信息等,拓展学生学习和运用英语的渠道。

第二节 小学英语课程设置的要求

课程是培养目标的具体体现,是实现人才培养的根本途径。课程的设置要考虑课程的本质、目标、涵盖的内容及其内在的联系。

一、小学英语课程设置的一般原则

(一)发展性原则

关于发展性,主要是指小学课程设置是为学生将来的生存和发展打基础的,它主要追求学生发展的后劲,要求小学英语教学要发挥积极的、有利于学生创新的作用,把压制扼杀学生创造天性的教育负面作用消灭在萌芽状态中。

(二)整体性原则

英语课程设置应在中小学整套课程设计的基础上进行,发挥课程设置的整合优势。孤立地研究单科课程难以改变过去单一的学科课程为主的模式,难以纠正以知识灌输为主的倾向,还有可能加重学生的负担。新课程的培养目标包括能力的发展、情感态度和知识技能。因此,英语课完全可以渗透自然科学和人文科学,发挥学科之间的联系,相互渗透,从而提高教学的效率。

(三)多元性原则

学校在执行国家课程标准的同时,应设置地方和学校的课程,实现课程的多元化。事实证明,外语课程多元化有利于推进素质教育,有助于发挥学生的潜力。

英语课程设置本身也应多元化,要设置必修课程和选修课程。为达到大纲基本要求所设的课程学生必修,超大纲基本要求的课程由学生选修,以培养学生特长,如泛读、听力、翻译等;也可开设第二外语选修课,除去课堂教学,还应开设丰富的活动课,如朗诵、唱歌、讲故事、演短剧,以及英语角、英语墙报等,甚至可以参与社区英语活动;有条件的学校还可以参与有组织的国际学生交流活动。这样才能真正激发学生的学习兴趣,培养他们的个性和创造性。

(四)灵活性原则

课程设置是个动态的开放系统,合理的课程设置应当具有灵活性。现代教育观、学习观强调"学会学习",所以大纲的编制和课程设置必须满足学生作为教学主体的要求,必须体现个性化、多元化的特点。教师应充分了解所有学生的现有英语水平和发展要求,选择适当的教学方式和方法,把握学习难度,调动所有学生的积极性,使他们保持学习英语的信心,体验学习英语的乐趣,获得学习英语的成功感受,并使他们在各个阶段的学习中不断进步。随着社会发展,各地区外语教学发展不一致,有条件的地方可从小学一年级开设英语课。

二、小学英语课程设置的基本要求

(一)小学英语课程设置必须符合英语教学的特点和规律

小学英语课程必须根据英语教学主体、教学客体、教学环境的特点进行设置。教学主体指教授英语的教师和学习英语的学生,教学客体指目的地语言,英语教学是在学校环境中教学生学会英语,不同于目的语环境中的自然学习,环境对学习有极大的制约作用。同时英语课程设置必须符合英语教学的特点和规律。

(二)小学英语课程设置必须符合儿童的身心发展规律

小学阶段的儿童开始系统地接受正规的学校教育,他们活泼好动、注意力易分散、喜欢多问,兴趣较广。因此小学英语课程设置要以小学生的认知发展水平和特点为基础,要考虑小学生的年龄特征。"玩"是儿童的天性,"游戏"是儿童重要的学习方式,所以小学英语教学的主要形式是"活动"。对于小学低年级的学生,教师更应注意使用丰富多样的教学资源,使教学内容、形式与过程更为直观、生动、形象,以适应儿童的认知特点。

(三)小学英语课程设置必须体现创新精神

创新学习理论要求教育能带领小学生走向自主创新学习之路,使儿童开发自己无穷的想象力、创造力。那么课程设置中必须体现创新精神,以培养学生的创新意识、创新精神、创新思维、创新能力以及创新个性为主要目标。特别是在小学阶段,教师尤其需要注意培养学生浓厚的学习兴趣、积极的学习态度、良好的学习习惯和创造性运用语言的意识。

(四)小学英语课程设置必须突出实践性

《标准》以学生"能用英语做事情"的描述方式设定各级目标要求,旨在强调培养学生的综合语言运用能力。各种语言知识的呈现和学习都应从语言使用的角度出发,为学生提升"用英语做事情"的能力而服务。小学英语课程设置必须突出以学生为中心,以主动学习、主体实践为特征。坚持教、学、做相结合,让学生在实践中学,在实践中用。在课程设置中,发挥主动性,给学生一定的空间,让学生自己设计、亲自体验、自我评价。①

第三节 小学英语课程标准基本内容介绍及解读

一、小学英语课程的总目标和分级目标

(一)总目标

义务教育阶段英语课程的总体目标是:通过英语学习使学生形成初步的综合语言运用能力,促进心智发展,提高综合人文素养。综合语言运用能力的形成建立在语言技能、语言知识、情感态度、学习策略和文化意识等诸方面整体发展的基础之上。语言技能和语言知识是综合语言运用能力的基础;文化意识有利于正确地理解语言和得体地使用语言;有效的学习策略有利于提高学习效率和发展自主学习能力,积极的情感态度有利于促进学生主动学习和持续发展。这五个方面相辅相成,共同促进综合语言运用能力的形成与发展。

以语言技能、语言知识、情感态度、学习策略和文化意识等五个方面共同构成的课程总目标,既体现了英语学习的工具性,也体现了其人文性;既有利于学生发展语言运用能力,又有利于学生发展思维能力,从而全面提高学生的综合人文素养。课程目标结构如图1-1所示。

---

① 邢佳伟.小学英语课程与教学[M].教育科学出版社,2013:27-29.

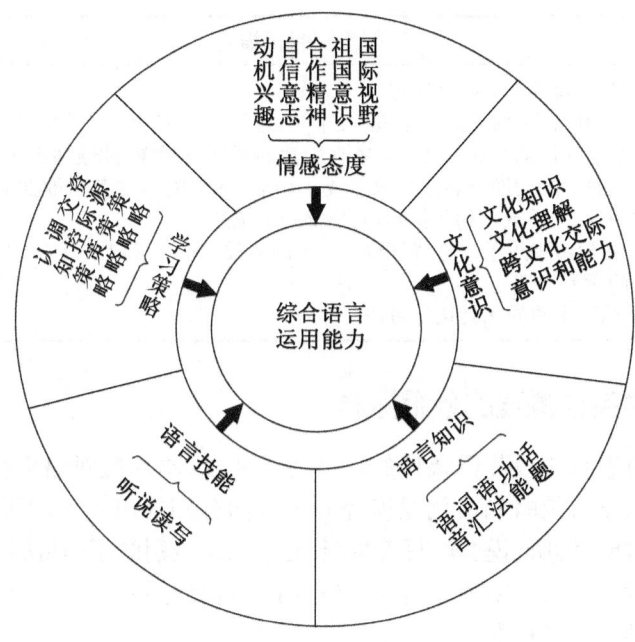

图 1-1　课程目标结构

（二）分级目标

义务教育阶段英语课程各个级别的目标是指学生在语言技能、语言知识、情感态度、学习策略和文化意识五个方面应达到的综合行为表现。《标准》采用国际通用的分级方式，将英语课程目标按照能力水平设为九个等级，要求从小学三年级起开设英语课，四年级达到一级要求，六年级毕业时应达到二级要求。下面将一二级目标要求摘录如下：（见表 1-1）

表 1-1　课程总目标一级至二级的分级描述

级别	目标描述
一级	• 对英语有好奇心，喜欢听他人说英语。 • 能根据教师的简单指令做动作、做游戏、做事情（如涂颜色、连线）。能做简单的角色表演。能唱简单的英文歌曲，说简单的英语歌谣。能在图片的帮助下听懂和读懂简单的小故事。能交流简单的个人信息，表达简单的感觉和情感。能模仿范例书写词句。 • 在学习中乐于模仿，敢于表达，对英语具有一定的感知能力。 • 对英语学习中接触的外国文化习俗感兴趣。

续 表

级别	目标描述
二级	• 对继续学习英语有兴趣。 • 能用简单的英语互致问候,交换有关个人、家庭和朋友的简单信息,并能就日常生活话题做简短叙述。能在图片的帮助下听懂、读懂并讲述简单的故事,能在教师的帮助下表演小故事或小话剧,演唱简单的英语歌曲和歌谣。能根据图片、词语或例句的提示,写出简短的描述。 • 在学习中乐于参与、积极合作、主动请教。初步形成对英语的感知能力和良好的学习习惯。 • 乐于了解异国文化和习俗。

二、小学英语课程的分级标准

按照义务教育阶段英语课程的总体目标要求,本标准对语言技能、语言知识、情感态度、学习策略和文化意识等五个方面分别提出了不同级别要求。其中,对语言技能中的听、说、读、写等技能提出一、二级别的不同目标要求,对语言知识、情感态度、学习策略和文化意识提出了二级目标要求。义务教育小学 6 年级结束时应达到二级标准。

(一)语言技能

语言技能是语言运用能力的重要组成部分。语言技能主要包括听、说、读、写等方面的技能以及这些技能的综合运用。听和读是理解的技能,说和写是表达的技能。它们在语言学习和交际中相辅相成、相互促进。学生应通过大量的专项和综合性语言实践活动,形成综合语言运用能力,为真实语言交际打基础。因此,听、说、读、写既是学习的内容,又是学习的手段。语言技能标准以学生在某个级别"能做什么"为主要内容,这不仅有利于调动学生的学习积极性,促进学生语言运用能力的提高,也有利于科学、合理地评价学生的学习结果。表 1-2 是小学英语新课程语言技能的分级目标。

表 1-2 小学英语新课程的语言技能分级目标

级别	技能	标准描述
一级	听做	1. 能根据听到的词句识别或指认图片或实物; 2. 能听懂课堂简短的指令并做出相应的反应; 3. 能根据指令做事情,如:指图片、涂颜色、画图、做动作等; 4. 能在图片和动作的提示下听懂简单的小故事并做出适当的反应。

续 表

级别	技能	标准描述
一级	说唱	1. 能根据录音模仿说话； 2. 能相互致以简单的问候； 3. 能相互交流简单的个人信息，如姓名、年龄等； 4. 能表达简单的情感和感觉，如喜欢和不喜欢； 5. 能够根据表演猜测意思，说出词语； 6. 能学唱英语儿童歌曲和歌谣15首左右； 7. 能根据图、文说出单词或短句。
	玩演	1. 能在教师的指导下用英语做游戏并在游戏中进行简单的交际； 2. 能做简单的角色表演。
	读写	1. 能看图识词； 2. 能在指认物体的前提下认读所学词语； 3. 能在图片的帮助下读懂简单的小故事； 4. 能正确书写字母和单词； 5. 能模仿范例写词句。
	视听	能看懂语言简单的英语动画片或程度相当的英语教学节目，视听时间每学年不少于10小时(平均每周20～25分钟)。
二级	听	1. 能借助图片、图像、手势听懂简单的话语或录音材料； 2. 能听懂简单的配图小故事； 3. 能听懂课堂活动中简单的提问； 4. 能听懂常用指令和要求并做出适当的反应。
	说	1. 能在口头表达中做到发音清楚，语调基本达意； 2. 能就所熟悉的个人和家庭情况进行简短对话； 3. 能运用一些最常用的日常用语(如问候、告别、致谢、道歉等)； 4. 能就日常生活话题做简短叙述； 5. 能在教师的帮助和图片的提示下描述或讲述简单的小故事。
	读	1. 能认读所学词语； 2. 能根据拼读的规律，读出简单的单词； 3. 能读懂教材中简短的要求或指令； 4. 能看懂贺卡等所表达的简单信息； 5. 能借助图片读懂简单的故事或小短文，并养成按意群阅读的习惯； 6. 能正确朗读所学故事或短文。
	写	1. 能基本正确地使用大小写字母和标点符号； 2. 能写出简单的问候语和祝福语； 3. 能根据图片、词语或例句的提示，写出简短的语句。
	玩演视听	1. 能按要求用简单的英语做游戏； 2. 能在教师的帮助下表演小故事或小短剧； 3. 能学唱简单的英语歌曲和歌谣30首左右(含一级要求)； 4. 能看懂程度相当的英语动画片和英语教学节目，课堂视听时间每学年不少于10小时(平均每周20～25分钟)。

（二）语言知识

学生在义务教育阶段应该学习和掌握的英语语言基础知识包括语音、词汇、语法以及用于表达常见话题和功能的语言形式等。语言知识是语言运用能力的重要组成部分,是发展语言技能的重要基础。表1-3是小学英语新课程的语言知识标准。

表1-3　小学英语新课程的语言知识标准

级别	知识	标准描述
二级	语音	1. 正确读出26个英文字母； 2. 了解简单的拼读规律； 3. 了解单词有重音,句子有重读； 4. 了解英语语音包括连读、节奏、停顿、语调等现象。
	词汇	1. 知道单词是由字母构成的； 2. 知道要根据单词的音、义、形来学习词汇； 3. 学习有关本级话题范围的600～700个单词和50个左右的习惯用语,并能初步运用400个左右的单词表达二级规定的相应话题。
	语法	1. 在具体语境下理解以下语法项目意义和用法： ——名词的单复数形式和名词所有格； ——人称代词和形容词性物主代词； ——一般现在时、现在进行时、一般过去时和一般将来时； ——表示时间、地点和位置的常用介词； ——简单句的基本形式。 2. 在实际运用中体会以上语法项目的表意功能。
	功能	理解和运用有关下列功能的语言表达形式：问候、介绍、告别、请求、邀请、致谢、道歉、情感、喜好、建议、祝愿等。
	话题	理解和运用有关下列话题的语言表达形式：个人情况、家庭与朋友、身体与健康、学校与日常生活、文体活动、节假日、饮食、服装、季节与天气、颜色、动物等。

（三）情感态度

情感态度指兴趣、动机、自信、意志和合作精神等影响学生学习过程和学习效果的相关因素以及在学习过程中逐渐形成的祖国意识和国际视野。保持积极的学习态度是英语学习成功的关键。教师应在教学中不断激发并强化学生的学习兴趣,并引导他们逐渐将兴趣转化为稳定的学习动机,以使他们树立自信心,锻炼克服困难的意志,认识自己学习的优势与不足,乐于与他人合作,养成和谐和健康向上的品格。通过英语课程,使学生增强祖国意识,拓展国际视野。表1-4是小学英语新课程的情感态度标准。

表1-4 小学英语新课程的情感态度标准

级别	标准描述
二级	1. 能体会到英语学习的乐趣； 2. 敢于开口，表达中不怕出错误； 3. 乐于感知并积极尝试使用英语； 4. 积极参与各种课堂学习活动； 5. 在小组活动中能与其他同学积极配合和合作； 6. 遇到困难时能大胆求助； 7. 乐于接触外国文化，增强祖国意识。

（四）学习策略

学习策略指学生为了有效地学习和使用英语而采取的各种行动和步骤以及指导这些行动和步骤的信念。英语学习策略包括认知策略、调控策略、交际策略和资源策略等。认知策略是指学生为了完成具体学习任务而采取的步骤和方法；调控策略是指学生对学习加以计划、实施、反思、评价和调整的行动和步骤；交际策略是学生为了争取更多的交际机会、维持交际以及提高交际效果而采取的行动；资源策略是学生合理并有效利用多种媒体进行学习和运用英语的方式和方法。

学习策略是灵活多样的，策略的使用因人、因时、因地、因事而异。在英语教学中，教师要有意识地帮助学生形成适合自己的学习策略，并不断调整自己的学习策略。在英语课程实施中，帮助学生有效地使用学习策略，不仅有利于他们把握学习的方向，采用科学的途径，提高学习效率，而且还有助于他们形成自主学习的能力，为终身可持续性学习奠定基础。表1-5是小学英语新课程的学习策略标准。

表1-5 小学英语新课程的学习策略标准

级别	标准描述
二级	基本策略 1. 积极与他人合作，共同完成学习任务； 2. 遇到问题主动向老师或同学请教； 3. 会制订简单的英语学习计划； 4. 对所学内容能主动复习和归纳； 5. 在词语与相应事物之间建立联想； 6. 在学习中集中注意力； 7. 在课堂交流中，注意倾听，积极思考； 8. 尝试阅读英语故事及其他英语课外读物； 9. 积极运用所学英语进行表达和交流； 10. 注意观察生活或媒体中使用的简单英语； 11. 能初步借助简单的工具书学习英语。

(五) 文化意识

语言有丰富的文化内涵。在外语教学中,文化是指所学语言国家的历史地理、风土人情、传统习俗、生活方式、行为规范、文学艺术、价值观念等。在学习英语的过程中,接触和了解外国文化有益于对英语的理解和使用,有益于加深对中华民族优秀传统文化的认识与热爱,有益于接受属于全人类先进文化的熏陶,有益于培养国际意识。在教学中,教师应根据学生的年龄特点和认知能力,逐步扩展文化知识的内容和范围。在起始阶段应使学生对中外文化的异同有粗略的了解,教学中涉及的外国文化知识应与学生的学习和生活密切相关,并能激发学生学习英语的兴趣。在英语学习的较高阶段,要通过扩大学生接触外国文化的范围,帮助学生拓宽视野,使他们提高对中外文化异同的敏感性和鉴别能力,进而提高跨文化交际能力。表1-6是小学英语新课程的文化意识标准。①

表1-6 小学英语新课程的文化意识标准

级别	标准描述
二级	1. 知道英语中最简单的称谓语、问候语和告别语; 2. 对一般的赞扬、请求等做出适当的反应; 3. 知道世界上主要的文娱和体育活动; 4. 知道英语国家中典型的食品和饮料的名称; 5. 知道主要英语国家的首都和国旗; 6. 了解主要英语国家的重要标志物,如英国的大本钟等; 7. 了解英语国家中重要的节假日; 8. 在学习和日常交际中,能初步注意到中外文化异同。

三、小学英语课程标准基本内容解读

《标准》从减轻学生负担出发科学合理地调整课程内容与容量,对于课程内容和容量的调整主要遵循四个原则:一是以全国义务教育阶段英语教学的中等发展水平为基准,考虑全国各地英语教育发展的阶段性和地区不平衡性等因素,同时也考虑小学英语课程开设时间不长、师资数量不足、水平不高等现状;二是适当减少容量并降低难度,减轻学生学习负担;三是修改文字表述,增强标准的准确性;四是调整部分标准要求,更好地体现外语学习的规律和学生认知的特点。

(一) 对语言知识和语言技能标准的调整

在一级和二级的语言知识和语言技能的标准中,《标准》明确了小学段的教

---

① 义务教育英语课程标准(2017年版)[M].北京:北京师范大学出版社,2017.

学内容和要求,确定了小学阶段需要学习的语法项目、功能项目和话题范围等,调整了语言知识和语言技能的部分标准。主要调整包括:减少了一级和二级语言技能标准中学唱英文歌曲和歌谣的数量;将表演英文小话剧修改为简单的角色表演;将二级目标描述中的"说"的要求中的"语调达意"改为"语调基本达意",同时删除了话题项目中的植物、玩具等话题。在语法知识标准部分,明确了二级的语法学习内容,其中包括名词的单复数形式和名词所有格,人称代词和形容词性物主代词,一般现在时、现在进行时、一般过去时和一般将来时四个时态;还有表示时间、地点和位置的常用介词,以及简单句的基本形式。而对于这些语法项目的学习,要求教师要引导学生在语境中理解其意义和用法,并能在实际运用中体会这些语法项目的表意功能,对语法知识标准的描述更加突出了语境、语意和语用的重要性。明确小学阶段的语法学习内容,在一定程度上保证了对容量的控制。除了减量和降低部分标准外,《标准》也调高了个别语言技能的标准。例如,在一级语言技能标准的"读写"中,增加了"能模仿范例写词句"(原为二级"写"的标准),主要目的是为了使小学生的英文书写能力可以得到循序渐进的指导性训练,使他们逐步养成书写英语的良好习惯,为升入初中打好基础。在二级"说"的标准中,补充了"能就日常生活话题做简短叙述",这是鉴于小学英语教材的话题中都已经编入了很多孩子日常生活的话题,在小学结束的时候他们应该可以就日常生活做简短叙述。将原来二级"写"的标准中的"能根据要求为图片、实物等写出简短的标题或描述"修改为:"能根据图片、词语或例句的提示,写出简短的语句"。对这些标准所做的调整是为了更好地体现语言学习的规律,为孩子继续学习英语奠定较扎实的基础。

（二）对词汇学习要求和词汇表的调整

《标准》对英语词汇知识标准的描述以及对词汇表呈现方式的调整,突出体现了对词汇学习本质的认识。词汇学习不应只是学习单个的词,学习它的发音、拼写和基本意义,词汇学习还应包括短语、习惯用语以及词汇背后的概念、文化内涵,还有它的语法意义、搭配形式以及不同语境下的意义变化。教师应为词汇的学习提供丰富的语境,在语境中帮助学生理解,在语境中引导学生运用。《标准》重新修订了义务教育阶段的词汇表,分别提供了小学阶段二级词汇表,并对二级词汇量的要求都增加了弹性。二级要求学习600～700个词汇,并提供了一个423个词的词汇表作为基础词汇,其余200多个词由教材编者和教师补充。此次修订词汇表的另一个重要变化是调整了呈现方式,词汇表并未按常规列出每个词的词性和中文释义。其理由是:① 英语单词的词性和词义是在具体语境中体现出来的,许多英语单词具有多种词性和中文释义,列出单词的哪些词性和中文释义缺乏可靠的依据,且中文释义与英语单词并不完全对等。单纯、机械、脱离语境地简单罗列词义和词性,不利于学生学习词汇的意义和用法,不利于语感的形成和综合语言能力的发展。② 标出单词的词性和中文释义有可能导致部分教师脱离语境教授词汇,学生脱离语境学习单词的词性,这种做法不利于学生形成有效的词汇学习策略,造成学习效率低下;③ 不列单词的词性和中文词义符合在具体语境中学习和使用单词的理念,有利于教材编写的灵活性;④ 单词的词性和释义可由教材编写者根据选材的具体语境和语义表达需要标出。

(三) 对情感态度、学习策略和文化意识标准的调整

对二级的情感态度和学习策略标准的调整主要针对小学生的认知和心理特点,力求更加具体和可操作,使教师更关注小学生的学习情感和对他们学习策略的培养。例如,在二级情感态度的标准中,增加了"能体会到英语学习的乐趣","乐于感知并积极尝试使用英语","在小组活动中能与其他同学积极配合和合作"以及"乐于接触外国文化,增强祖国意识"。为了使教师在小学阶段有意识地培养学生自主学习的意识和良好的学习习惯,在二级学习策略的标准中,补充了"能对所学内容能主动复习和归纳","在课堂交流中,注意倾听,积极思考"。在文化意识的标准中,二级增加了"在学习和日常交际中,能初步注意到中外文化异同"。①

第四节　课程标准对小学英语教师素质的要求

随着 21 世纪科学技术的迅速发展和市场经济体制的改革不断深化,对人才的素质要求也越来越高。素质教育是提高国民素质、培养 21 世纪合格公民和创新人才的战略举措。素质教育的全面推行对小学教师的知识结构、能力结构有了新的要求,对他们的职业情感道德、教育观念及艺术品质等人文素养也有更高的要求。

小学英语教师应具有哪些素质？小学英语教师须具备普通教师应有的思想道德素质、心理素质等人文素养,还须具备语言教师应有的语言文化素养,以及与小学英语教育这一特殊学科相关的专门技能。小学课程内容的综合性特点要求教师要努力改善自己的知识结构、能力结构,使自己具有综合性的能力素养。

---

① 王蔷. 深化改革理念　提升课程质量——解读《义务教育英语课程标准》的主要变化[J]. 课程·教材·教法,2013(01):37-38.

一、小学英语教师的教育专业知识

小学英语教师要研究和掌握英语教学的一般规律和基本教学原则，熟悉小学英语教学的基本方法，并能灵活运用教学原则和方法提高课堂教学的组织能力和教育实施能力。小学英语教师应了解外语教学史上曾产生过的各种外语教学法，从概念、理论观点到其特点评价等，结合小学英语教学的特点，合理地选择并综合其优点加以利用，从而提高教学效果。一名专业的小学英语教师也需要努力提高教学艺术。

二、小学英语教师的心理素质

健康的心理素质是指良好的心理品质和个性特征。它包括广泛的兴趣、强烈的求知欲、稳定的情趣、坚强的意志、活泼开朗的性格、民主的态度、善于与他人合作的精神和创造性等。提高外语教学质量需要高素质的外语教师。曾经很多人认为教师只要达到一定的知识水平（专业知识、教育理论知识）和能力水平（观察判断能力、表达能力和教研能力）就能提高外语教学质量，忽略了教师心理素质对教学效果所产生的重要作用。

教师的心理素质与教育教学的成功与否有着十分密切的关系。德国教育家第斯多惠说过："一个人要有所作为，与其说是用本身的知识去影响人，还不如说是用自己的思想和行为来培养教育人。"教师的人格作为一种巨大的教育力量在潜移默化地影响着学生，这是任何其他教育手段都无法替代的。教师从事的是培养人、塑造人的职业，言传身教是教师开展教育的最有效方法。小学英语教师应热爱自己从事的事业，对待教学工作要有一种强烈的责任感，爱自己的每一个学生。

教师这种无条件的爱是教师职业道德的根本要求，也是取得教育效果的基本保证。教师应一视同仁地对待全体学生，尊重每一个学生的人格和个性发展。教师要与学生建立平等、和谐的师生关系。建立良好的情感关系有助于提高教师在学生心中的影响力，也有助于在教育中正确对待学生的错误，从而避免急躁处理问题而造成不良后果。小学英语教师面对的是一群活泼可爱、充满稚气、思想单纯又有丰富精神世界和独特个性的学生，教师要深刻把握每一个学生的精神世界，探索教育者的心灵，用自己良好的心理状态（情感投入、和谐一致、尊重学生）去帮助他们形成完整的个性品质。

三、小学英语教师的语言综合水平

学科英语是小学英语教师的专业，因而小学英语教师要具有系统而扎实的语言基础知识和听、说、读、写、译方面的技能和能力。小学英语教师应具备的语言知识技能的基本要求如下：

听：能听懂难度相当于大学二年级的录音材料。能听懂说英语国家人士关于社会生活的专题报告、讲座。能听懂难度相当的 VOA（美国之音）、"英语特别节目"中较熟悉的有关政治、经济、文化、科技等方面的报道。

说：能用英语组织课堂教学和课外教学活动，能就所熟悉的题材举办讲座和组织相关发言。能对一般性事件进行连贯性描述，语言语调自然、准确，语法基本正确。能与外籍人士针对一般性问题进行交谈，语言使用得体，表达自然。

读：能读懂难度相当于大学二年级的读物，如小说、传记及一般性说明文章（文化知识、新闻报道、简易科普文章），能阅读有关英语教学理论方面的书籍。要有 4 000～4 500 个认知词汇量，其中 2 000～2 500 个常用词语要能在听、说、读、写、译等交际活动中较正确地灵活运用。

写：能缩写或改写课文，并能在一课时内就指定或熟悉的内容写 200～250 字的文章。能写一般叙述文、议论文、应用文，如便条、通知、书信、故事梗概、读书报告及教学方案，要求中心突出，层次清楚，语言正确，问题恰当。能用粉笔流利地书写规范、工整的斜体行书。

译：能运用翻译基本理论，初步熟悉汉英两种语言对比，并掌握常用的翻译技巧。能笔译较浅显的文章，译文忠于原文，语言通顺。能基本胜任外宾的生活口头翻译。

工具书的使用：能熟练使用英—汉、汉—英、英—英单解及英汉双解词典，能熟练地使用简易百科全书及语法等工具书，有一定的独立解决语言问题及部分知识疑难问题的能力。

文化素养：要求具有较宽的知识面，对英、美国家的地理、历史、社会状况、文化传统、风俗习惯等方面的文化背景知识有较系统的了解。熟悉中国文化，并具有较好的汉语表达能力。

四、小学英语教师的教学能力

（一）语言的示范能力

在英语教学中，听、说、读、写，既是英语教学的目的，又是英语教学的手段。要对学生进行这几方面的基本训练，教师首先要有过硬的基本功。其中基本功涉及以下四个方面：

第一，教师应能听辨出每一微小音素的变化与不同。

第二，教师的语音语调要纯正、流利。

第三，要有一定的口语能力，能用简练、准确的言语组织课堂教学活动，语言运用要规范、得体。

第四，板书字迹工整、规范，设计合理并能突出重难点。

如果教师缺乏语言的示范能力，语言实践能力较差或"四会"能力发展不平衡，就不可能全面使用以功能交际为主的综合教学法。因此，小学英语教师必须通过专门的培训，具有英语专科以上的语言水平，而且要有计划地提高英语言语能力，接受继续教育，以便通过再学习、再培训，更新知识，使语言技能更成熟。

（二）综合教学技能

目前小学英语教材的内容与学生的学习和生活有密切联系，其主要形式是"情景会话"，趣味性较强。小学生天性活泼好动，他们学习英语的积极性主要依赖于对它的兴趣。为了使学生能在真实的语言环境中进行言语实践，克服母语对于英语学习的干扰，教师必须具备以下教学技能：

第一，能唱。结合学生学习的水平编写、教唱学生喜爱的英语歌曲。

第二，会画。具有四级或五级简笔画的技能。在教学中能运用既利于学又能说明问题的简笔画。

第三，会制作。能设计制作适用于教学的各种教具，包括教学课件、录像、图片等。

第四，善表演。能充分利用体态语，以丰富的表情、协调的动作表达意义和情感，做得有声有色。英语教师在教学中必须充分发挥自己的技能，增强语言的感染力。这样既可以给学生以美的感受，又能激发学生学习英语的兴趣。

第五，能组织课外活动。小学英语教师除要搞好课堂教学外，还要具有组织学生开展英语课外活动的能力，使学生在丰富多彩的活动中发挥自己的特长，提高学习英语的兴趣，进一步提高学习效率。

第六，能操作、使用现代化教学设备。要提高英语教学质量，提高效率，就必须改革过去只靠一支粉笔、一本书的"满堂灌"的陈旧教学模式，充分利用教学课件、录像、图片、录音机、电视机、语音室、计算机等各种电化教学设备，并能熟练掌握操作技能，使之更好地为英语教学服务。

五、小学英语教师拓展整合课程资源的能力

《标准》指出：英语教材是指英语教学中使用的教科书以及与之配套使用的练习册、活动册、故事书、自学手册、录音带、录像带、挂图、卡片、教学实物、计算机软件等。由此可见，英语教师不应该只把规定的教科书作为唯一的教学资料和教学依据。凡是对学生在这一学习阶段适用的，符合《标准》规定的课程目标和教学要求的教材都可以拿来使用。在满足《标准》基本要求的前提下，教材应尽可能灵活多样，满足不同学生的需要。英语教学的特点之一是要使学生尽可

能多地从不同渠道、以不同形式接触和学习英语,亲身感受和直接体验语言及语言运用。因此,在小学英语教学中,除了合理有效地使用教科书以外,教师还应该积极利用其他课程资源,特别是广播影视节目、录音、录像资料、直观教具和实物、多媒体光盘资料、各种形式的网络资源、报纸杂志,等等。拓展整合英语课程资源是培养学生语言交际能力的潜在优势,因此教师要认真研究、综合利用各种资源,为提高学生的综合素质创设有利的条件。

(一)拓展整合课程资源应遵循的原则

第一,科学性原则:结合学生实际,依据语言习得的客观规律,充分体现不同年龄阶段、不同层次学生的学习特点及学习需要。

第二,趣味性原则:以兴趣引路、实践为主,选取简单易懂、生动有趣的内容,激发学生的学习兴趣和学习动机。

第三,前瞻性原则:有利于学生的全面发展和长远发展,应渗透思想道德方面的教育,帮助学生形成正确的人生观和价值观。

第四,灵活性和开放性原则:充分挖掘各种学习资源,将课堂教学、校本课程和课外活动相融合,使学生获得丰富多彩的学习体验和个性化发展。

第五,课内外相结合原则:充分利用课内外的学习和活动,让学生体验和感受英语学习为他们带来的快乐,提高英语的运用能力和创新能力。

(二)整合课程资源的途径

1. 加强教师整合资源的能力,对教材进行"二次开发"

教师不仅是课程教学的实施者,更是课程资源的开发者。教师自身专业素质决定了课程资源开发的广度与深度,所以,教师要不断提升自身的专业素质,充分理解课程整合的意义,拓展课程资源空间,收集生活中与小学英语学习内容相关的素材,并与教学内容有机整合,丰富学生的学习内容同时,发挥教研组成员的作用,通过互助和合作,在交流经验和共享课程资源的过程中,积累开发利用各级各类的课程资源对教材进行的"二次开发"。教师对教材的再次开发和利用可以使教材和学生的经验生活更紧密相连,从而实现"用教材而非教教材"的先进理念。

2. 充分利用多媒体教学设备

随着多媒体教学设备的普及,将之运用于课堂教学,与教学内容有效整合,能够激发学生的学习兴趣,提高课堂教学的容量,让传统的单一枯燥的教学手段变得丰富多彩。利用多媒体教学设备与现代化信息技术手段可以让学生在充分感知的基础上,将多种感官有机结合,让所学知识教学情景多层次、多维度、直观形象地呈现于课堂中,激发学生的参与热情,为学生课堂探究交流提供广阔平台。

3. 丰富学生的学习资源

学生有着丰富的生活信息、奇异多彩的想法,这些都是课程资源的重要来源。组织学生制作单词图片卡片;绘制情景图,编创儿歌故事;鼓励学生交流学习资源都不失为整合课程资源的方法。一方面,教师应善于利用和整合学生的真实生活体验,理解学生不同的思维方式,丰富教育教学内容,促进学生综合语言运用能力的发展;另一方面,根据新课改的要求,学生的学习方式发生了根本性的变化,学生在合作学习、探究学习和自主学习的过程中,也生成了丰富多彩的课程资源。

4. 充分利用课外活动

教师要善于将课内资源灵活地转化为课外资源。例如,冬天来临时,我们可以用课堂上经常应用的热身活动和朗朗上口的英语儿歌开展英语儿歌加舞蹈的特色晨练,让学生在老师的带动下结合所学的英语儿歌,如"Heads, shoulders, knees and toes""If you are happy"等,伴着音乐喊着英语口令,做着热身动作,接着一首兔子舞"left, left, right, right, go, back, jump, jump, jump"不仅锻炼了身体还复习运用了英语知识,可谓一举两得。①

5. 合理利用条件性课程资源

校内的条件性资源主要有教师、学生、场所、设备、课外活动时间、校园广播、宣传板报和英语环境氛围等。为了开发与利用上述资源,英语学科组可整体规划,做到人尽其才,物尽其用。具体工作可从以下几方面开展:① 合理利用学校广播、板报、墙壁和走廊,努力营造校园英语文化氛围;② 组织丰富多彩的英语课外活动,增强学生英语学习的兴趣与能力;③ 为学生提供上网机会,引导学生合理利用国内外的英语学习网站;④ 建立学校课程资源管理制度,规范资源的开发积累与管理利用等。

学生的学习与生活环境涉及学校、家庭和社区,除了开发与利用校内资源,教师还要考虑家庭资源与社区资源。家庭资源主要包括家长的英语背景、家庭影音器材、英语录音带、多媒体光盘资料和书刊等;社区资源主要来源于学生的生活场所,如商店、市场、公园、旅游景点、少儿活动中心等。

六、小学英语教师的创新与科研能力

21世纪是一个知识经济时代,知识经济对教育的全方位影响给现代教师的

---

① 许亚萍.农村小学英语课程资源整合的措施[J].新课程学习,2017(07).

创新素质提出了严峻的挑战。如果把培养学生的创新精神作为我们的教育目标，要实现这一目标就必须有一支具有创新意识和创新能力的教师队伍。创新在本质上是一种超越，要越过传统和现实以及自我的障碍，必须有坚韧不拔的意志。小学英语教师应站在时代的前列，要对时代的变化有敏锐的感觉，以时代发展眼光审视当代的教育，善于发现教育中存在的问题，勇于提出教育教学改革的建议。此外，现代科学技术迅速发展使相关的新知识不断出现，教师要有强烈的求知欲，在教育教学中勇于开拓进取。面对新时期的新任务，无论是老教师还是青年教师都需要新观念、新知识、新经验，都要重新认识自己，继续学习，完善自我，要善于学习、专研、思考、总结，善于根据不断变化的教学对象、教学目标探索新方法。一个善于学习、不断自我更新的教师才能在教育发展变革中立于不败之地。

小学英语教学改革实验为广大小学英语教师的教学创新与科研提供了广阔的空间。教师职业的特殊性、教育教学工作的复杂性和多变性也为教师发挥其创造才能和从事科研提供了极为有利的条件。我国的小学英语教学改革还处在一个发展阶段，许多教学上的问题都值得去探讨、研究。广大小学英语教师要在教学实践中敏锐地发现教学中的问题，用发展的眼光审视问题的实质，并能提出解决问题的方法，促进教育教学质量的不断提升。

小学英语教师要成为"科研型""学者型"的教师，必须在教学实践中不断积累经验，不断创新，认真学习新的教育思想，努力研究新的教育问题，最终在教学中形成自己独特的风格。①

本章小结

《标准》明确了小学英语课程的性质是具有工具性和人文性双重性质，明确划分了小学英语课程六大基本理念；强调小学英语课程设置在发展性、整体性、多元性、灵活性原则上要符合四项基本要求：英语教学的特点和规律；儿童的身心发展规律；体现创新精神；突出实践性。通过对小学英语课程标准基本内容的简介，了解小学英语课程的总目标、分目标、分级标准及新《标准》出现的变化。新《标准》要求小学英语教师不仅具备普通教师应有的思想道德素质、心理素质等人文素养，还须具备语言教师应有的语言文化素养，以及与小学英语教育这一特殊学科相关的专门技能。

---

① 张莺，付丽萍.小学英语教学法[M].长春：东北师范大学出版社，2000.

> **课后思考题**

1. 目前我国小学英语新课程的指导思想和基本理念是什么？作为教师应如何在小学英语教学中实现它？

2.《标准》对小学英语教师提出了哪些要求？作为一名小学教师应具备哪些素质？

第二章 小学英语教学应遵循的规律

章首语

在英语教学中,学生是学习的主体,也是教学的中心。小学英语教学必须符合小学生的身心发展特点和小学英语教学规律,才能确保教学质量。本章介绍了语言习得规律、小学生的心理特征、小学英语教学原则等内容。其中,小学生的心理特征及小学英语教学原则是本章的重点。通过本章的学习,希望学习者能了解小学生的年龄和心理特征,掌握小学英语教学的原则,遵循教学规律,进而有效地实施小学英语教学。

知识点思维导图

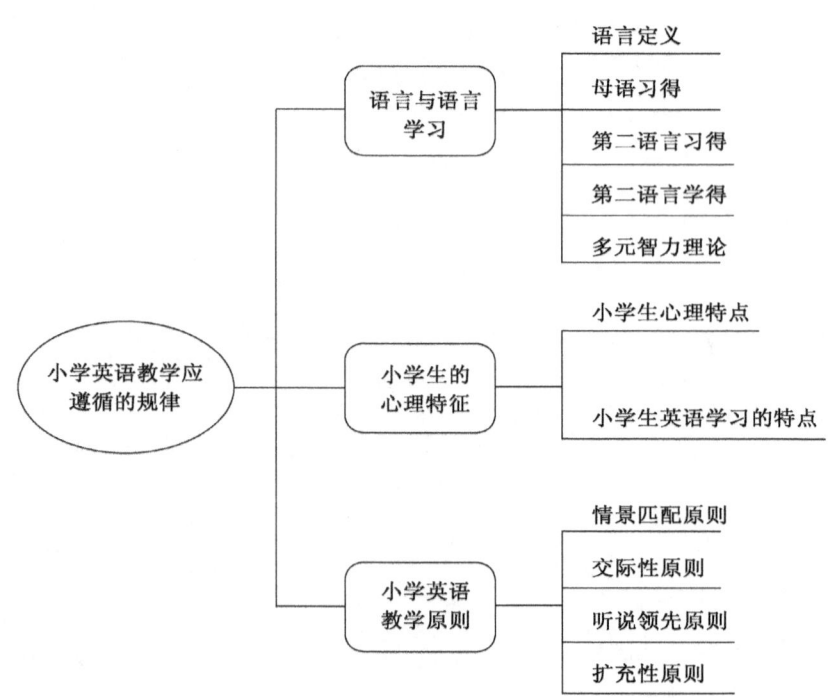

第一节　语言与语言学习

一、语言定义

语言(Language)是人类最重要的交际工具,是人们进行沟通的主要表达方式。人们借助语言保存和传递人类文明的成果。汉语、法语、俄语、西班牙语、阿拉伯语、英语是世界上的主要语言,汉语是世界上使用人口最多的语言,世界语和英语是世界上使用最广泛的语言。语言是人们交流思想的媒介,它必然会对政治、经济、社会、科技乃至文化本身产生影响。语言这种文化现象是不断发展的,其现今的空间分布也是过去发展的结果。语言是由词汇按一定的语法所构成的复杂的符号系统,它包括语音系统、词汇系统和语法系统。语言是人类所特有的交际工具,随着人类社会而产生和发展。

二、母语习得

习得是指儿童不自觉地、自然地掌握母语的过程和方法,通过大量接触语言在交际中掌握语言,不注重语言形式而注重意义,语言规律的掌握是无意识的,习得过程是由不自觉到自觉,是我们常说的第一语言习得,即儿童母语的习得。

(一) 母语习得研究

语言是一个充满着抽象规则的复杂体系,而且还存在许多不规则的现象,但儿童居然能够在他出生的前几年里,在身体和智力不完全发展的情况下,顺利地掌握了母语,这对饱尝外语教学艰辛的教师来说,简直是奇迹。历代语言学家面对幼儿习得母语的惊人能力,不免搓手嗟叹。20 世纪 50 年代,美国语言学家乔姆斯基(Noam Chomsky)提出了人类的"语言习得机制",令全球掀起了一股研究母语习得的热潮。从 60 年代起,美国的一些大学,如斯坦福大学、加州大学洛杉矶分校和夏威夷大学先后成立了专门研究小组,利用录音机、录像机等现代科技手段,把幼儿从出生到 5 岁的生活全部记录下来,以此来破译幼儿习得母语的秘诀,甚至还有的学者通过解剖人的大脑来研究人习得母语的生理机制。随着对相关材料的分析、研究,大量论文和专著出版,许多学者根据儿童习得的研究成果,纷纷提出外语教学的假设和实验。

据国外习得的研究资料表明,在美国出生的幼儿,到 5 岁就习得了全部英语发音,掌握了基本语法,用于交际的词汇量达 2 200 个;能分辨常用词语的歧义,懂得运用得体的语言开展交际,基本的口语能力已经具备。在5~10岁阶段,语音、语法已无多大进展,主要学习英语的拼法,扩大词汇量,加深对词义的细微理解,着重于读写能力的培养。

一位美国学者,通过大量资料分析,得出了"幼儿有惊人的习得语言的能力"的结论,认为五名语言学家用五年时间全天工作,对英语的分析,编制成的计算机程序,还不如一个普通幼儿出生后五年习得英语的能力。19世纪末期,法国语言教师古因(F. Gouin)提出的序列教学法(Series Method)就是模仿幼儿习得母语的体现。古因原来在法国教拉丁文,他跑到汉堡去学德语。他以为学习的捷径无过于掌握语法,于是花了10天工夫去强记语法和248个不规则动词。学完后就心满意足地去学校听课,结果一句话也听不懂。于是他又改变了方法,花了8天时间去背800个词根,可是仍然无效,接着他又捧着一本词典去翻译歌德和席勒的作品,在8天之内译了8页,但是一句话也讲不出来。他出于无奈,找了一本坊间的德语课本,背了一些基本句型和生活用语。三个星期后,他又去试验他的德语,还是无法和德国人交流。最后,他又去背单词,在30天内居然记住了300 000个单词。但是等他满怀信心地去听课时,仍然一个词都听不懂。为了巩固这些单词,他还不得不先后硬背三遍词典,甚至把眼睛也弄坏了。暑假过后,他心灰意冷地回到家里,却发现在他离家这段时间,他三岁的侄儿学会了讲法语。于是古因着手观察儿童如何学话,发现儿童是使用语言来观察世界,组织经验的;儿童是按事物发展的次序,整句话地学,而且每学一种新的表达方法,需要使用几天才记得住。根据这些观察,古因创造了序列教学法——一种早期的直接教学法,主张成年人像儿童学母语那样学习外语。

(二)儿童母语习得过程

儿童母语的习得过程大体上分5个阶段:

1. 喃语阶段

又称语前阶段,6个月到1岁,牙牙学语,模仿大人的话,能听懂一些词和句子,能用特定的声音来表示一定的意义。在不同文化环境中生活的婴儿,他们发出的声音大致是相同的,例如,da,da,bu,bu。

2. 单词句阶段

1岁至1岁半,真正学话阶段,常表现为一个词、单词话语。这时,文化的差异出现了,一个英国的幼儿开始发出英语语音,一个中国幼儿开始发出汉语语音。1岁后,模式化的、真正的语言产生了。幼儿说出的句子可能只是由单一词构成,但随语境的不同可以表示各种意义。例如,"妈"在幼儿语言中可以表示"妈妈,抱我""我要妈妈""妈妈,我饿了"等。

3. 双词句阶段

1岁半,开始出现两个词语在一起(一为轴心词,一为开放词)的现象。轴心词数量少,但使用频率高;开放词数量多,但使用频率低。这两类词的组成方式有两种:① 轴心词＋开放词;② 开放词＋轴心词。例如,more milk(再要些牛奶),more sing(再唱一会儿),就是由轴心词＋开放词构成;push it(推开它),close it(关上它)就是由开放词＋轴心词构成。

4. 电报句阶段

2岁半左右,实词句阶段,只用实词,不用虚词。逐渐开始使用代词、介词、连词、动词词尾、助动词等。例如,All gone candy(糖吃完了),bye-bye Mum(妈妈再见),Money Mum(妈妈的钱)等。这种句子和大人们发的电报相仿,故称为"电报句"。

5. 成人句阶段

3岁半至5岁,初级阶段基本完成。开始了解并掌握语言的社会功能,能意识到语言有一个规则体系,并能重复使用。幼儿出现了说话高潮,好像突然之间孩子说话了,常常一连几句,有时还说个不停。不过这时是典型的自我中心语言,为了表示自己会说,什么话都说,甚至对着妈妈说"Beat mum(打妈妈)",对着爷爷说"Grandpa is bad(爷爷好坏)"。更加有趣的是,如果幼儿在两岁时由保姆全天照应,而保姆使用的又是地方方言,这时如果保姆离开了,孩子说的话竟全是保姆的方言,且十分地道,只有当孩子不再听到这一方言时他才不使用。

大约五岁时,儿童习得语言的过程已基本完成。虽然他们掌握的词汇数量还很有限,但基本的语法已经掌握,已经能分辨正确的表达方法和错误的表达方法,能区别语句的同义关系和歧义关系。这时儿童对语言的运用已不限于表达眼前的事物,他们已经能够谈论以前发生过的事情,也能谈论他们计划要做的一些事情,甚至谈论一些实际上不存在的事情。

(三) 母语习得分析

母语习得研究的大量资料表明:幼儿有惊人的学习能力,有自己的习得方法,注意在观察的基础上总结规则,并且善于创造性地运用。现分析如下:

1. 幼儿习得母语的方法

幼儿出生不久就进入母语习得阶段,但1～2岁主要是听,观察,说一些单词句、双词句,这是对语言信息的接收阶段。这个阶段,幼儿认知水平较低,但所使用的方法却是很科学的。他善于把从成人那儿听来的话切成"块片",先一个一个积攒起来,能够说一个词表达时,就说一个词;能说两个词时,就说两个词,即先化整为零,各个击破,待积少成多,总结出规则后再化零为整,说出完整的句子。

2. 幼儿习得母语注意内化规则

幼儿从父母或保姆的交谈中接收到许多信息,先储存起来,到一定的时候对语言规律做出假设加以运用,在运用中不断完善自己的认识。这是一个完整的认识过程。例如,

foot—feet—foots—feets—footses—feetses—feets—feet

表示"名词复数"的习得过程。名词复数一般是在词尾加 s 或 es,但有些名词有不规则复数形式。这对幼儿未见文字只是听音,总结出规律,绝非易事。上面 foot 的例子说明:① 幼儿总是先习得名词的单数;② 在听到许多名词都有词尾"s"的情况下,偶尔听到 feet,会误以为是单数,与 foot 相同;③ 听懂词尾"s",是表示复数,幼儿形成假设,加 s 就是复数;④ 发现词尾 s 读音不同,进行各种试探;⑤ 慢慢区分开词尾 s 读法不同;⑥ 最后弄清了 feet 是不规则复数。

3. 幼儿母语习得有极大的创造性

有学者从对幼儿的观察中发现,幼儿所说的话并非是从成人那里听来的。换句话说,幼儿会运用所归纳出的规则创造性地说出许多新句子。尤其是在 4 岁左右(说话高潮期),幼儿的话往往一语惊人。例如,我们上面提到的:"爷爷好坏"这绝不是父母教的,一定是在总结出"××好坏"的句子规律后创造性地使用。至于"我终于吃到豆沙馅了",这就不是简单的单词替换,而是表现了幼儿"猎奇""创新"的习得倾向。这句话有三个短语:① 终于;② 吃到了;③ 豆沙。对一个 4 岁幼儿来说,"吃到了"是早已熟悉了的,"豆沙"可能也已经说过多次了,而"终于"显然是新项。幼儿用这个新项表达自己的亲身经历和感受,这也许是第一次。幼儿正是在创造性地运用语言活动中发展交际能力的。

(四) 母语习得的特点

母语习得的特点有很多,如幼儿可以充分接触母语,语言输入自然,且总是伴随着上下文情景;幼儿可以全日制地接触语言,其语言学习环境友好、宽容且具支持性;幼儿习得语言总是由听到说。周围的人如父母、姐姐等都十分耐心,总能给予应有的鼓励,很少纠错;幼儿习得语言以交际为目的,内部动机比较高。研究也揭示了幼儿习得母语的策略、语言环境等方面的特点:

1. 策略方面

从策略来看,儿童习得语言以倾听策略为主。与成人不同,儿童总是要经过长时间的倾听才能开始咿呀学语。为此,母亲总会给婴幼儿唱儿歌,诵童谣,并不期望他们去理解意思,而是让其倾听语言的节奏,感知语言的语调。在语言表

达上,儿童采用的经常是电报式的话语,能充分利用有限的语言资源来表达自己的愿望和要求。语言虽然笨拙,但他们却乐此不疲。另外,儿童对"关照式语言"(care-taker talk)比较敏感。儿童习得语言是一个双向交流的过程,在这个交流过程中儿童总能有适合他们认知结构的"关照式语言"形式。儿童可以根据具体情况及时调整策略,以朗诵、叙述、歌曲以及肢体动作对语言刺激做出反应。儿童喜欢齐声回答、抢先回答。

2. 语言环境方面

从语言环境来看,儿童习得语言的前提是有充足的语言材料,婴儿从出生之日起就浸泡在母语中。儿童习得母语具有理想的客观环境,能引起儿童的好奇心和兴趣。父母同儿童之间的感情纽带和亲密关系对儿童有很大的吸引力,使他们非常想用话语同成人建立联系。母语就是在这种自然环境中通过交流获得的,家庭、街头乃至整个社会都是儿童习得母语的环境。

3. 语言能力习得方面

儿童的语言习得可以分作语音、词汇、语法等方面。儿童习得语言不是从单音,而是从语言组合开始的,儿童学习词汇时首先建立的是音与义之间的联系。儿童的语法学习是在无意识的状态下进行的,既没有讲解,也没有机械的练习,从单句到完整句子,再从完整句到复杂句,经过使用和验证逐渐地完全掌握母语。儿童对语言规则的习得采用的是归纳方式,创造性地使用语言,是一个自我比较、自我纠正、逐步成熟的过程,亦即乔姆斯基主张的"发现规则—试用规则—修正规则"的过程。从习得方式上讲,儿童习得母语以模仿为主,行为主义语言学习观反映的就是儿童母语习得的这一特点。模仿行为是贯穿儿童母语学习过程的决定性工具,是一种自然条件反射的学习方式,儿童在学习中通过模仿—出错—改错—再模仿,从而获得与外界语言体系的一致性。

4. 中介语方面

中介语是母语习得的自然途径。3~5岁的儿童很容易对自己听到的语言进行概括和简化,到9~11岁时,儿童的语言能力才得到充分发展,语言语法规则在大脑中才完成内化过程,中介语转化为成熟语。而中介语的发展过程是一个自然发展过程,很少有外部的意识性干预。

三、第二语言习得

第二语言习得(Second Language Acquisition/SILA,简称"二语习得")指的是"在自然的或有指导的情况下通过有意识或无意识吸收掌握母语以外的一门语言的过程"。生活在多民族地区的人们,一般都会说母语以外的其他语言。这些语言基本上是和说本族语者直接交往而学会的,这就是第二语言习得。

张国扬、朱亚夫在《外语教育语言学》中认为,在第二语言习得研究中成就最大、影响最广的要算美国语言学家斯蒂芬·克拉申(Stephen D. Krashen)。他的第二语言习得理论的提出实质上是对20世纪六七十年代关于第二语言或外语学习研究的总结,并把各种研究成果加以理论化、系统化,使之成为自成体系的学说。克拉申的第二语言习得理论主要由以下五个假设组成:习得—学得差异假设(The Acquisition-Learning Hypothesis),监检假设(The Monitor Hypothesis),输入假设(The Input Hypothesis),情感过滤假设(The Affective Filter Hypothesis),自然顺序假设(The Natural Order Hypothesis)。

1. 习得—学得差异假设

克拉申第二语言习得理论的出发点和核心是他对"习得"和"学得"的区分,以及对它们各自在习得者第二语言能力形成过程中所起的作用的认识。根据"习得—学得差异"这一假设,成人是通过两条截然不同的途径逐步习得第二语言的。第一条途径是"语言习得",这一过程类似于儿童母语能力发展的过程,是一种无意识地、自然而然地学习第二语言的过程。也就是说,在学习过程中学习者通常意识不到自己在习得语言,而只是在自然交际中不知不觉地学会了第二语言。第二条途径是"语言学习",即通过听教师讲解语言现象和语法规则,并辅之以有意识的练习、记忆等活动,达到对所学语言的了解和对其语法概念的"掌握"。习得的结果是潜意识的语言能力,而学得的结果是对语言结构有意识的掌握。克拉申认为,只有语言习得才能直接地促进第二语言能力的发展,才是人们运用语言时的生产机制;而把对语言结构有意识的了解作为"学得"的结果,只能在语言运用中起监检作用,而不能视为语言能力本身的一部分。克拉申强调"习得"是首要的、第一位的,但也并不排斥"学得"的作用。

2. 监检假设

监检假设与"习得—学得差异"假设密切相关,它体现出"语言习得"与"语言学习"的内在关系。根据这一假设,语言习得与语言学习的作用各不相同。一般说来,语言习得能"引导"我们讲第二语言,并直接关系到我们说话的流利程度;而语言学习只起"监检"或"编辑"的作用。换句话说,当我们开口说话时,话语由"习得"系统产生,经"学得"系统监检后成为"真言"而吐露出口。语言学习的这种监检功能可能在我们说话或写作之前,也可能在其后。然而,它能否充分发挥作用还有赖于以下三个条件:

(1)语言使用者必须要有足够的时间才能有效地选择和运用语法规则。

(2) 语言使用者的注意力必须集中在所用语言的形式上，也就是说，语言使用者必须保证其正确性。

(3) 语言使用者必须已经具有所学语言的语法概念及语言规则的知识。

在口头交谈中，人们往往没有时间去斟酌语法，注重的是说话内容而不是形式。语法规则如果不是习得来的，一时也用不上，因此，在口头交流中，如果一方过多地使用语法监检，不时地纠正自己讲话中的语法错误，就会说起话来结结巴巴，使对方失去交谈的兴趣，因而达不到交流思想的目的。但在事先准备的正式发言和写作中，语法的使用能提高语言的准确性，为演讲或文章增添色彩。

克拉申区别出三种不同的监检使用类型：第一种是使用得比较成功的。这种人在口头使用语言时常有失言，但经人指出后能够自己改正；在写作时，由于较注重语言的形式，很少会出现错误。第二种是使用过度的人，这种人对语言的规则懂得很多，却不敢用于口头表达，书面语一般都比较准确。第三种是使用不足的人，这种人能口头表达，但错误很多，不能自己改正。

3. 输入假设

输入假设也是克拉申第二语言习得理论的核心部分。这一假设表明了克拉申对第二语言习得者是如何接受并吸收语言材料这一过程的实质的认识。以前的外语教学由于受结构主义语言学的影响，大力提倡先学句子结构（即句型），然后再将这些学得的句型用于交际中加以练习。他们认为只有这样才有可能培养学生流畅地说外语的能力。而克拉申则认为，只有当习得者接触到"可理解的语言输入"（comprehensive input），即略高于他现有语言技能水平的第二语言输入，而他又能把注意力集中于对意义或信息的理解而不是对形式的理解时，才能产生习得。如果习得者现有水平为"i"，能促进他习得的就是"i＋1"的输入。根据克拉申的观点，这种"i＋1"的输入并不需要人们故意去提供，只要习得者能理解输入，而他又有足够的量时，就自动地提供了这种输入。按照输入假设，说话的流利程度是随时间的流逝自然而然地达到的，不能直接教会。

克拉申认为，理想的输入应具备以下几个特点：

(1) 可理解性（comprehensibility）。理解输入语言的编码信息是语言习得的必要条件。不可理解的（incomprehensible）输入只是一种噪音。

(2) 既有趣又有关（interesting and relevant）。要是语言输入对语言的习得有利，必须对它的意义进行加工，输入的语言材料越有趣、越有关联，学习者就会在不知不觉中习得语言。

(3) 非语法程序安排（not grammatically sequenced）。语言习得关键是足够的可理解的输入。如果目的是"习得"而不是"学习"，按语法程序安排的教学不仅不必要，而且不足取。

(4) 要有足够的输入量。要习得一个新的语言结构,单靠几道练习、几篇短文远远不够,它需要连续多个小时的有内容有乐趣的广泛阅读和许多的会话才能解决问题。

4. 情感过滤假设

情感过滤假设认为,有了大量适合输入的环境并不等于学生就可以学好目的语了,第二语言习得的进程还受着许多情感因素的影响。语言输入必须通过情感过滤才有可能变成语言"吸入"(intake)。情感过滤的过程如图2-1所示:

输入 —→ {过滤 / 语言习得器} —→ 习得的能力

图2-1 情感过滤过程

从图2-1中可以看出,在语言输入到达大脑语言习得器官的过程中,过滤是输入的语言信息必须越过的第一道障碍。也就是说,情感因素起着促进或阻碍的作用。克拉申在总结过去第二语言教学中的经验时指出,在习得第二语言或外语的过程中,习得者并不吸收他所听到的一切,有几个心理上的因素影响着他习得语言的速度和质量。影响因素如下:

(1) 动力。学生的学习目的是否明确,直接影响他们的学习效果。目的明确则动力大,进步快;反之,则收效甚微。

(2) 性格。所有的文献几乎都一致表明,那些比较自信,性格外向,乐于把自己置于不熟悉的环境中,自我感觉良好的学生在学习中进步较快。

(3) 情感状态。主要指焦虑和放松这互为对照的精神状态。它在较大程度上也影响着外人。在第二语言或外语的学习中,焦虑较少的人容易得到更多的语言输入。同样,心情放松和感觉舒适的学生在较短的时间内显然学得更好。

5. 自然顺序假设

这一假设认为,人们对语言结构知识的习得实际上是按一定顺序进行的,其次序是可以预测的。近年来语言习得理论研究的结果表明,无论儿童或成人,无论学母语或学第二语言,都按一定的自然顺序来习得语言结构。也就是说,有些语言结构先习得,另一些语言结构后习得。例如,一些实验研究表明,在儿童和成人将英语作为第二语言学习时,掌握进行时先于掌握过去时,掌握名词复数先于掌握名词所有格等。

克拉申指出,自然顺序假设并不要求人们按这种顺序来制定教学大纲。实际上,如果我们的目的是要习得某种语言能力的话,那么就有理由不按任何语法顺序来教学。

第二语言习得理论或模式是在对第二语言习得过程及其规律的研究的基础上提出来的。这些理论虽然不能直接被用来解决外语课堂中的实际问题,但它们对外语教学是有一定的启发和指导意义的,因为第二语言习得和外语学习两者都涉及一种新的语言以及该语言能力的发展过程等问题。在外语教学过程中,借助于第二语言习得的理论或模式来指导和探讨外语教与学的过程,这对改革外语教学方法,提高外语教学质量都具有极其重要的意义。

四、第二语言学得

(一) 外语的学得与习得的比较

"习得"(acquisition)和"学得"(learning)是两个有特定意义的学术概念。习得是指幼儿在非教学条件下主动地获得母语的过程。英语动词 acquire 是"to get for oneself by one's work",词义主动、积极;名词 acquisition 表示过程和结果,译成"习得",十分精当。"学得"是指人在习得母语后有意识且通常是在教学环境里学得第二语言或外语的过程。英语 learning 是动名词,译为"学得",也表示过程和结果,与"习得"对应。

一般认为,习得与学得的差别在于以下几点(见表 2-1)

表 2-1　习得与学得的区别

习得	学得
潜意识	有意识
无正规讲授	有讲授
无计划	有计划
无教材	有教材
自然环境	非自然环境

根据习得和学得的特点,有学者对它们做出以下比较:

1. 习得不易,学得更难

幼儿习得母语并不像人们认为的那样,跟着大人模仿,学会一句,使用一句。幼儿从通过"听"接收语言信息,到积累信息、归纳规则,经历了一个反复的、复杂的观念操作过程。而当幼儿能说出单词句,发展到双词句直到句子,这又是一个物质操作和观念操作结合的过程。幼儿的观念操作是看不见的,只有通过物质操作外化为语言行为时,才能发现所归纳的规则是否正确;而当发现归纳的规则不全面时,又得重新观察,不断修正,这些全由幼儿独立操作,大人帮不上忙,其中艰辛,可想而知。好在幼儿别无所求,一门心思在习得,且习有所得,得有所乐,所以幼儿乐此不疲,并不觉得很累。学得外语大致上要经历习得相同的过程,但因受到许多因素的影响,学得的过程更复杂,学得更难了。

2. 学得理当超过习得

尽管幼儿习得母语主客观条件都十分优越,但外语学得的优势也是不可忽视的。

第一,学外语的学生主体意识已经形成,智力已得到很大的发展,抽象思维能力已达到很高的水平,具备自觉接收、储存、加工信息的能力,能集中注意力、抓住重点、科学地分配力量,能在比较短的时间里学到比较多的东西。

第二,学外语的学生已有第一语言的经验,发音器官得到训练,有比较灵活的适应性;已形成的认知结构,对操作新语言信息可以起到储存、对比和监控作用,能加速新语言规则的内化过程。

第三,教学是有目的、有计划、有步骤进行的,教学内容是总结前人的经验,是经过优化组合安排的,而且由浅入深,循序渐进,信息集中,避免了不必要的重复,缩短了学习的周期。

(二) 对教学的启示

1. 教学时使用简单的语言,使语言具有可理解性

借鉴儿童母语习得的照顾式语言,教师应简化自己的教学语言,保证语言输入的可理解性,并适当借助动作、手势、表情等身势语,使输入的材料具有趣味性,能吸引小学生的注意力。

2. 采用隐性的教学方式,尽量使学生能自然习得语言

儿童在学习母语时,从不进行外界强加的听力训练,而是在不自觉的状态下大量接受并体验听的内容,从而自然地获得听的能力。因此,在小学英语教学中应采用隐性的教学方式,以促成自然习得的产生,尤其是听力的自然习得。

3. 教师纠错时要注意方式方法

儿童外语学习中同样会出现母语习得中的电报语言现象,这属于语言学习过程中的正常现象,不必大惊小怪,也不必过于苛求。对于学生表达中的错误,教师在纠错时要讲究方法,不可挫伤学生的积极性。但对初学者要有意识地扩展其使用的句子,恰当地把他们还不能表达或遗漏的部分补全。

4. 教学时尽量使学生能接触语言、使用语言

儿童习得母语并不能单靠模仿或机械地重复,还要通过不断地接触语言材料,内化语言规则,创造性地使用语言。教学中教师应该让学生尽可能多地接触

语言、使用语言，没有足够的语言输入和输出就不可能真正学得语言。

5. 按照学生学习特点来设计词汇教学

根据儿童母语习得的特点，教师在词汇教学中，尤其是在小学英语的词汇教学中要注意实物联想和现实重现，利用直观教具、图片、行为等，帮助学生建立单词与所表达内容之间的直接联系，以避免翻译中介。根据中国学生记忆特点，教师也可采用板块记忆的教学方式教授词汇。

6. 小学英语教学应以模仿为主

行为主义强调刺激、反应，强调模仿，从某种程度上来说有其合理之处，反复模仿的目的就是要做到"熟能生巧"。听说教学法就是行为主义的具体体现，听说教学法的成功同时也说明了外语教学中训练强化的作用。对小学生来说，这种模仿重复会更为重要。总之，外语学习过程与母语学习有着惊人的相似之处，二者都可以通过培养习惯的方法来完成。①

五、多元智力理论

除了以上提到的外语教学理论外，1983 年美国哈佛大学教育学教授加德纳（Howard Gardner）提出的多元智力理论与小学英语教学关系十分密切。该理论认为人的智力类型有 7 种，1995 年他又提出了第八种智力类型，那就是自然观察者智力。

（一）多元智力（multiple intelligences）理论的内涵

加德纳认为人的智力应包括 8 种不同的类型，它们是：

（1）言语—语言智力（verbal-linguistic intelligence）：口头和书面语言表达能力，包括有效地进行听、说、读、写活动的能力和从这些活动中进一步发展语言能力的能力。

（2）逻辑—数理智力（logical-mathematical intelligence）：有效进行数字运算和统计等活动的能力。

（3）视觉—空间智力（visual-spatial intelligence）：知觉、创造和再造图画以及想象图画的能力。

（4）音乐—节奏智力（musical-rhythmic intelligence）：创造美的曲调和韵律以及理解美、欣赏美，并在此基础上形成对美的感受和对美的评价的能力。

（5）身体—动觉智力（bodily-kinesthetic intelligence）：人自身的与体力紧密联系的操作能力。

---

① 黎藏昌，潘景丽. 新课程小学英语教学理论与实践［M］. 成都：四川大学出版社，2011：8.

(6) 交往—交流智力（Interpersonal intelligence）：能够较快地掌握和评价他人的语气、意图、动机和情感，并在此基础上与他人进行交往的能力。

(7) 自知—自省智力（intrapersonal intelligence）：自我认识能力和对自己的情感和情绪状态进行适当调节的能力。

(8) 自然观察者智力（naturalist intelligence）：对人类所居住的自然界生态环境的鉴赏和深刻理解的能力。

加德纳认为人的智力是多元的，每个人或多或少都具备以上的几种智力，只是每种智力发展的程度不同而已。

（二）多元智力理论在英语教学中的具体应用

（1）了解学生差异，实施因材施教

首先，了解每个学生的优势智能和弱势智能，根据不同的教学内容采取不同的教学形式，满足不同学生的需求，发挥各自的特长。如对不善于阅读的学生，教师要耐心地指导其阅读方法，布置一定量的、难易程度相当的阅读内容，规定一定的阅读时间，鼓励其完成任务。对其完成任务的质量，教师要及时反馈，并尽可能地给予肯定性的评价。对不善于表达的学生要鼓励他大胆开口，使其获得成就感和自信心。

其次，对相同的教学内容也应采取不同的教学方法，提出不同的要求。如对词汇的教学，让逻辑推理智能占优势的学生通过归纳来记忆，让音乐智能占优势的学生利用音乐来记忆，让动觉智能好的学生通过动作记忆；对成绩较好的学生，要求他们不仅会读能写，而且理解会用，对成绩较差的学生可先要求其掌握读音，再逐步学会运用。最后，积极引导学生，将自己在优势智能领域中所表现出来的智力特点和意志品质迁移到弱势智能领域，促进其非优势智能的发展。

（2）改进教学方法，丰富教学内容

在实际教学中，要改变教师独白、学生静听的单一教学方式，采用灵活多样的教学方式，指导学生通过多渠道学习英语，比如，用英语自我介绍、复述课文、讲故事、朗诵诗歌、交谈、问答、讨论、即时阅读、做活页练习、整理英语笔记和写英语日记等。同时，在英语教学过程中，通过对语法的演绎、归纳、对比和对短文的阅读分析等，开发学生的逻辑数理智能；通过叙述故事，描述自己的观察和发现，回忆自己的经历，想象自己的未来，描述自己的活动设计等，开发学生的视觉—空间智能；通过扮演角色和各种协作性游戏等，发展其身体—动觉智能；通过小组活动、自由交流、互相问答、互相批阅作业等合作学习活动，培养学生交往—交流的智能；通过让学生自定学习计划、自选家庭作业、利用多媒体为自己创造广阔的英语学习空间，在课后、作业后、考试后进行自我反思、自我评价等，开发学生的自我意识和自我管理等自省智能。

(3) 建立多元评价体系,树立学生自信心

教师要摒弃以标准的智力测试和学科成绩考核为重点的评价观,而将评价和教学过程融为一体,使教学过程成为评价学生的过程。如通过听写、朗读、复述等,评价学生对语音和词汇的掌握;通过阅读、写作等,评价其对语法的思维和理解能力;通过课堂观察、提问、座谈、问卷等评价学生学习英语的兴趣;通过课堂听讲、回答问题、书面作业等评价学生的学习态度;通过对话表演、小组讨论、排练英语小品等活动,观察了解学生的情感、合作学习的情况;通过为学生创设真实情景,让学生置身于现实生活的交际活动之中,评价学生的价值观和综合运用语言的能力。同时,要通过多种渠道,采取多种形式,在多种不同的实际生活和学习情景中,发现学生的优势智能并预见其未来的发展方向,使评价着实成为促进每个学生充分发展的有效手段。如学生在初学英语时,常常由于怕出错而不敢开口,教师不能因此就断定他表达能力差,不适合学习英语;对于极善于课堂表演的学生,英语教师应该充分肯定他这方面的智能优势,积极创造机会,让其发挥这方面的智能。①

第二节 小学生学习特征

一、小学生心理特点

语言的教学,尤其是小学阶段的语言教学,必须要符合小学生的心理发展特点,谈及儿童学习和心理发展就不得不提及一个人,他就是维果茨基。

维果茨基(Lev Vygotsky,1896~1934)是苏联卓越的心理学家,创立了心理发展的文化历史理论。他的文化历史理论博大精深,其基本主张概括如下:人的心理活动是社会学习的结果,是文化和社会关系内化的结果;心理发展本质上是一个社会发生过程;文化是以神经心理系统的形式被内化的,形成了人的大脑的生理活动;高级神经活动是高级心理过程形成和发展的基础;高级神经活动内化了从人类的文化活动与中介符号中引申出来的社会意义;社会活动与实践活动促进了感觉运动格式的内化;高级心理机能的内化过程在本质上具有历史性;在不同的文化历史环境中,知觉、随意注意、记忆、情绪、思维、语言、问题解决、行为等具有不同的形式。

---

① 张慧.多元智能理论对英语教学的启示[J].中国教育技术装备,2011(8).

在维果茨基心理学思想中,最近发展区、活动、心理工具、内化是四个非常重要的概念。而这四个概念之间的内在联系就构成了一个完整的关于教育教学的思想体系,这就是被西方人称之为"社会性建构"的思想。[①] 目前的研究都普遍证实了维果茨基的社会性建构思想,也提醒学校教育工作者,一方面,要创造民主、鼓励儿童活动、交往的学校文化氛围,精心设计教室的环境,给学生提供可以用来进行智力活动的时间、空间和材料,以促进学生智力的发展;另一方面,应有目的地帮助学生学习同伴讨论的技能,以真正使同伴交往成为促进儿童认知发展的有效途径。

对维果茨基理论进行的实证研究表明,维果茨基关于儿童心理起源于社会交往的理论是非常正确的,学校、教室、幼儿园作为影响儿童心理发展的重要环境应该受到充分的重视,而教师或其他成人对儿童的指导作用更不容忽视。同时,应该给儿童提供儿童之间相互交往的环境并让他们学会交往的方法。学校、教室、教师、同伴这些社会文化因素的形式、水平直接影响儿童心理的发展。

了解维果茨基的基本理论之后,分析儿童心理特征时主要从小学生的感知觉、注意、记忆、思维特点四个方面进行分析。

(一) 小学生感知觉的特点

感知包括感觉与知觉。感觉是人脑对直接作用于感官的刺激物的个别属性的反应,知觉是对事物的整体反映。总体来说,小学生的感知能力较差,抽象思维能力尚未形成,思维形式以感觉运动模式为主,模仿能力较强,学生往往对新颖动作的示范感兴趣,而对老师的讲解缺少热情。

(二) 小学生注意的特点

注意是心理过程对有关对象的指向与集中。在小学阶段,注意的发展主要有以下表现:

(1) 由无意注意占优势逐步发展到有意注意占主导,小学低年级学生无意注意仍起重要作用,他们的有意注意基本上是被动的。

(2) 对具体生动、直观形象的事物的注意占优势,对抽象材料的注意处于逐步发展阶段,特别是低年级学生的知识水平和言语水平很有限,具体形象思维占重要地位。凡是生动、具体、形象的事物,形式新颖、色彩鲜艳的对象,都比较容易引起学生的兴趣和吸引他们的注意。

(3) 注意有明显的情绪色彩。总体来说,小学生的有意注意水平低,注意的范围狭窄,注意的稳定性、分配和转移能力以及自觉性和灵活性都较差。

---

① 黄秀兰.维果茨基心理学思想精要[M].广州:广东教育出版社,2014.

(三)小学生记忆发展的特点

小学生记忆发展的特点是无意识记忆占主导地位,并逐步向有意识记忆发展。从小学三年级开始,孩子的有意识记忆逐渐占据主导地位,即使是抽象材料也能花功夫努力记住,并能自觉检查记忆的效果。小学生记忆发展的另一特点是从机械识记向意义识记发展。小学阶段学生们的机械记忆力比较强,尤其是低年级阶段,他们是以机械识记为主,无意识记忆明显胜于有意识记忆,有的学生能在漫不经心的时候记住那些让他们感兴趣的事物,而且记忆的时间比较长,效果也比较好。随着知识的增长,理解能力的提高,中高年级学生意义识记逐渐占据主导地位。小学阶段正是记忆迅速发展的黄金时代,教师要激发孩子记忆的积极性,促进他们记忆力的发展。

(四)小学生思维的特点

思维是人脑对客观现实间接和概括的反映,是借助语言、表象、动作实现的,是理性认识阶段,它揭示事物的内在联系和本质特征[①]。思维分为直观动作思维、具体形象思维、词语逻辑思维。小学生思维能力发展的特点,主要表现在以下几个方面:

(1)学生思维的发展是从具体到抽象,从低级到高级,既有连续性又有阶段性的发展变化过程。

(2)抽象逻辑思维发展不平衡。在整个小学时期,儿童的抽象逻辑思维水平不断提高,思维中抽象的成分日渐增多,但在不同的学科、不同的教学内容中表现出不平衡性。

(3)抽象逻辑思维从不自觉到自觉。

(4)辩证逻辑思维初步发展。小学儿童辩证逻辑思维发展水平随着年龄的增长而提高。小学一、二、三年级是辩证逻辑思维的萌芽期,四年级是辩证逻辑思维发展的转折期。整个小学阶段辩证逻辑思维发展水平尚不高,属初级阶段。

二、小学生语言学习的特点

小学生独有的心理特征决定了他们的英语学习不同于成人,他们在语音学习、词汇学习、听说学习方面表现出一定的独特性。

(一)语音学习的特点

儿童先天具有较强的语音的感知和语音辨析能力及语音模仿能力,大多数有关年龄变量对儿童英语学习能力的研究表明:儿童时期开始学习第二语言的

[①] 邢家伟.小学英语课程与教学[M].北京:教育科学出版社,2015:3.

人最后达到的语言水平较高,在发音方面尤其如此。[①] 通常,如果学习者在六岁之前说第二语言,那么他将很少或无母语口音;在七岁至十二岁之间开始说第二语言,那么他可能有轻微的母语口音;在十二岁以后学习第二语言,那么他将几乎总是带一定的母语口音。儿童在语音的感知方面有其独特的心理特征,有研究发现,儿童对单音节词和开音节词的掌握相对较为容易,如 car、cow 等,在感知以爆破音结尾的词时精确性差,分化较为困难,例如,儿童总是把词尾的辅音吞掉,把 love mummy 读成[lʌmʌmɪ];对辅音相连的感知和模仿都较为困难,例如,在学习"sw""gr""fr"时,他们往往去掉其中一个辅音或增加一个元音,对近似音容易产生泛化现象,如 hen 和 hand。

因此,在英语教学中,对学生在感知、模仿和分化上较为困难的音,对容易产生泛化的音,教师应给予重点的指导和练习,使他们在初学英语阶段掌握正确的语音,以免对后续的学习产生负面的、定势影响。学习过英语的孩子,如果当时学的发音不标准的话,在后继的学习中将要比初学者花更多的时间和精力进行纠正。

(二) 词汇学习的特点

在儿童语言里,词作为意义单位所起的作用远比它们作为结构所起的作用要大得多。儿童对词的掌握更关注词的意义,忽略词在句子的位置、语法结构等。儿童母语学习词类发展方面的研究发现:儿童会更早学会,并且容易被记忆和检索。大量的英语教学实践和研究也发现儿童英语词类的发展与儿童母语词类学习发展非常相近。此外,学者 Anglin(1970)曾研究了儿童与成人对词汇意义认识的差异,并对儿童词汇习得的发展过程进行了追踪调查,研究结果在一定程度上揭示了儿童英语词汇习得的一些重要特征:① 儿童倾向于将一组词按主题横向组合起来,成年人则一般将同类的词按句法特征进行分类。例如,提示词 table,儿童的反应是 eat,而成年人常见的联想是 chair。这显然与儿童的认知环境与抽象能力有关。② 儿童对词义的理解逐渐由具体向抽象发展。成年人比儿童对词汇的抽象意义更容易接受,更倾向于使用暗喻式的表达法,如 3 岁左右的儿童否认 bright 和 hard 可用来形容人,但到 12 岁左右,儿童便对这种搭配习以为常。③ 儿童对事物和词的理解逐渐概括化。由于儿童的内部言语尚未得到充分发展,在识记词汇时总是要出声读,通常还需要动作和歌曲的支持。此外,由于小学阶段的儿童记忆和思维都具有高度直观性和形象性的特点,所以儿童在识记单词时,如果能将单词和实物、图片、有关记忆的歌曲和顺口溜或一定

---

① 宋燕,任筱.浅析小学生英语学习特点及几点教学建议[J],2017(11).

的情景结合在一起,那么对词汇的识记效果比起机械地重复效果要好得多。而且儿童的短时记忆也很容易遗忘,必须经常重复,还要用多种形式来反复刺激,才能进入长时记忆,取得较好的记忆巩固效果。

(三) 听说学习的特点

小学阶段的儿童听觉敏锐,模仿力强,他们先天具有较强的对语音、语调的听辨和感知能力,他们更倾向于用听觉而不是以了解发音的方式去处理语言,听是儿童获取语言信息的重要途径,所以小学英语课堂上录音材料被广泛应用。但是对于英语学习而言,学龄初期儿童由于积累的词汇还很少,更缺乏系统的语法知识,因此,他们通过听觉获取信息的过程中表现出需要其他信息辅助听觉信息获得的特点,借助于非言语信息的支持来理解输入的信息。因此,教师和学生之间和学生互相之间在语言交流过程中的声调、语气、丰富的表情、手势或体态等信息以及输入的语言材料中的插图、声音、动画等非言语信息都是儿童完成语义辨识过程,即真正达到言语理解所必不可少的条件,它有助于儿童理解当前输入的信息,有助于儿童对自己当前话语表达的适用性、切合性做出更准确的判断。

儿童通过听觉学习英语的过程中所表现出的独特性对小学阶段英语教育具有重要指导意义。学生非常不喜欢用纯粹的朗读或者抄写的方式来记忆单词,一般倾向于用图形和图像辅助记忆或者编顺口溜和对话的方式进行记忆。在儿童英语听说能力发展过程中,有观点认为有一个重要的时期"沉默期"应该引起注意和重视。这个时期一般出现在初学语言的时期,在较长的时间里,儿童通过"听"来提高语言能力,也就是说,通过接受可理解的语言输入来发展语言能力,他们往往保持沉默,极少用新的语言来表达自己。当语言能力积累到一定程度,儿童就开口"说"话了。所以这一阶段不应该强迫学生过早地进行语言输出的活动,如说或写。对于这一观点,很多人持有不同的看法。"沉默期"的存在并不是学习第二语言和外语的独特现象,有时这种现象的出现并不是由于缺少可理解的语言输入或由于个体学习者的语言能力局限所致,而主要反映了学习者的一种心理状态,即自信心。学龄初期正是儿童英语听说能力发展的最佳时期。如果在这一时期,我们为儿童创设一个良好的听力训练环境,加大可理解的语言信息的输入量,在此基础上,为儿童创设使用英语的活动和环境,鼓励他们大胆开口说、练,充分利用儿童听说能力的先天优势,从而提升他们的听说能力,或者至少缩短儿童语言学习的"沉默期"。教师要关注学生的"沉默期",否则学生一旦失去学习兴趣或者基础差距太大就会影响以后的学习。

教师采用丰富的多媒体资源和灵活的教学方法——"听、说、背、唱、演、编、玩、猜"等,充分调动学生学习英语的兴趣和表现欲,对提高学生的英语水平效果显著。小学生学习英语的基本形式是模仿,他们学习语言时,从整体上把握语言,不为个别词句所困扰,但由于他们认知能力的局限,当接触语言时,主要注重语言能用来做什么。因此,儿童在运用语言与他人交流时,更注重语言的交际功能和意义,而不太关注语言的语法结构和形式,与成人相比,儿童更容易获得运用语言交际的能力。儿童一般喜欢学习短的词语,与他人进行简短的对话,他们对节奏感和旋律感比较强的英语歌曲、歌谣非常感兴趣,也容易学会。

(四) 儿童英语学习的先前知识和技能

在汉语学习方面,学龄初期的儿童已经具有一定的母语知识基础,一般5~6岁的学前儿童已经掌握3500个以上的口头词汇和进行人际交流的初步经验,这是儿童语言学习的一个非常重要的基础。但对于英语学习而言,处于初学阶段的儿童的先前英语学习的经验和知识基础几乎为空白,因此,他们在学习英语的过程中,常常会借鉴母语学习的一些经验来学习英语,这就是母语迁移现象。

根据教育心理学的原理,母语由于其与外语的相似成分而对外语习得产生的积极的、有益的影响叫作正迁移,能促进外语学习者对外语的习得和运用。反之,母语由于其与外语的相异成分而对外语习得产生的消极的、不利的影响叫作负迁移,是学习者掌握和运用外语的障碍。在习得过程中,正、负迁移同时存在并共同作用于外语习得。那么应如何在小学英语教学中发挥母语的正迁移作用,以提高教学效果,需注意以下几点。

第一,适当运用母语理解课堂用语。语言作为交流工具必然与特定的情境相联系,如果脱离实际运用而单纯孤立地学习语言知识,那么势必导致最初学习时的语言情境与将来实际的应用或迁移情境相差太大,造成迁移受阻。这也是大部分初学英语的小学生对于最简单的课堂用语都很难听懂的原因之一。因此教师在最初使用一些课堂用语时,很有必要用母语来做一些解释,以使学生能够明白老师的要求。

第二,适当借助母语进行语音教学。由于英语和汉语发音系统的不同,中国小学生学习英语发音,经常会遇到一些各式各样的困难。教语音,完全靠模仿而不对发音要领进行讲解是不会达到预期目的的,有时,教师要善于比较英语和汉语两种发音的近似程度和差异,要善于总结规律,还要善于利用汉语把英语发音要领和口形部位讲解清楚,使用母语纠正、区分英语发音和汉语发音的不同,以便把英语说正确。

第三,加强母语与英语的比较为教单词做铺垫。在讲解一些抽象名词时,汉语中很难找到与之相对应的名词,可以使用学生熟悉的母语来讲解,那样的教学效果会事半功倍。

第四,讲解英汉文化差异也可以利用母语优势。英语教学中要注重语言和文化的关系,在学习语言的同时也要了解文化,树立文化意识并注重文化知识的传授。如果具有不同民族文化背景的人在交际活动中既熟悉对方的文化,又能向对方介绍自己国家的文化,应积极发挥母语文化的参照作用。所以学生在语言使用中,语法正确、结构正确不等于就能够进行正确的交流,如果对文化差异的不理解也会导致语言交流的失败。但有些文化现象是不容易用英语讲清楚的,有时连比较简单的文化现象也需要用汉语注解。

在外语习得过程中,母语对英语学习的影响不应该仅仅看作消极的干扰,而应看作一种必不可少的知识基础,一个重要的促进因素。小学英语教师和学生都应该正确地认识到母语在外语学习中的积极促进作用,恰当地发挥母语正迁移的作用。但是过多的母语介入势必会阻碍外语知识的获得,对外语的学习起到一定消极的作用。因此学生在外语习得过程中既不能完全排斥母语,也不应该过分依赖母语。在实际的教学中小学英语教师亦应依据教学实际,灵活转变教学方法。唯有这样方可有效分析及解决母语所造成的影响,进而有效提升小学英语教学的质量,尽最大可能给学生营造学习和习得外语的氛围,尽可能地让他们在自然的状态中学习英语。

第三节 小学英语教学原则

教学原则是根据教学目标、教学的客观规律,在总结教学实践经验基础上制定的,是教学工作所必须遵循的一般原理或准则。简而言之,教学原则是反映一定前提下的客观的教学规律,是教学必须遵循的基本准则。我国学术界基本公认的一般教学原则有:因材施教原则、系统性原则、理论联系实际原则、直观性原则、巩固性原则、量力性原则、思想性和可行性统一原则、教师主导作用与学生主体作用相结合原则。①

小学英语教学原则是指导小学英语教学的原理、准则。一方面,它要接受一般教学原则的指导,体现出共性;另一方面,它又要反映小学英语教学自身的特点,体现出个性。因此,小学英语教学原则不仅是一般教学原则在小学英语教学中的运用,也是小学英语教学特殊规律的反映。要想更好地组织小学英语教学活动,正确地评价小学英语教学活动,离不开一系列教学原则的指导。根据英语课程标准,小学英语教学过程的规律以及我国小学外语教学条件和小学生心理

---

① 王蔷.小学英语教学法教程[M].北京:高等教育出版社,2009.

特征,我们提出突出英语教学的四个基本原则,并从理论和教学实践两个主要方面进行阐述。

一、情景匹配原则

情景有两层意义,一是指景物、场景和环境;另一层是指人物、情节,以及由场景、景物所唤起的人的情绪和内心境界。情景匹配原则是指在教学中充分利用形象,通过设计出一些真实性和准确性的具体场合,创设活泼、生动、准确、形象的场景,让学生触景生情,激起学生的学习情绪,激发学生表达思想的欲望,从而引导学生从整体上理解和运用语言,并促进学生的语言能力及情感、意志、想象力、创造力的整体发展。

情景教学原则提出的主要依据有四点:第一,教学内容的特点。从教学内容上看,小学英语教学存在着一个特点,即英语与汉语之间有着完全不同的发音、字形书写、表达方式和句子结构,这给以汉语作为母语的学生在学习中造成一定思维阻力。情景教学主要通过创设形式多样的情境,把简单、刻板的教与学融合在多姿多彩的真情实景中,为学生提供尽可能多的用英语进行练习的可能,从使用率最高的实物、动作、图片、幻灯片、录音、录像、表演以及师生会话、歌曲、游戏、比赛等手段到运用电脑软件进行情景教学。第二,小学生的心理和年龄特点。小学生心理发展是开放的。他们有着强烈的求知欲,爱幻想,思维有明显的具体形象性特征,情景教学可以使学生充分发挥其想象力、创造力。第三,语言的习得规律。小学英语教学不能过于强调学生对词汇句型的背诵记忆和语法规则的掌握理解,要注重学生无意识学习或自然学习。语言是在语境中学习、在应用中掌握的。第四,小学生的学习规律。情景教学可充分挖掘学生的无意识心理活动,同时也能充分调动学生的有意识心理活动,使学生在轻松愉快的气氛中进行积极的、有创造性的学习,促成小学生由无意识学习向有意识学习过渡,进而使整个身心得到和谐发展。

教师贯彻这一原则应注意以下几个问题:

1. 在情景中学,情景中运用

新课程理念下的小学英语课堂教学,教师对教材内涵把握不仅要把握住教材中的语言知识,更要把握住教材提供的语言情境。教师在整个课堂教学过程中,无论是呈现新知识,还是巩固、复习旧知识,都应使学生尽量在一种有意义的情境中进行。结合学生的生活经验,使教材成为一个与书本、生活相融,知识与情景并存且灵活的有利于学生实际的情境。教师可利用图片、模型、实物、简笔画等教具,利用表情、手势、动作等体态,利用CAI课件、录音、录像等现代教学设备,利用游戏、歌曲、角色扮演等形式对学生实施直观教学,使英语教学变得生动、形象;为英语教学提供各种教学语境和真实的交际场合,营造英语交际情境和气氛,这样学生不借助翻译就能理解所学内容,明白句子的意思和使用场合,这样学生能把语言和它表达的情境直接联系起来,做到听到句子就想到情景,看到情景句子就能脱口而出,从而促进学生直接运用英语思维,增加课堂使用英语的机会。情景教学拆去了传统教与学的樊篱,让师生和谐地融合为一体,在欢乐、活跃的氛围中激发学生的学习热情,培养学生的学习兴趣,化抽象为直观,化刻板为生动,帮助学生找到英语学习的捷径。

2. 强化英语学习环境,克服本族语的干扰

英语教学的最终目的是培养学生用英语进行交际的能力。这种能力只有通过大量地接触英语,使学生沉浸在英语交际的氛围中才能较快地形成。然而以汉语为母语的学生最初接触英语时,都免不了以汉语为中介把英语和所表达的事物联系起来,这实际上还是用汉语进行思维。教师在运用情景教学原则时充分利用各种教具创设英语学习情境能使课堂教学形象化、趣味化、交际化,缩短了英语与所表达事物的距离,加快了教学的节奏。经常使用实物、图片、简笔画等直观手段,这既有助于学生对英语词汇的理解和记忆,又能使英语教学活动生动活泼,丰富多彩。应当注意的是,直观教具要灵活多变、丰富多彩,教师既要有备而来,预先准备好一些实物或图片、幻灯片,又要善于临场发挥,捕捉"道具",如学生的文具、衣物、现有的设备、景物等,并辅之以简笔画,使教具直观充实且不流于重复。

另外要强化英语学习环境。小学英语教学的课时较少,要想在有限的时间内,最大限度地进行英语实践,必须摆正英语和汉语的位置。要在小学英语课堂上突出英语特点,排除汉语语言干扰,师生需要共同树立英语课上只说英语,不说或少说汉语的概念,积极引导学生克服汉语对英语学习的负迁移,把英语课堂视为用英语进行交际的场所,将英语教学过程视为用英语进行教和学的活动过程,还应该积极开辟英语教学的第二课堂,举行如英语晚会、英语辨音比赛、英语口语比赛、表演英语小品等,目的就是让学生多说、多看、多听,不仅增加了他们的口语练习机会,而且让他们对这种语言有身临其境之感。

实践证明:课堂活动中使用英语,有利于学生语言的提高,因为教师在课堂上用汉语越多,对学生学习英语的障碍就越大,教师的每一句汉语或每一个词都会减少学生用英语理解和思维的时间,切断学生直接积极猜想、联想的思路,剥夺学生用英语听说的机会。因此,英语教学的过程要成为有意识地控制使用母语、有目的地以英语作为交际工具的过程。

二、交际性原则

现代汉语对交际的解释是"人与人之间的交往,或人际往来"。"交际"一词的英语是"communication"。在英语教学中,交际性原则指的是英语教师在教学中通过设计一定的教学活动,在师生之间、学生之间进行思想、感情及信息交流,帮助学生形成初步的听说读写的语言能力以及培养和发展学生实际应用英语的能力。

交际性原则提出的主要依据有三点:第一,小学英语教学目标。小学英语教学的最终目标是培养小学生具有以听、说能力为主的初步交际能力,即培养小学生在真实生活中运用英语的能力。第二,英语教学的实质就是交际。第三,英语是一种交际工具。学生只有时时处在"学英语"的环境中,才能更快地掌握好、运用英语这项基本技能。

教师在英语教学中必须贯彻交际性原则,这关系到小学英语教学阶段教学任务的完成和教学目标的实现。教师在贯彻交际性原则时应注意以下几个问题:

1. 培养课堂交际氛围

培养课堂交际氛围可以让学生进入一种比较轻松自由的英语学习状态,同时还可以逐步提高英语课的交际性。以下是常在课堂上采用的几种方法:

(1) 问候。在一堂课的开端,教师可以通过互相问候、即兴礼貌用语来建立交际感情,吸引学生进入外语课堂情景,创造良好的交际气氛。例如,一般来说,教师在上课之前都可以说:"Nice to see you again. It's a good day."结合课堂内容提问些相关的语句,如在学习"What color is it?"一课时,可以说:"Hello, Xiao Ling. What color is your bag?"教师在进行这些对话时,态度要真诚,面带微笑,对学生的回答做出反应,避免应付性、形式化的问候,以培养良好的交际氛围。

(2) 提问。提问是一种练习。练习是学生运用所学知识试着进行交际的过程。练习语言运用和交际,不能把练习当作检查,否则学生会有压力感。学生对交际性练习的适应有一个过程,交际氛围要逐步培养。教师在问问题的时候应该有所期待,但是又不宜用眼睛盯着学生等回答。在学生回答不上来的时候,教师可以适当插话,进行提示和启发,并给出一些暗示。如果学生回答了,教师应及时地做出反应,接上或者表示自己的赞赏和肯定。常用的鼓励性语言有:Good! /Well done! /Great! 或者按英语的习惯,使用礼貌用语,例如,Thank you! /Please!

(3) 应答。这指的是教师的应答,也就是在学生提出或者回答问题之后教师的反应。教师的回答应该根据学生及班级情况灵活多样,并注意培养协商式的交际氛围,起到交际表率的作用。如学生问:"How are you, Miss Peng?"教师在回答了"I'm OK."之后还可以再接着说:"How nice you are! And how are you?"

2. 组织好英语课堂活动

胡春洞认为:"学生学语言时,不但要动嘴说,而且要'动手动脚'、'指手画脚'才能收到好的效果。"要达到课堂交际的目的,教师必须组织好课堂活动。我们根据英语的教学情况,把"活动"理解为"活"＋"动"。活,指激活;动,指行动。具体来说,包括以下三个方面:

(1) 把文字活化为话语。话语指的是现实生活中的语言。在小学英语学习阶段,教材往往是以对话的形式出现的。这种对话是生活中交际话语的再加工。教师应该把这些语言内容通过教师或者 VCD 活化为有声有色的资料,让学生全面、直观地认知新的语言。例如,在教材中出现:

Lily: Mum, this is my English teacher, Miss Wang.

Mother: Nice to meet you!

Teacher: Nice to meet you, too!

教师在开展新学的教材内容时,应通过现实的表演把这段教材呈现出来。比如,在 Lily 介绍老师时,必须先看 Mother 再看 Miss Wang,并要有介绍时所用的手势。这样才能让学生体会到真正的交际,让学生动起来。这种动,不仅是身体和兴趣"动"了起来,并且把他们的主体意识也"动了起来"。如果教师不把文字材料转化为话语,而仅仅是带读或者是跟读,学生的积极性提高不起来,英语课堂也就难以逃脱照本宣科和填鸭式的旧模式。我们学语言,而语言功能却消失了,这当然不是学语言的正确方法。

(2) 把教材内容活化为实际生活。英语小学阶段的教材是按照结构—功能相结合的原则编写的,并以对话的形式体现语言功能。这些对话往往是在一定的情景下进行的,在教学中,可以先学习教材上的情景对话,然后再结合实际进行练习。例如,教材出现了 Li Lin is from Beijing. 在课堂上则可以根据实际开展小组活动相互询问:"Where are you from?"学生回答:"I'm from Shanghai. She is from Xi'an."然后统计出来自上海的有几个,来自西安的有几个。这样既学习了新的语言知识,练习了语言结构,还增进了彼此的了解,达到了交际的目的。

有时,教师还可以触景生情,利用教室的现场情况,把教材内容化为实际生活。如在学习"What color is the wall? What color is Xiao Hong's clothes? What color is the teacher's bag?"这比课本上"What color is it?"要更直观、更能

让学生接受。不把教材内容化为实际生活,不把课本的话化为学生可以接受的、想说的话,语言学习就不自然,不能真正达到交际的目的。

(3) 把教学活化为交际。教学是师生之间双方的活动,课堂要以学生为中心,教学过程要交际化。有的时候,教师提几个问题让学生回答并不是真正的交际,真正的交际是要让学生自己亲身实践,让学生相互之间主动提问、交流,并在交流的过程中把英语的结构和语言功能掌握好。打个比方就是:教师是导游,学生是游客。导游告诉游客路怎么走,去哪里玩,玩些什么内容。到时候,若学生迷了路或者去了不该去的地方、做了不该做的事,那也是正常情况。这时候导游站出来指点就可以了。真正的交际在于让学生自己去感受语言,体验交流和交际的乐趣。这样,才是真正把交际引入了教学过程。

3. 打破某些教学常规

打破常规就是朝着真正的交际发展,就是建立新的课堂规律,给学生带来耳目一新的感觉,降低学生的焦虑水平,让学生真正地融入我们的英语课堂交际。从目前的小学英语教学实际出发,我们提出以下相关建议:

(1) 重新选择课堂座位的摆放方式。目前大多数课堂都是采用传统的"秧田形"座位摆放法,这样可以让所有的学生看见教师,而学生之间互相看不见,这是传统的以教师为中心的课堂座位摆放法。除此之外,还有很多可以加强课堂交际性的座位摆放法。例如,"田字形"摆放法:将学生每四人分成一组,座位成田字形摆放;"圆形"摆放法:将课桌撤掉,只留下椅子,并将其摆成圆形,教师可以站在圆形的中间;"马鞍形"摆放法:将学生的课桌椅摆成马鞍形或半圆形,教师站在前方;"V"形或"U"形摆放法:将学生分成两队,呈两条相对的V或U形,教师站在前面的位置;"O"形桌椅摆放法:把桌椅全部撤掉,让学生坐在地上上课,不过,这种方法需要一定的教学条件,如干净的地板等。在以上课桌摆放法中,教师还可以坐在课桌上,或者和学生一起坐在地上,给学生一种亲和、宽松的游戏氛围,更好地降低其焦虑感,创设一个开放式的小学英语课堂环境。

(2) 站立交谈。英语课堂经常进行的"结对子"活动或"小组活动"一般都是坐在位子上进行的。小学生往往都比较爱动,坐久了站起来交谈还能让他们兴致勃勃,并在课堂紧张的氛围中得到放松。这样的姿势变了,形式活泼了,交谈的效果自然就不一样。

(3) 学会了的站起来,没学会的坐着。小学英语课堂经常需要有检查学生掌握情况的环节。以前我们惯用的方式是让不会的学生站起来,会的坐着。这其实是变相体罚,对英语课堂气氛很不利,教师可以反其道而行之,让会的站,不会的坐。"站立"由惩罚变成了表扬,会的站起来"休息"一下,坐的还需努力,最后全体都站起来,皆大欢喜。

三、听说领先原则

听、说领先原则是指在小学英语教学中,教师侧重对学生进行听、说的教学和训练,使学生在具备了一定的听、说能力的基础上,再强化读、写的教学与训练。

听说领先原则提出的主要依据有三点:第一,小学生的心理和生理特点。小学生(6~12岁),善于模仿,胆子比成人大,喜欢开口对话,记忆力强,而语法分析、阅读则比较困难,是学习听、说的关键期。从口语入手可以充分调动学生学习英语的积极性,培养他们学习英语的兴趣。第二,语言的内在规律。人类使用的任何一种语言都是先有口语,后有书面语。书面语是口语的记录符号,是语言产生和发展的内在规律。据美国保尔·兰金教授统计,"听"占人们日常语言活动的45%,"说"占30%,"读"占16%,"写"仅占9%。听、说是口语,学口语有助于学习书面语,是学习读和写的开路先锋。第三,语言的教学规律。口语是学习语言的基础,先从开口训练,符合语言教学规律,同时也可以使课堂教学自然化,既有利于培养学生学习语言的良好习惯,也有利于培养良好的课堂气氛。

教师贯彻这一原则应注意以下几个问题:

1. 正确认识听、说、读、写的关系

听、说、读、写是英语的四项功能,也是四项技能。这四者之间紧密联系、相互依赖、相互促进。雷弗斯(Revers)认为,当我们说和写时,依赖于我们口头表达的内容。我们能流利地阅读是因为我们能识别那些能大声说出来的短语。在学习过程中,它们又各有难易两个方面。在英语教学中,听、说、读、写四会既是教学目的,也是教学手段。教学语言知识中的语音、词汇、语法均要通过听、说、读、写的大量、不断的训练才能熟练掌握。作为教学手段,几乎每节英语课上都要进行这四项技能的训练。听、说、读、写的全面训练应贯穿全部教学的始终,但在不同的教学阶段要有所侧重。小学是基础阶段的基础,在这个最基础的阶段中,训练的特点是听说领先,读写逐步跟上。对学生进行听、说、读、写全面训练不仅可以保持学生的学习兴趣,还能减轻学生的疲劳。因为在听、说、读、写的交替训练中,学生除了要用脑外,还要调动各种感官,听说要用耳、动口,读、写要用眼、动手,从而提高练习效果。

2. 创造听说的条件,变单纯练习为真实交际

语言的最主要的功能是人际交往。它和意识一样,是由于和他人交往的迫切需要而产生的。而且,儿童的语言是在个体与环境相互作用中,尤其是在与人们言语交际中,在认知发展的基础上发展起来的。因此,听说训练过程理应是交

际过程。

听说的训练一般包括两个阶段:语言能力阶段和交际能力阶段。语言活动不同于交际活动,但是两者又是紧密联系着的。一般来说,我们都是在进行了充分的语言活动后再进行交际活动。语言活动的成功与否直接影响交际活动的顺利进行,"单纯练习"是指不以解决当前实际问题为目的的听说活动;"真实的交际"是指内容是说者和听者希望表达和了解的,与生活相连,形式为"双向互动",我们传统的课堂教学往往只限于语言活动,比如,模仿、重复、记忆等,很少有真正的"双向互动"。一些语言的运用也仅仅是模拟的场景,学生并没有真正的交际愿望和需要,仅仅是为了操练语言而操练语言,缺少灵活性。这种听说练习方式脱离了学生现实生活,与学生的实际需要相距较远,因而失去了"交际性",也无法达到真正的"双向互动"。杰斯珀森认为,教好外语的首要条件看来是要尽可能让学生接触外语和使用外语。学外语就像学游泳一样,学生必须泡在水中,而不是偶尔沾沾水,必须潜到水里去。这样,他才像一个熟练的游泳者那样乐在其中。因此,教师要给学生创造练习听说的机会,让他们多听多说,变"单纯练习"为"真实的交际"活动。

3. 以口语为基础,突破听辨第一关

语言是交际的工具,而口头交流又是一种非常普遍而重要的交流形式。所以,口语教学也是英语教学的基础,从口语入手才能抓住英语学习的关键。因此,小学英语教学应该把口语能力训练摆在第一位,把学生推到语言实践的主体位置,把日常生活情景对话作为教学的一个中心。通过以学生为主体的大量语言实践活动,使学生敢于开口说话,进而获得语言基本技能,促进语感的培养。口语能力的培养越是从小抓起越好,因为年纪越大,越容易产生"羞口"的现象,而这种现象在我国是比较普遍的。因此,小学生学习英语注重口语训练意义深远。

口语语言是有声语言。在口语交际中,语音是十分重要的因素。语音、语调、语速是否符合英语的标准和规范,直接关系到口头交际的质量。在对小学生进行口语训练中,遇到的首要问题就是"听"的问题。只有听准、听清楚、听明白,才能模仿得清楚,才能说得准确、清楚、明白。要想达到《小学英语教学大纲》的教学目的——"使学生敢于开口,打下较好的语音基础"——就必须首先训练听力,只有先听好,才能说好。如果不敢开口或说不好,往往都是没有听好、没听准、没听懂;或者虽然当时听准了,但没有及时巩固,后来又忘了。所以教学中,教师要尽可能帮助学生先听好,多听多练。要充分发挥小学生的听觉敏锐、辨音能力强的特点,集中精力训练听。

语音练习是听力训练的专门练习,可以使学生发好音,读好单词、短语和句子,练好重音及语调,辨别清楚不同的发音或读音。教师在训练听的过程中,要给学生以具体的方法指导,介绍正确的听的方法或技巧,提出明确的要求。特别是听音时,要向学生强调不要一听见音就急于先开口模仿、跟读,一定要先听准、听清楚之后再开口模仿。要向学生强调如果开始音调没学好或不正确,会影响以后的开口交际,一旦错音成了习惯,以后纠正起来就很困难。因此,要求每个学生在听音时,都要仔细静听,辨清发音;注意观察,认真模仿;大胆练习,积极运用;互相学习,竞赛评比。

4. 少纠正学生的错误

在学习英语的初级阶段,教师是学生的"coach"而不是"judge"。有的教师在教学过程中一发现学生的语言错误,好像天要塌下来似的,学生一张嘴,教师就盯着学生,尽力去发现语言的错误,无论大小,都觉得自己有责任马上纠正。在英语学习的初级阶段指出学生的错误会带来很多负面影响!伤害学生的自尊心,使得学生对说好英语失去信心,挫伤学生的积极性,让学生害怕说英语及学生过度依赖教师对他们的指正等。当学生非常关注语言的准确性时,他们就不愿意自如地表达自己,除非能保证100%的正确。在语言训练过程中,出现错误是非常正常的事情,教师应鼓励学生,多肯定他们的语言进步,增强他们的自信心。

当然教师也不能对学生的错误视而不见,关键是教师需要创造有意义的环境和方式。改正学生错误的目的是帮助学生发展语言的正确性及培养学生学习的自信心。我们应该采取适当的方式。比如,在练习对话"How do you go to school?"时,学生回答:"I goes to school on foot."教师不能说:"No, you are wrong."而是可以采取以正确的表达方式重复学生刚才说过的话:"Oh, good. You go to school on foot?"学生自然会回答:"Yes, I go to school on foot."因为教师说了"good",对学生先表示了认同,然后不露痕迹地改正学生的错误之处,如此,教师不仅让学生意识到错误所在而且也保全了学生的面子,不会给学生带来负面的情感影响。总之,在学生讲口语的过程中,学生敢讲又不怕出错比不敢讲好得多。

四、扩充性原则

引导学生从已有的语言水平向最近语言发展区前进,较为常用的方法是对学生的话语进行适宜的扩充,也就是说,从以甲原型为基础学习的语言单位再迁移到相关的其他实物上。如教师在教"香蕉"这个词时,可以用实物做下列问答活动。

教师:"What is this?"

学生:"This is a banana."(引出基础词)
教师:"What colour is it?"香蕉是什么颜色?
学生:"It's yellow."(引出扩充词 yellow)
教师:"Are bananas vegetables?"香蕉是蔬菜吗?
学生:"No, they are fruit."(引出扩充词 fruit)

这些问答甚至可以扩充到句子。通过扩充,学生可以掌握其语言单位的各种用法,并掌握与之有关的一些句式、句型和句类,从而提高运用语言能力。

本章小结

语言习得规律和小学生特有的心理特征决定了小学英语教学的独特性。小学英语教学原则是一般教学原则在小学英语教学中的运用,也是小学英语教学特殊规律的反映,贯彻英语的教学原则是组织好小学英语教学活动的重要保障。

课后思考题

1. 谈谈第二语言习得对小学生英语学习的启示。
2. 英语教学原则有哪些?
3. 结合实际谈谈英语教学中应怎样贯彻英语教学原则?

第三章　小学英语教学的组织与实施

> **章首语**

　　小学英语教学的组织与实施主要体现在备课、上课、说课、听课和评课这五个环节，其中备课是上课的准备环节，上课是本章讨论的重点。通过本章的学习，希望学习者能了解备课的任务、要求以及教案的编写，了解小学英语课堂教学常见的教学模式和课的类型，掌握多种课堂教学方法和教学手段，懂得如何组织课堂教学，明确说课、听课和评课的意义和要求。

> **知识点思维导图**

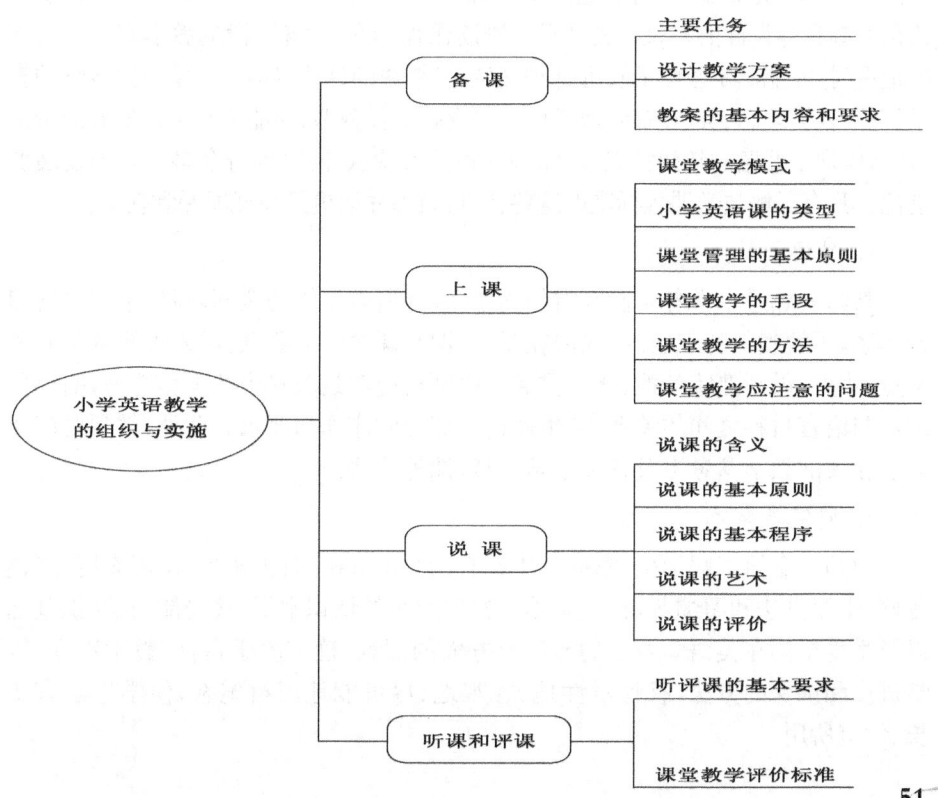

第一节 备课

备课是实施课堂教学必要的准备工作,是做好课堂教学,保证教学质量的关键所在。教师只有认真备好课,并制定出周密的教学计划,合理安排课堂教学的各个环节,才能尽量做到有备无患,有的放矢。

一堂课选择什么内容为突破口,新旧知识如何联系;如何导入课文合理安排教学步骤;如何挖掘文章内容并有层次地深入;进行哪些形式的课堂练习与课外辅导;以及如何处理学生在知识接受中出现的困难与问题,这些都需要教师在备课时认真考虑和比较。

一、备课的主要任务

1. 认真研读课程标准

课程标准是教学的指南,它对各阶段教学的重点、目标以及可采用的教学模式都有颇具建设性的建议。教师只有研读课程标准,对各阶段的教学有一个宏观的把握时,才能制定教学的长远计划,确定各模块的具体目标。小学英语教学的教学目标、教学理念、价值取向、教学模式等反映了任务型、功能型和个性发展的价值取向,体现了儿童的年龄特点、认知特点和学习特点,同时也符合多元智力发展的理论。只有了解教学课程标准的这些特点,教师才能更好地开展课堂教学。

2. 钻研教材

教师要熟悉小学各阶段教材的内容,掌握所教年级的全部教材,学习教材编排体系,了解教材特点、教材的内在联系、课与课之间的联系,深入理解各单元的重点、难点,做到熟练掌握、融会贯通。教师还应清楚教材中的配套练习,明白各练习与语言材料之间的关系,学生做这些练习时应作何要求。此外,教师要广泛阅读相关的教学参考书及各种教学资料、课外读物。

3. 研究学生

教师要全面了解学生,掌握学生原有的知识基础、智力水平、学习态度、兴趣爱好、学习方法和习惯等,在此基础上根据学生的认识水平、接受能力、知识基础以及学生个体在英语学习上的差异等方面的因素,确定教学目标、教学难度、教学进度和讲课的方法,有针对性地、客观地、尽可能地因材施教,使学生学有所长、学有所用。

4. 确定教法

英语教学的特点之一就是要使学生尽可能多地从不同渠道、以不同形式接触、学习和使用英语。"教学有法,教无定法",教师要善于从不同的教法中吸取营养,兼收并蓄、博采众长,同时发挥教师自己的优势,逐渐形成个人的教学特点和风格。

教师要从备课开始,不断思考、设计、安排、总结。教学全过程都是渗透于教学语言之中而不是脱离语言教学的。要激发学生阅读兴趣,有效地引导学生积极参与,开展创造性的思维活动,由学生"要我学"转变为"我要学"。

5. 设计教案

写教案可以帮助教师针对每一节课的教学内容和要求进行有计划、有步骤的活动,教师要根据上课内容和学生实际情况,合理地设计教案,充分、科学地利用课堂教学时间,高质量地完成教学任务。

6. 准备教具

小学英语课的特点决定了教师还应在上课前做好充分的物质准备。教师要准备的教具有实物、模型、玩具、录音机、PPT、教学图片等,此外还要结合课本根据需要亲自设计一些操作方便、易于理解、具有趣味性的直观教具,教师也可根据需要让学生自己准备一些学具,注意捕捉恰当的使用时机,以最大限度地发挥教具的作用。

二、设计教学方案

教师在进行实际教学之前,必须了解、熟悉、掌握教学内容,明确教学大纲要求所要达到的教学目标,通过制定学期教学进度计划、单元计划、课时计划使教学目标落到实处。制定教学计划就是首先做到明确本学期的教学内容和目标,确定难点和重点;再根据具体情况和课时安排,将所有教学内容分解成若干个单元和一个个具体的教学目标,明确各单元的难点和重点;最后落实到每个课时,设计教学方法,确定教学步骤,分析学生达到本课时小目标的难点和重点。制定教学计划要求教师反复钻研教材,明确教学目标,确定难点和重点,并根据学生的学习基础、学习习惯、学习方法以及兴趣爱好制定有成效的教学计划,使教师能有的放矢地进行教学,顺利完成所制定的教学目标。

1. 学期教学进度计划

制定学期进度计划一般包含以下内容:教学目的与要求;教材的难点与重点;教学措施;实验安排与教具准备;课外活动与专题讲座;教改试验;教学进度安排等。

以小学四年级的学期进度计划为例,我们来看看如何制定学期教学进度计划。

第一步，了解教学目的与要求。教师要对学生的学习基础、习惯态度、认知能力进行分析，明确教学目的与要求。根据《标准》，四年级是学生学英语的第二年。四年级情况大致为：在第一年学习中，学生在听、说、读、写方面有了一定的基础；四年级教学就需要在此基础上，对知识进行复习、提高；学生将在学习更加丰富的歌曲、游戏、句型操练中提高自己的听、说、读、写能力及运用英语的能力；随着教学难度不断加大，学生中易出现个别对英语丧失信心的情况。因此，四年级教学的关键在于如何让学生在保持比较高的学习兴趣的基础上不断提高学习效率，这也是四年级的教学目的与要求。

第二步，分析教材的难点与重点。教师要对使用的教材反复钻研，明确教学重点、难点等。四年级教学内容大都是：学习一些单词和日常交际用语，或介绍学校布局或表达时间等。教学的重点大致有：掌握句型，能正确反应、正确运用，学会向他人描述和表达自己的意愿，更加了解中西方文化的差异。教学难点是：养成良好的听英语、读英语、说英语的习惯，能自觉地模仿语音、语调，逐步培养语感等。

第三步，明确教学措施。教师在明确教学目的与要求、分析教材之后，设计好教书育人的措施。四年级的教学措施主要有以下几点：① 以活动为课堂教学的主要形式，采用任务型教学法，设计丰富多彩的教学活动，让学生在乐中学、学中用，从而保持学生的学习兴趣，提高学习效率；② 通过听、说、读、写、唱、游、演、画、做等形式，进行大量的语言操练和练习，提高学生的表达和交际能力；③ 充分利用磁带，将直观教具和电教技术、多媒体课件相结合，让学生多听、多跟读，培养学生良好的朗读习惯，打下良好的语音语调基础；④ 在教学中对学生进行书写的训练，提高学生对单词的认读和抄写能力，培养学生良好的书写习惯等。教师可以根据本人、本校、学生的具体情况以及所采用的教材来制定适合自身教学的措施。

第四步，做好实验安排与教具准备。教师根据需要和可能，准备适当的教具。教具的种类繁多，有图片、字母活动卡、头饰、面具、指套、实物立体模型、幻灯片、录音、录像、投影等。教具的丰富多样、生动活泼、灵活多变可以激发学生浓厚的学习兴趣。其中图片是经常使用的教具，它是传统的直观教具，可分为情景图片、单词图片、对话图片、组合图片（活动图片）等。教师可购买，也可自己制作，可单独使用，也可重叠组合使用。

第五步，安排课外活动与专题讲座。教师为丰富学生的课外生活和提高学生的学习兴趣，再结合课堂教学内容，可以安排各种丰富多彩的课外活动、竞赛、专题讲座等。活动竞赛有很多形式，例如，单词竞赛、单词接龙、单词书写、英语歌曲、自编自演对话等。多样化的活动竞赛能激起学生学习的热情，增强学生学英语的自信心。

第六步，考虑教改试验。教师根据具体情况设定本学期的教研课题、教改试验与公开课等。如四年级可把如何提高学生的英语学习兴趣,如何创设情景让学生操练对话等作为教研课题。

第七步,教学进度安排。教师在充分考虑本学期的课时、教学内容、学生接受能力、教学需要等因素后,合理安排教学进度,并适当安排一定的复习时间,明确每周的教学内容。

2. 模块计划

模块计划的制定仍然需要考虑上述几个方面,并细化一些步骤。制定模块计划,教师要较详细地列出一个模块的内容:模块名称、教学目的、课时划分、课的类型、教学内容、教学方法、活动竞赛等。

3. 课时计划

制定课时计划,教师需要针对每一节课的教学内容和要求,充分考虑各种因素,整体设计一节课的教学过程。课时计划内容包括:班级、学科名称及课题;授课时间、课的类型、教学目的、教学重点难点、教学方法、教具、教学过程(步骤)、教学内容的安排、教学方法的具体运用、时间的分配以及板书设计等。

三、教案的基本内容

1. 课题

课题,即第几模块和第几单元,并注明课型是新授课、口语课、巩固课、复习课还是活动课等。

2. 授课时间和班级

以实际授课时间和班级填写。

3. 教学目标

教学目标包括:知识目标、能力目标、学习策略目标、情感态度目标、文化意识目标等。一般分为四个层次:① 知道、了解;② 领会、理解;③ 掌握、运用;④ 熟练掌握、灵活运用。

4. 教学重点和教学难点

教学重点就是学生必须掌握的基础知识与基本技能,即课堂教学的核心知识。《新标准英语》各单元的教学重点基本上是"四会"掌握的单词和句型,教师运用各种教学方法和手段,设计不同的教学活动,让学生掌握听、说、读、写"四会"的单词和句型。

教学难点是指学生不易理解的知识,或不易掌握的技能技巧。难点不一定是重点,但有些内容既是难点又是重点。教学难点有语音上的,有句子结构上的,有词汇上的,教师应该采取不同的教学措施来化解难点,降低教学难度,帮助学生获得学习上的成功。

5. 教学方法

在教案中,教师要写明教学环节中所采用的教学方法,如直接法、听说法、视听法、全身反应法、自然拼读法等。

6. 教学准备

包括教具、学具和多媒体课件等,在教学环节中还要具体说明如何利用这些教具、学具来为教学服务。

7. 教学过程

教学过程是根据教学目的进行教学内容、教学方法、辅助手段(教具及现代教学手段)、师生互动、学时安排、板书设计、作业布置等的选择或设计。教学过程是整个教案的主体部分,既体现出教学活动的逻辑程序,又要划分出若干环节或步骤,并考虑到它们的时间分配,具体方法的应用,相互间的衔接、过渡,以及教学过程与板书的协调,等等。这部分最能反映教师的教学设计思想,体现教师的教学经验和风格。

8. 板书设计

要尽量体现本节课的主要内容和教师的思路,符合学生学习理解的心理,同时又兼有简单扼要、鲜明易懂等特点。

9. 教学后记

教师在讲授完本节课之后填写,教学后记包括对本次课教学过程、教学方法、时间分配、重难点及教具使用等综合教学效果的小结,总结成功的做法,分析存在的不足并提出改进的设想,为以后的教学提供经验和素材。

教学案例 3-1

PEP 小学英语五年级上册 Unit 1 My new teachers[①]

一、课　题

"本课时的主题是要求学生能运用所学句型、词汇,描述自己教师的体貌特

---

① 小学英语大课堂的博客. PEP 小学英语五年级上册 Unit My New Teachers 教学设计、导学案、板书设计及课后反思[EB/OL]. http://blog.sina.com.cn/s/blog_6346flfd.01017xn8.html.

征及性格特点,能询问学校里教师的情况。在教学过程中反复引导学生利用已学语言点,让学生通过完成这一生活化的任务型活动来感知新的语言点,以减轻教与学的难度。"——"My new teachers"教学设计

二、教材原文

My new teachers

Zhang: I have three new teachers.
Tim: Who are they?
Zhang: A science teacher, an art teacher and an English teacher.
Tim: Who's your English teacher?
Zhang: Mr Carter. He's from Canada.
Tim: What's he like?
Zhang: He's tall and strong. He's very funny.
Tim: I know. He's my father.
Zhang: Really?!

Finish the sentences.
(1) Who's Zhang Peng's English teacher? _____.
(2) What's he like?
　　He's _____ and _____. He's very funny.

三、教材简析

本语篇是PEP小学英语五年级上册Unit 1的内容,围绕主题"My new teachers"展开。本单元要求学生能简单描述自己教师的体貌特征及性格特点,

能询问学校里教师的情况。帮助学生在原有知识和经验的基础上，运用所学语言进行表达、交流。

四、目标预设

1. 能听说读写单词 tall, strong, funny。

2. 能掌握句型：Who's your ...？What's he like ...？并能在具体的语境中运用。

3. 培养学生热爱、尊敬老师的情感。

五、重点、难点

1. 要求学生在学习过程中能结合所给句型替换单词 tall, strong, funny, 在情景中学习单词，并逐步学会听说读写。

2. 能正确使用 Mr./Miss./Mrs，对西方人的称呼有进一步了解。

六、设计理念

依据教学要求，结合教学内容有意识地充实丰富有趣、针对性强的开放性游戏活动，使孩子们在"乐中学、学中乐"，有效地提高学生学习的趣味性，增强学生的成就感。

七、教学过程

Step 1：Warm-up

1. T：Show a picture of some classrooms—Music room/Art room/Computer room/...（将各个教师贴到相应的教室里）

    S_s：Who is he/she?

    T：He's/She's our Music/Art/Computer/Science teacher.

2. T：Yes, they're your teachers. Let's say a chant about these teachers, OK?

    S_s：OK!

    T：（示范读）

    Tall, tall, tall. Computer teacher is tall.

    Short, short, short. Science teacher is short.

    Thin, thin, thin. Art teacher is thin.

    Fat, fat, fat. Music teacher is fat.

    Funny, funny, funny. They are so funny!

Step 2：Presentation

1. T：（多媒体呈现）Look, this is your new Chinese teacher, Mrs X. What's she like? Tall, short, fat, thin or ...？

2. S_s：She's ...。

T：(手指班中任一学生)What's he/she like?

S$_s$：He's/She's … .

3. T：Boys and girls, who's your … teacher?

S$_s$：Mr. /Miss. /Mrs X.

T：What's he/she like?

S$_s$：He's/She's … .

S$_s$：(Work in pairs)

4. T：(多媒体呈现 Yao Ming)Who's this man?

S$_s$：He's Mr Yao.

T：What's he/she like?

S$_s$：He's tall.

T：Yes. But I think he's strong, too.

S$_s$：(学习单词)strong

(两人一组练习)

5. T：(多媒体呈现一些卡通图片：蜡笔小新，超人，奥特曼等)

Please describe the pictures with your partners.

S$_s$：(问答练习：Who's this … ? He's/She's … . What's he/she like? He's/She's … .)

6. T：We are talking about teachers and fans. Zhang Peng and Tim are talking about their teachers, too. Listen, who are they? What's he/she like?

S$_s$：(听对话录音，回答问题)

T：Now, open your books, read the dialogue and finish the sentences.

S$_s$：(自读对话，完成句子填空)

(齐读对话，分角色朗读)

Step 3：Consolidation

1. Guessing game

T：Boys and girls, please listen carefully, then guess, who is he/she? You can ask me some questions. Who wants to try first?

I tell you first, he/she is in our classroom.

S$_1$：Boy or girl?

T：Girl.

S$_1$：What's she like?

T：She's tall. She has two big eyes. She's eleven.

S_1: Is she ××?

T: Yeah, you are right. /Sorry, you are wrong.

S_s: (小组游戏)

2. Pair work

T: (把全班分成6~8小组,每组分发两组单词卡片。一组为各科目教师,如 math teacher, music teacher 等,另一组为描述人物外形的词组,如 thin and tall, strong and short 等。活动时一人抽取两张卡片并提出问题,另一人根据卡片内容进行问答。)

S_s: (小组活动)

Step 4: Homework

1. 课后,参照 Pair work 说一说,做一做,设计一些有关教师或亲友的词组卡片,用所学句型、单词做句子整合游戏。

2. 完成一个小调查,调查学科老师的相关信息。

板书设计

Unit 1　My new teachers

Who's your ... teacher? 　　　　What's he/she like?

Mr. /Miss. /Mrs ... 　　　　　　He's/She's ...

(tall, strong, funny)

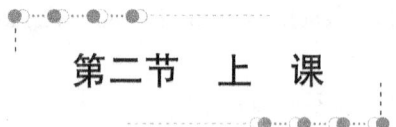

第二节　上　课

一、课堂教学模式

(一) PPP 教学模式 (Persentation—Practice—Prouduction)

按照英语新课程标准,小学英语课堂教学的基本模式是:热身活动—新知呈现—语言操练—综合运用—学习小结并布置作业。

1. 热身/复习活动 (Warming-up/Revision)

此环节的目的是激活大脑和激活已学知识。把学生们的积极性调动起来,使他们积极参与到课堂学习中。

热身活动的形式主要包括:1. Sing some English songs(歌曲),2. Say the poem or chant(歌谣),3. Play some games(游戏),4. TPR 活动,5. Do the actions(角色扮演),6. Greetings(问候),7. Free talk(问答交流或日常交流),8. Repeat the text(复述课文)等。

注意活动的互动形式应为师生互动或生生互动。

2. 新知呈现(Presentation)

新知呈现阶段是学生语言输入的最初阶段,是一节课的重点教学环节。这阶段的教学原则是:① 设置真实语境;② 聚焦重点语言;③ 优选呈现方式;④ 体现短时高效。

新学习项目的呈现方式是非常重要的,呈现方式应当直观、生动、有趣,能让学生一目了然,了解这堂课所要学习的语言知识。

呈现方式主要有:实物、图片、简笔画、挂图、课件、录音、游戏、歌曲、歌谣、表演、TPR,等等。

3. 语言操练(Practice)

语言操练阶段是学生学习和掌握语言的关键阶段,它起着承上启下的重要作用。

学生通过新知呈现阶段的学习,还需要大量的语言操练,以达到真正的语言输入,并且为语言输出奠定坚实的基础。在这一环节中,教师应激发学生的学习兴趣,避免枯燥无味的练习,同时注意纠正错误发音。

这阶段的教学原则是:① 明确操练内容;② 操练方法要多样有效;③ 活动形式要多样有效。

语言操练方法主要包括:替换练习、问答交流、看图写单词、游戏、歌谣、歌曲、表演、TPR,等等。

活动形式可以是师生之间、生生之间(个人、两人、小组等)。

4. 综合运用(Production)

综合运用阶段就要结合真实生活完成1～2个真实任务或解决一些问题,是学生语言输出的重要阶段。在本环节中教师根据所学知识创设恰当的情景并布置相应的任务,让学生在真实情景中或模拟真实情境中运用语言,掌握语言,达到学以致用的目的。

这阶段的教学原则是:在本环节中教师应多引导学生创造性地拓展语言,即根据情景的需要充分利用所学语言,包括过去所学的知识以及新学的知识,进行大量的交际运用,开发学生的思维,培养学生的创新与综合运用语言的能力。

活动的主要形式有:表演课文、改编对话、调查采访、情境表演、话题讨论,等等。

5. 学习小结(Sum-up)

学习小结阶段既要总结归纳本课所学的语言知识,还要评价学生在各项学习活动中的表现和实际效果。尽量采用师生共同总结的方法。

6. 布置作业(Homework)

教师在布置作业时,一定要注意口头与笔头的结合,语言知识与语言应用的结合。

除常见的机械性的作业外,教师应多布置一些创编对话、说说做做、调查、特色作业(如单词卡片、英语小报)等形式多样的作业。

教学案例 3-2

Lesson Nine

一、教学目标

1. 认识目标

(1) 能听懂、会说表示水果类及颜色的单词。

水果:pear, orange, apple, grape.

颜色:orange, purple, red, yellow, green.

(2) 听懂、会用句型。

These pears are yellow/green/sweet.

These oranges are orange/sour.

2. 能力目标

(1) 能够听懂、会说本课会话,做到学以致用。

(2) 通过创设情境,使学生感受并学会运用语言,进一步培养学生的口语表达能力。

(3) 通过"猜谜""贴卡片""传水果"等富有情趣的游戏活动,力图激发学生学习英语的浓厚兴趣,培养学生敢说、乐说、多用的语言学习的好习惯,并使学生在真实的语境中弄清句子含义,达到学以致用的目的。

3. 情感目标

课堂教学中鼓励学生积极举手,大声说话,面带微笑,营造自信、乐观、积极向上的学习氛围。当教师奖励"小红苹果"时,引导学生说"Thank you."老师和蔼可亲地说"You're welcome."培养学生从小养成讲文明、懂礼貌、关心他人的良好行为习惯。同时,在学习活动中,通过小组比赛活动,培养学生的竞争与合作意识。

二、教学过程

Ⅰ. Warming up.

1. Do it!（学生按老师指令动作）

T：Stand up, please. /Sit down, please. /Stand up.（教师辅以手势）

2. Listen and touch.（教师给指令,学生边指着身体部位边大声说）

T：Touch your mouth/ears …

S_s：(Touch and say) Mouth, mouth, mouth …

Ⅱ. Revision

1. Look and say.（教师出示水果,示意学生说英语）

T：Please look and say.（教师出示苹果）

S_1：Apple.

T：Yes, apple, apple.

S_s：Red apple.

2. Sing an English song.

　　Apples are red.

　　Apples are sweet.

　　I like red and sweet apples.

3. Listen and show the colourful card according to the tape.

（学生按指令出示颜色卡片,复习表示颜色的单词,为学习某种水果是何种颜色做好认知准备）

Ⅲ. Presentation and Practice

A. Learn to say the new words：orange(橙子), orange(橙色), pear.

1. Show the colourful cards quickly

（老师快速出示颜色卡片,让学生快节奏辨认）

T：(出示橙色卡色)Yellow? Green?

S_s：No.

T：Listen and say：orange, orange.

S_s：It's orange.

（以旧知设问,自然引出新的颜色——橙色"orange"一词）

2. Have a match

（分组比赛,老师给指令,学生出示相应颜色的卡片,大声说英语,评出反应快、音齐、发音准、声音响亮的组为冠军组,目的在于巩固新词 orange）

3. Play a game"猜一猜"游戏

（教师出示一个漂亮的塑料袋,学生把手伸进袋内,摸一摸,猜一猜,通过触

觉感知实际水果,学习新词 pear, orange)

T: Look. A beautiful bag. What's this? Please touch and guess.

S₁: (Touch and guess) Apple?

T: No. Look! Pear, pear.

S₁: It's a pear …

4. Pass the fruit: orange and pear

(学生分小组开火车传水果,进一步真实感知水果 orange and pear)

5. Play a game: Taking out the word card slowly for the students to answer

教师慢慢从信封中抽出单词图片,学生快速抢答。

(实物与卡片交替使用,以不同形式刺激学生感官,加深印象)

T: Look. What's this? (老师一边很慢地抽出图片,一次只显露一小部分,一边问学生)

S₁: Orange.

T: Great. The red apple is for you. Please stick it on the tree.

S₁: (Stick and say) Thank you.

(教师用学生最喜欢的"小苹果"作为奖励,让他们贴在"成长树上",激发学生学习兴趣)

B: Learn to say the new sentences.

These pears are yellow/green/sweet.

These oranges are orange/sour.

1. Show the small fruit basket

(老师拿出一个小果篮,手指导着说:These grapes are … 没等老师说完,学生异口同声地说:These grapes are purple. 老师做出一个夸张的表情动作,似吃了甜甜的葡萄后的感觉,学生大声说:These grapes are sweet.)

2. Show the pears/oranges

T: Look. Please say.

S₁: These pears are yellow.

S₂: These pears are sweet.

S₃: These oranges are orange.

(教师利用水果和夸张的表情,让学生对新的句子有初步的感知)

3. Play the video(播放课文的动画片,学生认真观看)

4. Play it again(再次播放动画片,学生跟读、齐读)

Ⅳ. Production

1. Pass the picture

传卡片比赛:教师将黑板上的图片取下,分两大组传图片进行接龙比赛,参与的学生一边传图片,一边大声说 These pears/oranges are ...

2. Stick the picture 贴图片比赛

(学生传递、认读图片后,分两人一组比赛贴图片,把图片贴在相应的单词旁,速度逐步加快,情趣横生,在活动中培养学生的注意力和观察力)

3. Listen and check 听录音,做听力练习,引导学生在表格的相应栏目里打钩(动静结合,避免学生整堂课处于兴奋状态,优化学习过程)

Ⅴ. Summary

1. listen and show the fruit basket.

T:Pears, green pears.

S_1:(Show and say) These pears are green. ...

(教师说出水果特点,让学生找到水果。引领学生在真实语境中运用语言知识)

2. Sing a song.

(课堂气氛轻松、和谐,课前、课后歌曲相得益彰。学生按节奏拍手,老师根据歌词出示不同水果,师生同台,其乐融融)

3. Eat the fruit salad.

T:The fruit salad is sweet. I like it. Do you like it?

S_s:Yes. I do.

T:Let's eat.

学生吃着"水果沙拉",甜在心里,喜上眉梢,笑在脸上,甜美极了!谁见了都会说 Cool!

三、反思与评价

第一,教师要走进学生内心,与学生进行心灵沟通,感情交流,学生学英语的情绪、心境和热情是情感学习活动中的重要因素。教师要针对低年级小学生心理及年龄特点,精心设计出学生们所喜闻乐见的游戏活动。让学生在玩玩、唱唱、做做、说说、动动等活动中,不知不觉习得语言。所谓"亲其师,信其道"就是这个道理。课堂上,老师用激情感染学生,激发学生积极主动参与各项教学活动从而完成这一堂课的教学任务。

第二,注重过程评价,给予阳光评价,要欣赏、赞赏孩子的成功!因为成功会带来更大的学习热情!教学中设计的两棵男、女生成长树,激励学生与小树一同成长,快乐成长,形成积极、乐观向上的学习态度。愿孩子们长成参天大树,成为祖国的栋梁之材!

第三，口令与肢体语言成了调控课堂的"灵丹妙药"！课堂上，我拍手三下，示意学生边拍手边说英语"One，two，three!"教室立刻安静，这样自然转换教学环节，效果极佳。

第四，These orange are orange. 这一句发音有点拗口，一年级学生不易说清楚，当少数学生出现语音错误时，不指出学生错误，不纠正学生错误，只是示范正确读音，让学生模仿，自然习得语言。

第五，不足之处：每两棵象征男、女生比赛成长的小树结的苹果有多有少时，教师应及时和同学们一起数数，比一比谁的树上苹果多，师生共同竖起大拇指夸一夸多的一方"真棒！""Great!"，为少方"加油""Come on!"，这样，使同学们注意力集中于上课，不至于老是在想着数苹果，分散注意力。

另外，课堂上应多留给学生自主探究和交流的时间，开展小组活动，实现同学间交流合作，在用中学、学中用、学用结合，学以致用，提高学生的语言运用能力。

（二）任务型教学模式（Task-based Language Teaching）

任务型教学模式分：前任务、任务环和后任务三大步骤，可具体化为以下六个步骤：① Warming-up Activities（调动学生的学习积极性，激活学生已有的背景知识）；② Pre-task（呈现和学习完成任务所需的语言知识，介绍任务的要求和实施任务的步骤）；③ While-task（设计数个微型任务，构成任务链，学生一个人或小组形式完成各项任务）；④ Post-task（各小组向全班展示任务结果）；⑤ Check（学生自评、小组互评、教师总评）；⑥ Homework（根据课堂任务，以个人或小组形式做相关练习）。

1. 任务型教学设计的主要原则

（1）真实性原则

要培养学生在真实生活中运用语言的能力，就应让学生在教学活动中参与和完成真实的生活任务。设计真实生活任务的关键在于所设计的任务具有真实生活的特征。因此，教师设计任务时要提供给学生明确、真实的语言信息，要使学生在一种自然、真实或模拟真实的情景中体会和学习语言，这样就可以使学生直接感受语言的交际用途，把语言的学习和运用自然而有机地结合起来。① 例如，教学有关"How much is …?"句型时，可在教室里设一些"销售点"。如文具摊、服装摊、食品摊、水果摊、玩具摊等，学生按照"摊位"进行分组，每组学生先在本组内购物，然后再到其他组购物。这种任务活动贴近学生的生活，能引起学生的共鸣，并能激发学生积极参与的欲望，使学生有表达的积极性。

---

① 袁云. 小学英语任务型教学论[EB/OL]. http://www.cloc88.com/p-70589525846.html.

(2) 趣味性原则

小学生学习的动机来自兴趣。教师可以设计学生乐于参与的游戏、英语歌曲、小品表演和猜谜等活动,使学生在轻松愉快的活动中感受语言、理解语言和运用语言,在"用语言做事"的过程中获得愉悦的情感体验,培养学生的学习兴趣、自信心和自主学习的能力。例如,把所学的句型和单词填进学生熟悉的曲调中,学生在完成改歌换词的任务中,既掌握了新知识,又调动了学习的积极性。

(3) 难易适中原则

教师设计任务时必须考虑任务的难度、内容的长度、信息的密度、生词的数量、学生对相关背景知识的理解程度、学生的智力差异、学生的兴趣和自信心以及学生已有的学习经验等。教师必须根据教学内容设计适合学生水平的任务,要让学生感到有事可做,有话可说,并让每个学生感到"我能做,我会做"。即使是预先设计好的任务,也应根据学生掌握的情况随时进行调整。对于低、中、高不同年级的学生,教师更要把握好任务的形式、内容和难度。例如,同样的话题 "Happy Birthday!",只要求低年级学生能进行简单的交流,相互祝贺,唱生日歌;要求中年级学生互赠贺卡或礼物,练习"This is for you."句型;要求高年级学生利用打电话的形式邀请同学参加自己的生日晚会,或自制贺卡并写上贺词。

(4) 挑战性原则

学习是一个积极的认知发展过程,教师应把学生看作语言和思维的积极探索者。如果教师所设计的任务缺乏一定的挑战性和冒险性,则会影响学生自主学习能力的培养,甚至还会使学生丧失学习的动力。特别是随着学生年龄的增长、智力的发展以及生活经验的积累,他们对浅层次的交际活动渐渐失去兴趣,对与心智发展相关活动的兴趣与接受程度却越来越强。因此,任务的设计应由浅入深,由表及里。同时还要注意培养学生的思维能力和创造能力。

2. 五种任务型教学模式

(1) "简单性任务"教学模式(Easy tasks)

简单性任务教学的基本特征是:① 一般只有1~2个步骤;② 学习者获得的信息相对比较单一,要做的事情比较简单和具体;③ 运用的语言知识和语言技能比较单一;④ 能在较短时间内完成。

示例 1: Listen to Jim talking about the Christmas gifts, he is going to buy for his family members. While you are listening, match the gifts with the people to whom the gifts will be given.

grandfather	watch
grandmother	tie
father	football

mother　　　　　　　　dress
sister　　　　　　　　　radio
brother　　　　　　　　storybook

在示例1中学生只需根据录音把六件礼物与相应的家庭成员进行匹配。无论是需要获取的信息还是需要做的事情都比较简单,但是形式上简单的任务其难度并不一定很低,学生在边听录音、边连线的同时获取了相应的信息。

(2)"拼图式任务"教学模式(jigsaw tasks)

这类任务要求学生各持有对话或课文的一部分,学生们之间需要经过合作将对话或课文拼接完整。

示例2: S_1: Can I help you?　　　　　S_2: We need some flowers.
　　　　　What else do you need?　　　　Some masks, please.
　　　　　Do you like rabbits?　　　　　　No, I don't.
　　　　　What do you like?　　　　　　　I like horses.
　　　　　How much are they?　　　　　　Eighty-seven yuan.
　　　　　Here you are.　　　　　　　　　Thank you.
　　　　　Here's your change.

在示例2中学生只需根据语感,运用自身已有的语言知识和技能将有语境的、真实的语言材料拼接起来,完成一个角色扮演的任务。本例让学生参与和完成一个真实的任务,一位学生扮演营业员、一位学生扮演顾客,鼓励每位学生积极参与。

(3)"信息差型任务"教学模式(information-gap tasks)

这类任务要求两位学生结对完成。两人各持有对方不知道的信息,他们运用所学的语言进行交流,通过交换信息得到对方所掌握的情况。

示例3: 两位学生运用所学的句型"What does … like?"和"He/She likes …."进行互问互答,交换信息,完成表格,让学生获得补充完整表格的成功感和喜悦感。

S_1:

Su Hai	
Nancy	playing basketball
Li Lei	
David	running
Mike	

S_2:

Su Hai	taking photos
Nancy	
Li Lei	reading
David	
Mike	skating

(4)"选择决定型任务"教学模式(decision-making tasks)

这类任务是让学生通过活动、讨论达成一致意见，选择一个决定。

示例 4：牛津版 3A 英语教材第八单元"Let's go to the park."当课堂教学任务结束后，老师设计了一个招聘导游的教学模式，让学生模拟导游领队外出，同时充分操练句型"Let's go to … by …"和"OK．Let's go．"

> 招聘启事
>
> 现招聘英语导游两名，要求：
>
> a. 发音清晰、口齿流利、声音响亮。
>
> b. 了解中国悠久的文化。
>
> c. 能流利说出以下 2 句英语句子
>
> (1) Let's go to the Great Wall by plane.
>
> (2) Let's go to the park by bus.

在示例 4 中，老师以学生的生活经验为出发点，让几位学生进行角色扮演的同时，其他同学就如同是经理在进行选拔，最终做出决定谁能成为导游。

(5)"调查型任务"教学模式(surveying tasks)

这类任务充分转换教师与学生的角色，教师是参与者、帮助者，学生是活动的主体，学生的任务是开放式的。

示例 5：在 5B 牛津版英语教材第八单元复习课时，教师可设计让学生分组调查人们是如何安排周末时间的。例如：How do you spend your weekends? Do you like … ?

	Watching TV	Surfing the Internet	Reading	Dancing	Learning	Playing Sports
S_1						
S_2						
S_3						
S_4						
S_5						
S_6						
…						

各小组在组内用英语进行调查并统计调查结果。最后,学生两人一组进行口头讨论"... people like ... at the weekends."该活动在较为真实的语境中锻炼口、笔头交流的能力,有利于培养学生的合作精神,促进各学科之间的渗透和交融。

任务型教学活动的"重头戏"是交互活动,为了完成任务,学生协作交流,调动一切所学的语言去寻求沟通,努力用语言做事。另外,任务型教学立足于"用中学",因此它具有很大的优势,采用学得与习得相结合,充分重视语言知识的运用。

教学案例 3-3

任务型教学活动案例[①]

一、背景简介

1. 任务型活动课的话题为:Food

2. 关键信息:

Function:Taking about meals.

Language:What would you like for breakfast/lunch/dinner?

I'd like some ...

Vocabulary:breakfast, lunch, dinner, hamburger, beef, soup, vegetable ...

二、学生分析

本次任务型活动课适合小学五年级的学生。要求具备一定的基本知识和技能,对基本的课堂用语、教师的指令已经基本掌握,知道中西方一些常见的食物名称,能熟练地表达自己所喜欢的食物,并能交流彼此的食物爱好。在图片或多媒体课件的帮助下能听懂、读准英语单词和句子。在教师的指导下能做一系列任务活动。对即将学习的内容能适当地提前做好预习工作。

三、教材分析

本课时是小学英语PEP教材第三册 Unit 5 Part A Let's talk 的内容,在 Part A Let's learn 部分学生已经学习了有关食物和饮料的一些词汇。在 Let's talk 部分主要学习用餐时相关句式的表达。

这是一篇十分贴近学生生活的课文,因为一日三餐是学生们每天都要经历

---

① 资料来源:美丽心情的博客. 小学英语任务型教学活动案例[EB/OL]. http://blog.sina.com.cn/s/blog-48ef060c0100002d3.html.

的事情。抓住这一点,设计一系列的任务活动容易激发学生的学习兴趣,让学生在学习英语的同时,用英语解决实际生活中的问题。

四、教学设计

1. 核心任务:

根据学生的年龄特点和认知能力,从学生的学习兴趣、生活经验和认知水平出发,倡导体验、实践、参与、合作与交流的学习方式和任务型的教学途径,发展学生的综合语言运用能力,使语言学习的过程成为学生形成积极的情感态度、主动思维、大胆实践和形成自主学习能力的过程。

2. 教学目标:

(1) 知识目标

认读句子:What would you like for breakfast/lunch/dinner?

I'd like some … .

What's for dinner?

Everything is ready.

(2) 能力目标

① 能够用英语"点菜"。

② 能够相互调查一日三餐的用餐情况。

③ 能用英语设计出适合小学生一日三餐的营养食谱。

(3) 情感、文化目标与策略

① 情感目标:用任务型语言教学途径,让学生在"做"中学,激发学生学习英语的兴趣。培养学习英语的积极态度,使学生乐于合作,勇于进行交际实践。

② 文化目标:了解中西方饮食方面的不同之处。

③ 学习策略:注重合作学习。

3. 教学重、难点

教学重点:能熟练使用句子:What would you like for breakfast/lunch/dinner?

I'd like some …

教学难点:对话的理解与扩展。

4. 语言任务:

在本次教学活动过程中,教师是组织者,是"导演",起引导作用;学生是"主角",是活动的主体,他们以小组为单位,进行口语、笔头练习。教师和学生之间既是师生关系,同时也互相合作、交流,因此又是合作伙伴关系。这次活动采用情景法(Situational Language Teaching)、交际法(The Communicative Approach)及"任务型"教学途径。在教学过程中,关注学生的情感,尊重每个学生，保护他们的自尊心和积极性，营造宽松、民主的教学氛围，建立融洽、和谐的师生交流渠道，依据本单元的教学目标，并结合教学内容设计贴近学生实际的教学活动，鼓励他们在学习中尝试，吸引和组织他们积极参与，从而培养学生的合作精神与语言运用的能力。

五、教学媒体的选用

《标准》指出，教师要充分利用现代教育技术，开发英语教学资源，拓宽学生学习渠道，提高教学效果。如何将现代信息技术与英语课程结合起来，以期更好地为教学服务，这是摆在每个教师面前的任务。我在使用上遵循实用、高效的原则，针对本节课的内容，主要通过课件、录像等媒体手段，多种感官的调动，使学生对英语更有兴趣，对所学知识的印象更深刻。

六、教学和活动过程

Step 1. Leading-in

1. Free talk

T：I like chicken. What do you like?

S_1：I like hamburger.

S_2：I like beef.（对没有学过的食物单词允许学生说中文，教师说出英文）

……

【活动说明：Free talk 是为下面交流一日三餐埋下伏笔。】

2. A guessing game

用多媒体课件让学生猜食物的名称。把食物和饮料的图片用模糊的形式出现，让学生去猜。

【活动说明：用该游戏复习单词可以激发学生的兴趣，培养学生的观察和想象能力。】

Step 2. Pre-task（呈现完成任务需要的知识，介绍任务的要求和实施任务的步骤）

1. T：（教师演示课件，一位学生晚上放学回家走到厨房）Look at the screen, can you guess the topic of this class from the picture?

S_s：Eating.（教师引导学生说出）

T：Do you know what Mike will say to his dad?

S_s：I don't know.

Teacher plays the CAI again and helps Ss say the sentences：

Mike：Dad, I'm hungry. What's for dinner? I'd like some soup and rice.

Dad：Ok. Wait and see.

【活动说明：通过课件感知本课话题是"用餐"，开门见山，切入主题。】

Step 3. While-task(设计数个微型任务,构成任务链,学生一个人或小组形式完成各项任务)

1. 单词"滚雪球"游戏

T：I'd like some beef for dinner. What would you like for dinner?

S₁：I'd like some beef and vegetables. What would you like for dinner?

S₂：I'd like some beef, vegetables and rice. What would you like for dinner?

……

【活动说明：单词"滚雪球"游戏是为了让学生操练句型：What would you like for dinner? I'd like some … 为完成下面的任务活动打下基础。】

2. 听音敲图游戏

请三名学生上台,教师与一名学生问答：I'd like some … and … What would like for dinner? I'd like some … 另外两名学生同时用充气锤敲相应的单词图片。

【活动说明：竞争性的游戏有利于提高学生参与的积极性；在"玩"中学,符合小学生的年龄特征。】

3. listen and choose 听录音,填写表格。

S₁：Hello. What would you like for breakfast/lunch/dinner?

S₂：I'd like some …

Name	breakfast	lunch	dinner
Zhang Jie			
Wu Fan			
Lou Xiao			
…			

① noodles, ② hamburger, ③ hotdogs, ④ bread, ⑤ fish, ⑥ eggs, ⑦ meat, ⑧ pork, ⑨ cakes, ⑩ vegetables, ⑪ rice, ⑫ milk, ⑬ beef.

【活动说明：此项练习在于训练学生的听力。】

4. 课文教学

(1) T：After class, Mike goes home. He is hungry. What would he like for dinner? What would his mum like for dinner?

Now, let's watch video and find out the answer.

(2) 教师发给学生打乱顺序的课文内容。

T：Watch the video again and arrange the sentences in right order.

(3) Group work:Read the text aloud.

【活动说明:整体输入课文,让学生带着问题看录像能使学生集中注意力;做排序任务,有助于学生对课文的理解。】

5. Order dishes

把教室布置成餐饮店。把学生分成若干组(3人一组)。教师给每个小组提供一份英文菜单,组内一人当服务员,其他两人当顾客。

【活动说明：注重活动的结果可为学生提供自我评价的标准，能使其产生成就感，可转化为后续学习的动力。】

2. 语法项目小结。

I like chicken ... What do you like?

What would you like for dinner?

I'd like some milk ...

How much?

【活动说明：旨在使学生更清楚本课时的语法项目，便于学生在以后的学习中能更灵活地使用这些句型。】

Step 5. Homework

Little designer

教师制作表格，要求学生4人一组利用课外时间调查家人、朋友或教师等熟悉人群的食谱，并通过网络查询、图书馆查阅或去社区医院咨询等形式设计一套适合小学生一日三餐的食谱（不会的单词可查词典）。下次英语课时展出，评选出"最佳营养食谱"，并对学生进行科学用餐、不挑食偏食等相关教育。

	Meat	Vegetable	Drink	Fruit
Breakfast				
Lunch				
Supper				

活动说明：把课外作业改为与课堂学习任务有关的"做项目"形式，这样有利于学生智力开发，也利于学生实践能力、创造能力和创新意识的培养，使课外作业与任务型课堂教学融为一体。利用项目的形式"设计营养食谱"可以培养学生利用网络资源获取信息的意识，同时培养学生健康的饮食习惯。

七、板书设计

在板书的设计上尽量简洁、明了、突出重点。

What would you like?

I'd like some ...

八、教学反思

学生是学习的内因，教师和学习环境等外因的影响只有通过学习主体的积极参与和内化而起作用。小学英语任务型教学是行之有效的，而且从本次课堂观察看，学生思维活跃，勇于发表自己的见解，课堂参与的积极性高，合作意识较强，口语表达能力强，我认为，取得如此效果的原因主要有以下几点：

第一，人本主义理学认为：学生是具有内在的学习潜能的（朱纯1999），而其潜能的开发有赖于他人的理解和信任,如果教师尊重学生的意愿和情感的需要,就能充分发挥学生的主观能动性,学生内部的动力只有建立在良好的师生关系上,而且融于民主化的学习氛围中,才能起到促进学习的作用。任务型教学中,我从学生"学"的角度来设计教学活动,学生的活动具有明确的目标指向和具体的操作要求,在教学活动中,学生大脑始终处于一种激活状态,他们获得的不仅是语言知识,还获得了运用语言的能力。

第二,由于设计的任务活动贴近学生的生活、学习经历和社会实际,能引起学生的共鸣,并能激发学生积极参与的欲望,使学生有话可说,且任务与任务之间的衔接有连贯性,学生是被自然而然地引导到下一个任务中去的。

第三,小组合作不仅给学生提供了大量的口头操练的机会,而且是一个集思广益和互相学习的过程,有助于培养学生分析问题和解决问题的能力,有助于发展学生的个性,提高其智力水平。

第四,注重任务完成的结果,它为学生提供了自我评价的标准,并使其产生成就感,可转化为后续学习的动力。

任务中笔者也发现了还需要改进的地方,主要有以下几点:

第一,任务的系统性和延续性难以把握,比如,任务的难易程度,任务之间的衔接等问题。

第二,任务型教学中,学生习惯小组讨论,相对而言,学生独立思考的能力削弱,依赖他人的意识增强。

第三,由于全班同学的英语水平参差不齐,有的基础一般的同学进行口语对话还存在一定的困难。因此,必须采取分层递进的教学方法,对这部分同学相应地降低要求,只要他们肯开口说,就给予一定的肯定和鼓励,使他们树立起学习英语的信心,调动他们的积极性。

二、小学英语课的类型

学科课型的种类很多。它有不同的分类,并具有层次性。根据小学英语学科的实际,我们可以这样进行划分:

从课的性质和任务划分:新授课、巩固课(练习课)、复习课、活动课。例如,巩固课,它注重帮助学生将新授课的新知识点(新句型、语法点、语音知识等)梳理归纳,让学生在练习、自悟的基础上总结规律,加以操练、巩固、迁移运用。因此这样的课堂非常强调学生的能力培养和发展,教师从指挥者转变为观摩者、评价者的角色,学生是练习和活动的主动者。但如果不能很好地掌握规律,将巩固课上成新授课,教师讲得多,学生想得少,练得少,师生活动比例失调,根本就不能达到练习、巩固的效果。如 PEP 教材中的 Read and write 部分就是属于巩固课。

从教学内容划分：

语音教学：① LETTERS(字母教学)；② SOUNDS(音标教学)。

单词的教学：① WORDS(看图学单词)；② ADDITIONAL WORDS(附加词)。

书写的训练：① 字母的书写；② 单词的书写；③ 句子的书写。

语篇阅读教学：① 新授课教学；② TRY TO READ；③ READ AND ACT；④ LOOK AND SAY(看图说话)；⑤ READ AND SAY。

说话教学：① LEARN TO SAY；② LOOK AND SAY；③ ORAL PRACTICE。

综合训练：① 巩固课教学；② REVISION。

活动课：① 英语兴趣课；② PROJECT；③ GAME；④ 语言实践课(如朗诵、表演、书法、WALLPAPER 等)；⑤ 课外阅读指导课；⑥ 歌曲教学等。

从活动形式又可划分为：① 交际课；② 欣赏课；③ 游戏课；④ 故事课等。

但是无论以哪种形式进行划分，根据 PEP 英语教材的特点，它侧重的是新授课，只有两个 Recyle 是复习课。所以新授课在平时的英语教学中占了相当大的比例。而在新授课中，它也并不是非常清晰地根据教学内容划分为语音、单词、语篇、书写等部分。在 A、B 两个部分中 Let's learn 都是侧重于单词的教学，但是也提供了简短的对话进行操练。Let's talk 部分则侧重以课文或情景对话教学为主，在一定的话题范围内，学生通过情景的操练，学习知识，培养技能，同时兼顾语音、词汇、句型的讲授，带有综合的性质。在 Read and write 部分则侧重对前一部分的巩固和适当拓展，同时把书写训练放在其中。

所以根据 PEP 教材的特点，很难按内容的划分来选择课型进行教学。但是这样的编排也是从一个侧面说明英语教学是一个整体，教师只能在课堂教学中有所侧重，而不是抓住一个环节放掉其他环节。例如，在上单词这一部分内容时，侧重点在单词的掌握，如听懂、会正确朗读，但是同时只有把单词放到有意义的句型或者语境中，单词才能体现它的魅力，学生也才能更加清楚地明白其含义，更好地提高运用单词的能力。故在此着重介绍新授课、巩固课、复习课、活动课。

1. 新授课

新授课是小学英语教学中常用的一种课型。它是每个单元的第一课，以呈现新语法、新单词为主，作用是帮助学生初步感知新内容。该课型以认知和初步运用新语言功能为目标；学生基本做到能听、会说。新授课通常有五个主要教学环节，它体现出英语教学的一个完整过程和对听、说、读、写的全面安排。新授课的教学要体现以下特点：教师通过手势、动作、表情、图片、实物等教学手段，为学生提供充分的机会感知语言，使学生在看、听、示范、模仿过程中，初步掌握新授内容，并为学生实践操作创造条件，让学生通过进一步独立的探索获得体会。

新授课教学内容包括：课文中的语音、词汇、句型和语法。训练则应涉及听、说、读、写四个方面。由于教学环节多、教学任务重，因此要求教师要采取一切有效的方法，着重新知识的引出、讲解和操练等三个环节教学，让学生正确感知、理解和运用所学知识，并培养起良好的学习习惯。

2. 巩固课（又称技能训练课）

其特征是以归纳、巩固新知识，并适当加以拓展，发展学生的技能与能力为主。巩固课一般为新授课的延续与扩展，注重"操练"与"应用"。教学目标应着重对所学语言点的系统归纳，通过强化训练（尤其是交际性练习）熟悉及应用所学语言功能。它的任务首先通过口语、笔头练习、复习、整理、归纳，对前一节课的知识消化理解，进一步提高学生听、说、读、写的能力。这种巩固训练不是让学生进行一成不变的多次重复，而是归纳新授知识的规律，引导学生从不同的角度，运用不同的方式方法复习、运用所学的知识。巩固课往往是从引导学生回忆重现已授内容而展开的，采用多种方式复习，兼顾听、说、读、写几个方面的训练。巩固课在反复操练的过程中，注意一般不讲授新知识，注意突出前一课的句型，也可有意适当接触少量生词，扩大词汇量，目的是为以后的学习做铺垫和准备。

3. 复习课（也称阶段复习课）

复习课是配合一个学习阶段而安排的，在停止讲授新课后集中使用时间，对这一阶段所学内容进行复习。复习课是巩固和发展知识与技能的重要课型，复习的核心是加深理解，加强记忆和灵活运用，以着重对语言功能的实际运用为目标，作用是检查学生对知识和技能的掌握程度，同时对本阶段的主要语言项目如时态、句型、词组、常用单词等进行归纳和小结。在复习课中，教师帮助学生把这一个阶段里讲授的知识加以整理、比较、归纳和概括，使知识更系统化；引导学生多动脑筋，积极参与，在单项操练的基础上重点进行综合性、应用性操练；并对新授课中训练不足的方面进行弥补，提高学生运用语言的能力；还应注意从新的角度重现旧教材，挖掘知识的内在联系，融会贯通所学知识。

4. 活动课

活动课是一个将听、说、读、写、玩、演、唱等活动形式融为一体的课。在英语活动课中，教师要刻意创造英语环境，要淡化课堂意识，将知识融入游戏之中，让学生在兴趣盎然的游戏中练习所学知识。英语活动课使英语学习活泼有序，如模拟生活的英语活动课，使学生在情景交际中将语言操练活化为真实生活。使学生学到的不仅是语言本身,而且使他们获得了与人交往的能力,使学生学习兴趣趋于浓厚,提高了教学质量。教师在活动课应实施快节奏的教学模式,采用灵活多样的教学方法,通过他们的亲身体验从感知理解语言到掌握运用语言,带动学生对新的语言结构的认知。更重要的是,学生在动口、动手、动眼、动耳、动脑的过程中,作为言语实践活动和语言认识活动的发动者、参与者、实现者,而教师成为帮助者、合作者、参与者、激励者。英语活动课把严肃的课堂变成了生动活泼的英语交际场所。这样,给学生增添了无穷的情趣,让他们在愉快的氛围中,在英语的环境中学习英语,运用英语。

活动课适合各年级的学生,可安排在每个单元学习之后。

三、课堂管理基本原则

小学英语教学课堂的管理质量,直接决定课堂的教学效果。小学英语教学的课堂教学管理,不是去简单地维持课堂教学秩序,而是组织好学习过程的调控,做好学生的学习引导和评价。例如,在合作学习的讨论中,由于小学生缺乏自控能力和学习的自觉性,教师要及时地发现和引导学生去自觉学习。从本质上看,小学课堂教学的管理实质是及时引导和督促学生围绕学习内容去主动学习。因此,小学英语教师应遵循以下原则进行有效的课堂教学管理。

(一)精心设计课堂活动,激发学生学习兴趣

小学生活泼好动,学习没有持久性,教师可以通过设计有趣的教学活动吸引学生的注意力、激发他们的学习兴趣,为学生创造轻松愉快的学习环境。

1. 创设情境

在小学英语教学中,创设情境能让小学生感知语言,在真实情境中收到意想不到的效果。如在学习购物话题时,先让学生带好与单词有关的实物,并贴上标价,练习"How much is it? It's ..."学生在整个过程中很活跃、很投入,切实操练学生的言语技能。

2. 竞赛刺激

在学生学习情绪不佳、疲劳或注意力不集中时,教师可根据教学内容,开展一些小型教学竞赛活动,如传声筒、画画涂色比赛、看口形猜单词……在这种竞赛式教学中,学生的注意会被充分地调动起来,因为热烈的气氛感染着每一位同学的情绪,使他们都想参与,都想为自己的小团队或自己获得荣誉。

3. 游戏激趣

在英语教学中,适时开展游戏活动,可让学生在愉快、轻松的活动中巩固和运用所学知识。利用游戏无意注意的特征,有利于学生形成正确的学习方法、习

惯,有利于化难为易,变被动为主动,使之成为乐学者。这样,既能激发学生的兴趣,又有利于课堂管理。

(二) 优化教师课堂管理观念,创造和谐师生关系

小学英语教师要驾驭好外语课堂教学活动,使小学生在有限的时间里充分发挥其学习的主动积极性,那就必须形成"以人为本"的课堂教学管理理念,在教学中真正做到以学生为主体,教师起辅助、支持的作用,促使小学英语课堂教学管理的优化和高效。在"以人为本"教育理念下的课堂教学管理中,学生的个性得到张扬,创造力得到开发,人格得到培养,情感得到熏陶。

在课堂教学中,教师要充分调动学生的积极性,创造一种学生跃跃欲试、各抒己见、畅所欲言的课堂教学氛围。在这种氛围中教师与学生能增进彼此的感情,融洽双方的关系,使学生从中能产生移情,由喜欢英语老师到喜欢英语学习,进而对学习英语产生兴趣。

学生在语言表达过程中出现错误在所难免,所以,教师要正确处理学生在英语学习过程中的错误,需要时教师可用正确的方式再说一次,帮助学生纠错即可。尽可能不要让学生"出洋相",保护其学习热情。在进行口语活动时,尽量做到不去打断,只要学生表达语句的关键词说对了,教师就应加以肯定,给予赞许的评价。切忌讽刺挖苦学生,力求让他们取得成就感,增强其学习英语的自尊心和自信心。

(三) 建立激励机制,创造有效的课堂教学氛围

激励机制是创建有效课堂教学氛围的动力。小学生具有乐于表现、争强好胜的心理特点,教师可以设置多种激励机制激发他们学习的积极性。

教师可以在学生中命名一批英语"学习明星",有"listening star""reading star""singing star""writing star"等,以此激励学生努力向上,进而营造出一种积极争取的英语学习环境。通常,学生把背诵单词看作一件枯燥、单调、机械、没趣的学习任务。教师设了"单词达人"之后,孩子们都主动去背单词,涌现了一股积极背单词的热潮。每当进行单词背诵检查时,学生们都表现出积极的态度,从中获得学习成功的满足感。值得注意的是,"明星达人"不是一成不变的,随时都会有被淘汰的可能。被评上"明星达人"的学生都十分珍惜并极力保存这份荣誉,没被评上的学生狂追不舍。因此,班级中形成了一种积极学习英语的情景,孩子们都渴望上英语课,希望能展示自己的风采。

教师还可以组建一个班级管理团队,选上课表现好、成绩优秀的学生当科代表、组长和小老师,让一部分学生去监督评价另一部分学生。同时,营造一个积极的评价环境,并保证评价的真实性和公平性,班干部也需要阶段性的考核和更

换,让人人都有管理的机会和评价的权利。

(四) 设计多元评价方式,促进师生共同发展

《标准》提倡:"在小学英语教学中,要改变过去以考试为单一的评价方式,要借科学有效的多元课堂评价方式,培养小学生学习英语的兴趣。"多元化的评价方式其实就是采取灵活多样的形式,关注学生的学习过程,从不同的角度对学生进行系统的评价。

1. 以形成性评价为主

形成性评价是指通过观察、活动记录、问卷调查和咨询等形式对学生的学习进展进行的持续评价。形成性评价是一种过程性评价,贯穿于学习过程的始终,主要评价学生能否积极参加课堂活动,是否形成对英语学习的兴趣。形成性评价的目的不是为了选拔少数优秀的学生,而是为了发现每个学生的学习潜能,促进学生学习,并为老师提供反馈。在形成性评价的实施过程中,教师为学生建立平时学习记录表。见下表3-1:

表3-1 学习记录表

学生:_____ 学号:_____ 年级:_____ 班级:_____

	课前作业	作业完成	回答问题	单元测验	课文朗读	对话表演	书写规范	语音语调	课堂发言	合作学习
第一周										
第二周										
……										

2. 以学生自评与互评相结合

评价最重要的一个方面就是鼓励,要使评价的功能得到最大限度的发挥,其主体不只是教师,还应允许学生参与评价,让学生互评和学生自评也成为课堂教学的重要评价方式。教师在课堂上应鼓励并提倡让学生对自己的学习状况和成绩进行客观的评价,反思自己的学习方法与不足之处。这样不但可以增强学生的学习兴趣、自信心和积极性,同时也能让学生在课堂上自我约束。学生互评是学习和交流的过程,通过互评可以认识到自己的优势和不足,有助于学生更全面地认识自我,了解自身学习和发展的状况。同学间的肯定对学生起到一种有力的促进作用,小学英语教师应注意引导学生之间进行相互欣赏、相互学习,引导学生学会宽容,懂得赞美别人,形成团结互助、共同提高、共同进步的学习氛围。

四、课堂教学手段

课堂教学是师生双方思想交流、情感互动的过程。通过这个过程,学生获得知识并掌握获得知识的方法,提高获取知识的能力。教师应积极探索综合使用多种教学手段,包括:传统教学手段、多媒体教学手段、网络教学手段等,使学生可以更直观地理解教学内容,激发学生学习兴趣,激活学生的创新思维,进而培养学生的创造能力。

(一)传统教学手段

大多数的小学英语课堂教学多使用传统的教学手段,它们是贯彻小学英语教学的基本途径之一。传统的教学手段主要有以下几种类型:

1. 板书

板书是课堂教学的一种重要教学手段。成功的板书,既能正确形象生动地展示教学内容,突出教学重点和难点,又能使学生更直观地理解教学内容,启发学生思维,加深学生记忆,激发学生学习兴趣,提高课堂效果。

板书的样式丰富多彩,往往因课因人而定。"因课"是指板书要根据课的类型、授课内容而定。新授课、复习课、巩固课等有一定的板书模式和规律。而根据授课内容的变化,板书亦有相应的变化。所谓"因人"是指板书因个人分析问题和表达问题的习惯而决定。

常见的板书形式有:图画式、排列式、对比式、思路式、表格式等。

➢扫描目录页二维码参看板书示例。

图画式是板书中最常见的一种格式,适用课型很多,新授课、复习课、巩固课均可使用。它是运用简笔画或与图片相结合表示英语教学一些实物,如动物、水果等,它的特点是生动、形象,在演示或操练中都能引起学生的兴趣,比较适合小学生的心理特点,但这要求教师的简笔画做到用笔简练、形象简洁。

排列式板书主要根据对讲授内容的全面分析,按其内容的先后、主次关系,加以归纳概括,再将所涉及的内容分组分类排列。这种板书的特点是层次清晰,整齐而有条理,逻辑关系强,能十分鲜明地显示出来讲授内容的内在联系。这样便于引导学生提纲挈领地掌握知识脉络,在此基础上发散思维,归纳总结并自我检查对所学知识的掌握情况。

对比式板书简洁明了,可用于反映出两种句型的对比关系,例如,教学单复数的相关句型;表示有可以用"have"和"has"等,学生易于区分其不同性质,不容易混淆。也可把同一道题目的对、错两种形式同时列出。对错形成鲜明对比,找学生到黑板前订正,使学生记忆深刻,降低再错率。

思路式板书体现文章思路,主要用于对话或短文、小故事的教学。在对讲授内容深入研究的基础上,从中找出一些关键性的词语或者总结出一些能准确反映讲授内容的词语,将这些内容分门别类,按次序写在黑板上,使学生较容易地把握重点内容。这特别适用于语言点的讲解。这种板书形式简便,词汇量丰富,学生可进行相关练习,易于知识的掌握、理解和记忆。

表格式板书是根据讲授内容进行归类,把各内容统一列入表格之中,用表格的纵横交叉结构来体现各部分内容之间的逻辑关系。这种板书内容分类清楚,井然有序。列入表中的内容,是归纳后形成的,学生可以从板书中深刻领会教学内容。

板书形式多样化,在进行课堂板书时还涉及一个板书的程序安排问题。是先左后右,是先中间后两边,还是其他。讲课时是按次序一步一步板书在黑板上,还是先写上,再逐条进行学习。程序安排也直接影响教学效果。如按左中右顺序板书,左边板书的一般是本节将要用到的重要的单词、短语等,接着中间板书的是本节讲授的新内容,而最后往往是须强调的总结式的内容。此板书程序遵循的是与新授课一致的导入—新授—小结顺序,自然而然,运用较为广泛。又如将重点内容放在显著的中间位置,次重要辅助的知识放在两边。进行课堂板书时,一定要把程序安排妥当,使教学环节环环相扣,教学效果显著。若程序安排混乱,教学环节不紧凑,教学效果可想而知。

板书也不是孤立的教学环节,它要和其他教学活动联系在一起,我们要根据教学实际灵活综合运用各种板书,激发学生学习英语的兴趣,启发学生思维。若我们在教学中忽视板书,那么教学效果将受到很大影响。

2. 简笔画

在千姿百态的万物世界中,无论它有多么复杂或繁琐的造型,其实都可以归纳为简单几何形状的组合,那就是简笔画。教师板书设计中,简笔画是一个重要的组成部分。它是一种普遍使用、值得大力推广的直观教学手段,它具有简单易学,使用方便,只需几笔就能表现一种动物、一个人物、一个行动或一个情景等特点。在小学英语教学中,简笔画能激发学生的学习兴趣,启发想象思维,把抽象的问题具体化,是教师进行教学必不可少的一种工具,也是每个教师所应具备的教学基本功之一,对小学阶段的英语教学起着积极作用。

在教学过程中,教师只需使用简单的几何形状,就可以勾勒出教学中所需的造型。巧用这一教学手段,能起到事半功倍的教学效果。如在词汇教学方面,教 flower 画一朵花的简笔画,或区分 one and half,画出一个完整的苹果和一半的苹果,学生自然对所学单词的词义一目了然,而且减少用中国语言文字解释英文词汇的繁琐,也让学生脱离母语的依赖。对易混淆的词句语义方面的教学,例如，教 skirt, shirt 利用简笔画，学生通过细致观察，加上老师的解释说明，词义理解就清晰多了。对解释一些较为抽象的介词或副词，也有很大的帮助，如教 on, in, under 这几个单词时，可利用简笔画再配以句型：The bag is on the table. The bag is in the table. The bag is under the table. 让学生边观察简笔画边看句型，然后教师加以引导小结，此时学生对于 in, on, under 各自的内涵就较为清楚了。知道：on 是与某物连在一起的"在……上面"，in 是"在……里面"，under 是"在……下面"。学生有了这方面的概念，运用起来就不会混乱不清了。教授语法知识，如进行时态，可用简笔画画一些动作要求学生表述，化枯燥无味的语法学习变为直观具体形象的语言交际活动。

➢ 扫描目录页二维码参看简笔画。

3. 实物

实物类包括食品、物品、玩具、模型等，是小学英语教学中经常使用的教具，它们有来源广、使用方便、携带方便，能将学生的注意力紧紧地抓牢等特点。实物的颜色、形状、大小、性质、容量、功能等，既可用来表达词汇的意思，又可用来讲练某些语法项目。教师可以通过实物讲授数量词、名词、介词等的用法及一般疑问、特殊疑问、选择疑问等各种句型的结构及表达的方法。

例如，课堂上讲到女式衬衫和男式衬衫两个单词时，如果不把实物放在一起比较，学生就知道是衬衫，不知道两者的区别。教师出示女式衬衫时，说：This is a blouse. 出示男式衬衫时，说：This is a shirt. 又如讲到单复数 a pen, two pens, 借助于实物教具案例和板书可以让学生快速地理解这两种语法表达方式的不同。

这类实物教具学生可摸、可玩、可用，有的还可吃，简洁直观、形象生动，用它们来认读单词、讲解句型或进行对话练习，容易吸引学生注意力，激发学生学习兴趣和欲望，会达到事半功倍的效果。有些实物并不一定要刻意去准备，教师要善于发现和利用，如教 apple, orange, ruler, knife, pencil, dog, cat, sheep, ship, car, bike 等单词时可利用随手可得的实物及模型或情景来进行教学。

4. 图片

英语教学内容有的很抽象，特别是有一些单词，如果教师在教学时，只是将每个单词的读音及中文意思告诉学生，让学生死记硬背，那这样的教学效果肯定不会理想。例如，出现了 library, computer room, music room, playground, garden 这些单词或场景时，在某些农村小学，课文中的教学情境是没有的，也不可能有视频设备，图片就成了最有效的教具学具。教学 colours, 就可使用一片色彩卡，直观地告诉学生：It's red. It's yellow. It's blue. They are black and white. 这些图片、挂图、地图、卡片、图表等直观教具色彩丰富、生动活泼、简洁清晰，有利于学生的形象思维，营造自然的语言环境，令学生易理解、易认识、易识记。

在使用过程中除以上使用方法之外，教师还可从图上人物的动作、表情、衣着、位置、关系等方面入手对学生进行语言训练。词句卡片在使用中与板书相结合，相互渗透，还可以节约书写时间，提高课堂效率。在讲授新词后，进行巩固练习时，可以用这些卡片做一个"找朋友"的游戏。教师在课前将那些单词卡片分别剪成两段，交给学生，学生找到所持单词的另一半。在游戏中，学生观察、记忆、比较、分析、理解、巩固了单词，同时掌握了单词的组成与异同。

使用图片教学不受时间和具体条件的限制，使用时简便，也易于携带，又能帮助学生理解所使用的英语语言，而教师在图片的配合下讲授时既轻松又省时。

5. 儿歌

教师使用英语儿歌这种教学手段进行教学，实质上是教师为学生的英语学习创设条件和提供机会，让学生参与各种丰富多彩的活动，在人物、环境、材料等交互作用的过程中学习英语，发展听说能力。

英语儿歌具有适于教学的特点。首先，语言浅显的英语儿歌把正确的语法、基础的语汇与儿童的口语结合起来，形成优美的、规范的儿童英语，适应儿童语言发展的要求，这样易于学生理解和接受。

其次，儿歌在内容上并不一定存在多大意义，但其特有的悦耳和谐的音韵以及鲜明的节奏能使儿童产生愉悦感。因此儿歌的语言不仅要求浅显、口语化，而且须有严格的韵律、明朗的节奏，常形成有规律地反复。例如，"One little two little three little Indian; four little five little six little Indian; seven little eight little nine little Indian; ten little Indian boys. Ten little nine little eight little Indian; seven little six little five little Indian; four little three little two little Indian; one little Indian boy."儿歌的语言根据情节的需要，多次反复，给孩子们以深刻的印象，而反复所形成的节奏感、音韵感，则牢牢地抓住了学生们的注意力。

再次，教学儿歌时，常常可根据儿歌的大意，配上相应的动作，增强他们对内容的理解。一首朗朗上口的儿歌，再配上形象的动作，学生跟着老师边读边做，不仅很快明白了歌词的意思，而且学生的激情也被调动起来了，很快就学会了这首儿歌。

例如，Fly, fly, fly your kite,（做放风筝状）
　　　　high in the sky.（手指着天空）
　　　　Up and down,（上下摆动）

round and round.（手指画圆圈状）

Fly very high!（仰望天空边摆头边说）

在教学中，教师可以利用儿歌的独特形式和风格，以歌促学，寓教于乐，从而达到良好的教学效果。教师可利用儿歌在课前组织教学，在轻松愉快的氛围中自然而然地进入了学习的最佳状态。在课中用儿歌调节情绪，营造氛围，组织学生适当休息。例如，"Clap your hands. Touch your toes. Pull your ears. Pat your stomach. Wiggle your fingers, and take a nap!" 孩子们边唱边拍手，一会儿拉拉耳朵，一会儿拍拍胃、摆动手指，既放松肢体，又使大脑得到休息，也为下半节课的学习创设轻松的氛围。学一些英语儿歌，还能帮助学生学习语音、语调，增强节奏感与语感。在教儿歌时，教师边念儿歌，边做动作，学生可以从教师节奏鲜明的朗读以及夸张的肢体语言上，感知正确的语音语调，轻松地理解儿歌含义，而在学生诵读的过程中，教师可以手势下压或拍手的方式来帮助学生掌握重音，控制节奏。利用同一首儿歌可以开展不同的活动，例如，找词、听歌修改图画、听歌排列图画、填词、歌词排列等。还可以给儿歌配节奏和音乐，激发学生兴趣，培养美感。

（二）现代化教学手段

随着现代教育技术的普及，越来越多的小学开始采用现代化教学手段来实施教学，为学生创造学习运用语言的环境，从而提高课堂教学效果。

1. 磁带录音

英语教材配套的录音，一般由英语国家人士朗读，它将书面语转变成口头表达，用于教学能创造一定的语言环境，给人以直接、具体、真实之感，使学生有身临其境的感觉，从而引起学生的学习兴趣。运用录音进行教学，促使学生英语语言表达规范化，为学生提供标准的英语语音语调表达技巧。如升降调、轻重读、连读、爆破、停顿、连缀、节奏、起伏及语速等。听录音模仿听说，以听促说，学生印象深刻，能获得较好的学习效果。

借助磁带录音这一教学手段，可采用多种形式来帮助学生提高听和说的能力。如有听录音模仿、听录音问答、听录音复述、听录音判断、听录音填词、听录音画画、听录音学唱歌、听录音猜谜语、听录音读诗歌、听录音讲故事、听录音进行情景对话等。也可把自己的读音录制下来，与磁带的标准音进行比较、更正。磁带录音这一教学手段，能培养学生的学习兴趣，又能活跃课堂气氛，也丰富了学生的学习生活。教学中只要我们积极、合理、持之以恒地使用录音，那么英语课堂的教学质量就会有一定程度的提高。

2. 幻灯、投影

幻灯、投影是在英语教学中使用比较早且应用十分广泛的现代化教学手段。幻灯、投影片的设计应着眼于有所创新,力求生动性、形象性,从而吸引学生的注意力,激发学生的学习兴趣,开发学生的智力,以启发学生的观察与记忆能力。幻灯、投影的制作大多与简笔画相结合制作出单幅画面、多层画面、系列组画进行教学。单幅画面用于单词释义,讲解比较抽象的事物,能更形象、更直接地让学生领会其含义。多层画面按需要逐层呈现,或递增或递减,以达到讲解的目的。系列组画用于讲解事件的发展或变化经过,按次序交换画面。

3. 语言实验室

语言实验室是主要用于语言教学和训练的专用电化教室,一般配置有录音、录像、幻灯、投影电视、计算机等多种电教媒体。在普通教室里教师与学生的交流是面对面的、开放式的。而在语言实验室里的交流则是多层次的、封闭式的。不但可以像普通教室那样上课,还可以让一部分学生听录音,而另一部分学生听教师讲课,或分组讨论,学生自己练习,教师有选择地监听等形式,且相互之间不干扰。在语言实验室里,声音传播的媒体是电信号,声音清晰,降低学生听的难度。使用语言实验室上课,教师使用的不是普通教材,而是适应语言实验室授课的教案。这就要求教师不但要充分地备课(包括录音带、录像带的制作),同时还要能熟练地操作,这样才能发挥设备的优势,达到提高教学水平的目的。

语言实验室的种类有以下几种:

第一种,AA 型(听说型):基本功能有全体(听讲)、监听节目、监听学生、对讲、编组、分配节目、示范等。学生机为听说单元,可说可听但不能录音,能满足一般的外语教学。

第二种,AAC 型(听说对比型):仅比 AA 型多学生跟读机,教学功能相同。学生的跟读机与普通的录音机不一样,普通双声道录音机的磁迹分为左(L)和右(R)声道,录音时同时工作;学生跟读机的两个声道是教师(T)和学生(S),录音时可以同时进行,也可以只录学生(S)声道。播放时,可同时听两个声道,也可以分别听其中的一个声道,便于学生放音时进行对比。

第三种,AACV(视听型):在 AAC 型的基础上,增加电视系统。通过视觉形象的介入,设备的功能和效果有很大程度的提高。

第四种,AACV-M 多媒体语言学习系统:配有高品质的 TV 和图像处理卡,学生端配有高分辨率的显示器,能播送生动的 TV/VCD/CD 节目。系统具有考试功能,对试卷进行编辑和管理,可选择屏幕考试、听力考试或书面考试,对测试结果进行实时判断、分析、处理和打印。系统使用中文多窗口平台操作,使用简单，维护方便。

4. 录像、电影

语言是人们交流的一种重要工具，是一个国家政治、经济、历史、文化、社会生活的反映。因此学习一门语言就不应该局限于书本，而应该尽可能地从多角度、全方位让学生了解该国家的这些状况。小学生学英语是学习这门语言的启蒙阶段，更应该让学生了解这些知识，并尽量给学生呈现规范的、原汁原味的英语语言。英文录像与电影正是一个国家政治、经济、历史、文化及社会生活的反映，为语言运用提供真实的交际环境，让学生感受英语国家的语言氛围，以此来培养语感；它们还具有语言、画面、音响三方面结合的特点，能使声音与形象结合，语言与情景结合，视觉与听觉结合，通过多方面的视听刺激，加深学生对语言知识的理解和记忆；引用电影或录像片段，使得课堂形式更为轻松活跃，学生的积极性也就自然而然地提高了，有助于提高教学效果。

5. 多媒体教学手段

多媒体辅助教学是现代教育技术中最先进的教学手段，具有集声音、图像、文字、动画于一体的功能。它既可以具体形象地表现静态现象，又可以生动活泼地表现动态活动的全过程。其生动形象、音形兼备的特点，有效地促进了英语课堂教学的多信息、大容量和高效率，在众多教学媒体中具有它独特的优势。它能激活学生的创新思维，发掘教材中创新思维的宝藏，进而培养学生的创造能力，有利于学生听、说、读、写等综合技能的提高。

传统的英语教学模式以教师为中心，教师利用讲解、板书和各种媒体等作为教学的手段和方法向学生传授知识，学生则被动地接受教师的知识。计算机多媒体教学手段的出现改变了传统的教学模式。教师制作出色彩艳丽、生动逼真的动画，通过精美的画面和美妙的音乐把丰富多彩的世界呈现在学生面前，充分发挥视听作用。还可建立网上答疑平台，通过网上答疑，学生可以在任何时候提出问题，并把教学大纲、教案、习题、实验指导、参考资料、教学录像等内容全部放到网上，并向学生免费开放，通过网络化的教学方式（网络课件、网上答疑、网上提交作业、视频点播），学生可以在课外自主学习。

那应如何在英语教学中使用多媒体教学手段来提高课堂教学的效率，本文认为主要有以下几点：

首先，多媒体辅助教学的关键在于课件。在教学过程中，教师应根据自身固有的、为学生所适应的教学风格，选择适当的课件。教师可以直接选购市面上配套的软件，或制作充分展现教师的教学风格的实用的课件，或从网上下载等多种途径。不管采用哪种课件，都应注意课件的准确性、适用性和实用性。

其次,计算机多媒体辅助教学系统的使用,应当以学生为中心,充分发挥学生的主体性、主动性和创造性。制作课件时,教师从学生的角度,去感知教材,充分考虑学生的学习情绪和学习心理,找准教学的切入点和突破点,训练学生的语言交际能力,从而明确教学目标和重点。在使用课件时,利用课件引导学生通过语言训练理解并掌握教材,进而运用,达到用英语思考和表达的境界。如,教授 Who is she/he? She is my mother. He is my father. 对话时,可借助扫描仪把学生父母的照片输入电脑,在实际教学中利用真实的情景,提升教学效果。还可把内容延伸如,Who is she? She is Yangyang's mother. 演变的方法很多,教师可根据实际情况随机应变。

再次,使用过程中,还要注意控制好使用的频度和处理好与传统教学手段的关系。多媒体运用不在于量而在于质,在于使用的时机是否恰当。所以,在组织教学或教授新课这几个环节时我们可以多用些,在其他环节上就应少用一些或不用。教师在借助计算机多媒体辅助教学系统进行教学时,不应完全排斥传统的教学手段。例如,传统的黑板板书相对于多媒体而言,就具有很强的灵活性,必要时能起到画龙点睛的作用。一堂课的开头唱英文歌导入,能使学生的注意力很快集中到课堂教学的内容上去。

总之,在英语教学中适时运用计算机多媒体教学手段,会大大优化我们的教学,对促进学生身心素质的全面发展会收获意想不到的教学效果。教师要熟练掌握操作的技能,课前设计好使用时间、方法和步骤,从而使课堂教学更具有目的性和科学性。[①]

五、课堂教学方法

(一) 外语教学法主要流派

1. 语法翻译法(Grammar Translation Method)

(1) 概念及产生背景

语法翻译法是"用母语翻译教授外语书面语的一种传统外语教学法,即用语法讲解加翻译练习的方式来教学外语的方法"。语法翻译法又称传统法、古典法、旧式法(Old Method)、阅读法、普鲁士法(the Prussian Method)等。其代表人物为奥朗多弗(H. Ollendorff)和雅科托(Jacotot)等。外语教学法源于拉丁语教学法,盛行于15~17世纪的欧洲,当时称"语法模仿法",是翻译法的雏形。到了18~19世纪,西欧一些国家确定了翻译法的教学地位,因此法重视语法教学

---

① 胡冬华. 小学英语课程教学法[M]. 南昌:江西高校出版社,2017:167.

而被称为语法法或语法翻译法,因继承了拉丁语的传统又称传统法。

(2) 理论观点

Richards and Rodgers(2000)认为语法翻译法没有理论基础。而左焕琪(2002)则认为,其语言学基础是历史比较语言学。也有人主张官能心理学是语法翻译法的心理学基础,甚至还有人认为翻译法是以心理学上的机械主义为理论基础的。在18世纪以前,拉丁语是西欧等国的国际语言。拉丁语教学以背诵语法和范文为其特点。文艺复兴时期欧洲人文主义者开始针对拉丁语教学弊端进行改革。17世纪德国教育家Wolfgang Ratichius提出外语教学应以本族语为依托,上课时先用本族语讲解,然后进行词汇、语法分析和母语对比。捷克教育家Johann Amos Comenius提出归纳教语法,主张要重视系统知识和翻译对比,外语教科书要列出本族语课文。18世纪后随着资本主义的发展,拉丁语逐渐为一些现代语言所取代。这一时期的历史比较语言学研究确认了印欧诸种语言的亲属关系,形成语言的机械原子观,即一切语言都起源于一种语言,各种语言基本都是相同的,语言和思维是统一的。该观念在外语教学实践中体现为,本族语被逐词译成外语,或者外语被逐词译成本族语,其重点放在了外语书面语的阅读和理解上,忽略了口语教学。

(3) 教学特点与评价

第一,教学目的是培养学生阅读外语范文(特别是古典文学作品)和模仿范文进行写作的能力,以应试为目的。

第二,以传统语法作为教授外语的基础。语法被当作语言的核心,语法讲解采用演绎法,先讲解语法规则、例句,然后在练习中运用、巩固规则。

第三,语法材料的安排是先语法后课文。先呈现孤立的语法规则、单词、例句,后安排摘自名著的课文。

第四,翻译是教学的基本手段。外语翻译成母语,母语译成外语的逐词翻译是教学的基本手段。外语知识的讲解、练习、巩固和阅读技能的培养都采用翻译方法。

第五,课堂管理采取教师权威模式,教学是教师向学生灌输知识的单向行为。学生很少提问,学生之间交流更少。

第六,文学语言优于口语;重读写,轻听说。口语教学局限于使学生掌握词汇的发音。不注重语言的实际运用,只强调书面语的阅读能力;经常采取书面回答问题的形式,答案可直接引自原文。

第七,课堂用语大部分是母语,通过翻译检查教学质量。

2. 直接法(Direct Method)

(1) 概念及产生背景

直接法是通过运用外语本身进行教学的方法。19世纪下半叶,在西欧资本主义发展的时代里,各国在政治、经济、科技、贸易等方面的交往日趋频繁,加快直接的语言交际成为社会的需要,这就要求外语教学必须从以教育、教养为目的转向为以实用交际为目的。为了满足社会需要,直接法应运而生,直接法与翻译法有着本质的区别,所以又称改革法(Reform Method)、自然法(Natural Method)等。直接法的形成,经历了半个世纪,走过了由不成熟到成熟的成长过程。其主要代表人物有德国外语教育家维埃特(V. W. Vietor)、外语教师伯利兹(M. D. Berlitz)、法国外语教育家古因(F. Gouin)和英国外语教育家帕尔默(H. E. Palmer)、韦斯特(M. West)、埃克斯利(CE. Ecker Sley)等。他们不仅有自己的理论著作,还编写了体现他们教学思想的英语教科书。

(2) 理论观点

外语教学法的邻近学科的发展,为直接法的产生和形成提供了理论基础。以语言学家保罗(H. Paul)和心理学家旺特(W. M. Wundt)为代表的理论认为语言心理中起主要作用的不是思维,而是感觉。

现代教学论的奠基人卡米尼厄斯(J. A. Comenius)强烈主张"每种语言必须通过实践学习,而不应通过语言规则来学习",并提出了一系列教学原则,这也为直接法提供了理论依据。直接法于20世纪20年代在法、德、俄等国普遍试用。在20世纪30年代和40年代,我国一些教会学校也采用直接法教学。直接教学法的产生,使外语教学法科学的学术思想十分活跃,它在外语教学法史上起了积极的促进作用。

(3) 教学特点与评价

第一,强调外语的直接学习、理解、应用,有利于学生学到活语言,学到自然的语音、语调,培养学生直接用外语进行思维和表达的能力,促进语感的养成。

第二,强调以口语为基础,在大量的语言实践中,培养学生听、说、读、写的熟练技巧。

第三,重视利用直观教学手段,促进学生各种感觉器官同时运用,使外语形式同客观表象直接联系,有助于培养用外语思维的能力。

第四,完全排斥母语,使学生对一些抽象和复杂的概念难以理解。

第五,忽视教学对象年龄、认知水平及学习目的的差异,偏重感性认识,轻视语言理论知识在学习中的指导作用。

3. 听说法(Audio-lingual Approach)

(1) 概念及产生背景

听说法又称口语法(Oral Approach)、句型法(Pattern Method)等。听说法产生于第二次世界大战时期的美国。为了满足战时的需要,有成千上万的士兵、军官在几十所高等学校采用听说法集中训练学习，分别接受几十种外语强化训练。听说法的创始人是语言学家、外语教学法专家弗里斯（C. C. Fries）。他曾创办英语研究所，专门研究把英语作为外语的教学问题，不仅编写了大量教学参考资料，而且进行了大量的教学实践，为一些地区培养了大批掌握英语的人才。20世纪是听说法发展的全盛时期，听说法几乎成为外语教学界占支配地位的一种外语教学法，在20世纪70年代也是我国中学、大学外语教学的主要教学方法。

（2）理论观点

听说法的理论基础主要是美国结构主义语言学和行为主义心理学。他们认为：语言是有声的，口语是第一性的；每种语言的特点集中表现在句子结构上；语言是习惯的综合体系；学习语言就是养成一种习惯；语言习得的过程是刺激—反应—强化的过程；新语言习惯的形成要靠反复、大量的机械操练。

（3）教学特点与评价

第一，强调以句型为中心进行听说训练，围绕句型安排语言内容，培养语言技能。

第二，主要操练方式是模仿记忆，通过大量机械性的句型操练以形成自动化的习惯。

第三，排斥或限制母语，反对用母语讲解和翻译。

第四，重视语音、句型教学，及时纠正错误，培养正确的语言习惯。

第五，过分重视机械性训练，忽视语音规则的指导作用，造成教学过程枯燥乏味。

第六，语言材料的选编、训练的方式都从语言的结构出发，缺乏语言的真实性，不利于培养学生连贯表达和灵活运用外语进行交际的能力。

4. 视听法（Audio-visual Approach）

（1）概念及产生背景

视听法在20世纪50年代首创于法国，以后在欧洲大陆的一些国家流行。其创始人有法国学者古根汉（G. Gougenhein）、南斯拉夫语言学家古伯里纳（P. Guberina）等。视听法是视觉感受和听觉感受相结合的一种方法。它是在直接法和听说法的基础上发展起来的。利用图片、幻灯片创造情景是视听法的主要特色，所以它又叫情景法（Situational Approach）。

（2）理论观点

视听法除在教学理论和具体方法上与直接法和听说法基本一样外，它更强调"看"。他们认为在人们运用语言进行交际时，具体真实的情景决定着说话时所要选择的方式、节奏和语调。听觉和视觉受到刺激后，作用于大脑，诱发人脑迅速做出反应和加速记忆,从而达到记忆痕迹的长期储存。

（3）教学特点与评价

第一,教学从日常生活背景需要出发,选择、安排语言材料,尤其是选择一些典型情景中的典型话语结构,为学生在自然交际活动中灵活运用所学语言知识提供了可能性。

第二,强调通过在情景中整体感知、理解、练习、活用的教学步骤,培养学生灵活运用语言的能力,养成正确标准的语音、语调、节奏习惯。

第三,主张在连贯的对话中学习语言,以句为单位进行教学,注意在感性认识的基础上掌握语音、词汇、语法知识。

第四,广泛使用声、光、电的现代化技术设备,把语言和形象相结合,使学生置身于现实的自然情景和言语交际的环境之中,借助形象思维,加速实现认识上的飞跃,使逻辑思维和形象思维相互作用,建立外语与客观事物的直接联系,培养学生用外语思维的能力。

第五,过分强调语言材料要用整体结构形式模仿和反复重现来掌握,忽视适当地对语言分析、讲解的作用,忽视文字和母语对视觉、感觉的辅助作用。

第六,对教师及学校办学客观条件要求较高。

5. 功能法（Functional Approach）/交际法（Communicative Approach）

（1）概念及产生背景

功能法是以语言功能项目为纲,培养交际能力的一种教学方法体系。由于交际功能是语言在社会中运用的最根本的功能,而交际能力又是外语教学的最根本目的,所以功能教学法又称为交际法。

功能法创立于20世纪70年代初的西欧,主要创始人有英国语言学家威尔金斯（D. A. Wilkins）、亚历山大（L. G. Alexander）和威多森（H. G. Widdowson）等。20世纪70年代以来,西欧各国的政治、经济、科学和文化飞速发展,多种语言的使用成为妨碍各国之间交流的大问题。要从根本上解决这个问题必须改革外语教育,从而更多、更快、更好地培养具有外语交际能力的人才。功能教学法从20世纪70年代到20世纪80年代在理论和实践上进行了积极的探索,发展迅速,现已为世界各国外语教学普遍采用,并不断完善。功能教学法对我国外语教学的改革起到了极大的推动作用,帮助我们培养了一大批适合社会发展需要的各类外语人才。

（2）理论观点

以海姆斯（D. H. Hymes）为代表的社会语言学、心理学的发展为功能法提供了理论依据。他们认为语言的社会交际功能是语言的本质功能,语言作为工具是为社会上各项交际活动服务的。人们在社会中所处的地位和所从事的职业不同,使用语言交际的目的和场合也就不同,运用语言的变体也不同。一个学语言的人,他的语言能力不仅是指能否造出合乎语法的句子,而且包括是否能恰当地使用语言的能力,后者是人们对语言的实际运用,是语言的社会交际功能的具体体现。

(3) 教学特点与评价

第一,强调外语教学的目的是培养学生掌握交际能力。教学过程交际化,教学活动以学生为中心,为学生提供真实的情景和外语环境,使学生主动地、创造性地学习和运用语言。

第二,从学生实际需要出发,确定学习目标。针对学习者的不同需要安排教学内容,选择教学、训练的形式及对语言教学效果检查的方法,注重学以致用、学用结合。

第三,强调学生进行语言交际的注意力应集中在语义上,而不是在语法结构上。在语言交际过程中出现错误是正常的,这种现象正是由不完善的中继语言逐步向完善语言的过渡。

第四,教学内容以语言功能为纲,常会出现难易程度不等的语言形态和结构。如何科学地安排教学顺序,尽可能给学生减轻学习困难,是功能法研究的主要问题之一。

6. 英语"四位一体"教学法 (The English "Four-in-One" Teaching Approach)

(1) 概念及产生背景

英语"四位一体"教学法来自我国中学英语教学实践。20世纪70年代末的我国中学英语教学无大纲,无教材,无资料,无任何现代教具,这门课程也不受重视。当时的高考应试方法,一是抢进度多上些课;二是逼学生抢背单词;三是多编多印高考复习资料让学生多做,以练代讲,边练边讲,借此抓住学生,确保成绩。从1980年到1982年,高考英语逐年进入本科总分,但仍不太受重视,大部分老师仍然四处收集资料(当时每个省和大城市都有一本高考复习资料),滥印,多做题,以题海战术与别的学科抢时间。在没有更好方法的情况下,题海战术确能出些成绩,但是基础知识掌握得不好,学习英语的积极性差异也很大,所以"两极分化"严重。

包天仁教授在复习教学实践中总结出了"循序渐进,阶段侧重,精讲精练,五技并举"的英语"四位一体"教学法,并于1996年正式推出。最近十几年来,英语"四位一体"教学法在全国开展实验。一开始主要是中、高考英语复习教学方法,后来又不断丰富、完善,提出了平日英语教学复习方法、课堂教学方法和学生课外英语自主学习策略。

（2）理论观点

第一，循序渐进。英语"四位一体"复习教学方法首先遵循"循序渐进"的原则。它要求中、高考复习前教师按"复习金字塔"模型认真制订复习计划，合理安排时间，仔细规划各年级段、各册教材内容的先后顺序，由易到难，由浅入深，既照顾学习能力稍弱的学生，又要培养尖子生。这样就决定了"四位一体"中、高考复习初始阶段不单一采取综合练习的策略，而是按教材内容的先后顺序，由易到难、由简到繁，采取集中优势兵力、各个击破的办法，稳扎稳打，步步为营。这样，从根本上打破了课课练、单元练和模拟练习为主的中、高考总复习的训练模式，把学生和老师从"题海战术"中解放出来。

第二，阶段侧重。英语"四位一体"复习教学方法将整个复习分为四个阶段，四个阶段中侧重"阶段训练"；"阶段训练"的每个复习单元的语音、词汇、语法、课本内容又各有侧重点。从整个复习过程来看，侧重点是放在"阶段训练"上，其时间安排是总复习的二分之一或更多一些时间。这有助于按教材内容顺序，抓纲靠本，分散难点，各个击破，循序渐进地打好基础；使学生从零散知识学习自然过渡到知识的系统归纳上，使基础知识更加条理化，从而进一步培养英语运用能力。基础知识夯实后，再进行专项训练，培养能力；然后才进行综合训练，以培养学生综合运用英语知识的能力，提高解题技巧，把所学知识落实到"用"字上，这一步也是查漏补缺过程。最后的模拟训练则是"实战演习"，也是自我检查，是备考的必要准备。

第三，精讲精练。英语"四位一体"复习教学方法强调"精讲精练"，教师根据每一阶段的重点、难点，每次精讲一两个语音、语法项目，一部分课本内容，系统归纳，"画龙点睛"，点到为止。然后让学生有针对性地做一些精心设计的习题，教师精心批阅，发现问题，及时逐人讲评，做好补差。精讲精练要求以教师为主导，学生为主体。"精讲"并非少讲，而是教师在复习课上要在学生自学质疑的基础上采用讨论、辩论、归纳、总结和竞争等多种形式的教学方法，帮助学生自行掌握。"精练"，指重点练习初中十个、高中十五个阶段训练复习单元。因为这些复习单元编排科学、系统实用，用较少的时间，就可以使基础知识、语言综合运用能力得到全面的复习和训练。

第四，五技并举。在复习教学中，翻译作为一种教学手段的作用应该大大加强。近年来，由于教学目的只要求听、说、读、写，不少教师忽视了作为教学手段的"译"。然而，除了加强听、说、读、写"四会"能力训练外，翻译作为汉英对比的手段，可以使学生发现语言的本质差别，尤其在复习阶段，翻译更是一种掌握语言规则和用法的有效方法。在复习时运用翻译手段可以使多种语言现象和多个语言点聚合在一个或几个句子中，使学生举一反三，纵横对比，方便记忆。因此在英语"四位一体"中、高考阶段训练中安排了一定量的翻译练习。

(3) 教学特点及评价

英语"四位一体"复习教学方法摒弃了几十年来全国普遍采用的以课课练、单元练和模拟考试为主的中、高考英语总复习训练模式,把学生和老师都从"题海"中真正地解放出来,只用十几个阶段训练复习单元就把中、高考英语总复习的三分之二内容和时间充分地利用起来,达到省时省力、事半功倍的作用。该方法的"过程论""整体论""阶段论""集中论"教学思想使复习教学的备考活动同素质教育的要求达到了和谐统一。

7. 英语三位一体教学法(The English "three-in-one" Teaching Approach)

(1) 概念及产生背景

在英语教育界有"北马南张"之说。"北马"指的是北方的马承,"南张"指的南方的张思中。马承在长达40多年的教学实践中,结合我国的国情分析了语音、词汇、语法、阅读教学中的误区,提出了问题解决的途径和策略,探索出了"英语三位一体教学法"。马承的三位一体教学法分为"字母、音素、音标三位一体教学法"(简称"小三位一体教学法")和"词汇、语法、阅读三位一体教学法"(简称"大三位一体教学法")。同时,出版了《马承少儿英语》《小学英语》(1~6册)《初中英语》(1~4册)《新课标英语考级教程》(1~5级修订版)等著作。

(2) 理论观点

任何教学体系都有自己的理论基础,马承三位一体教学法与张思中十六字外语教学法也不例外。"小三位一体教学法"的理论基础为:辩证唯物主义中的主要矛盾原理、现代认知心理学;"大三位一体教学法"是系统论的整体性、有序性和动态平衡性的最佳结合。

马承在"三位一体教学法"中指出:我们的教学对象是初学者,我们的国情是缺少语言环境,学生不可能通过自然习得的方式学会英语,他们必须在教师的指导下先学会语音、词汇、基础语法,有意识地学习英语。"小三位一体教学法"在入门阶段把字母的名称音、英语音素和国际音标融为一体,集中教学,注意培养学生独立拼读单词的能力,解决小学低年级英语中存在的"文盲英语"倾向。此外,充分运用汉语拼音和认知理论教学国际音标。例如,用掐头法学 F,L,M,N,S,X 的发音,即掐掉其首元音,留其尾辅音,便是该字母在单词中的发音。用去尾法学 B,C,D,J,K,P,T,V,Z 的发音,即去掉其尾元音,留其首辅音,便是其在单词中的发音。用对比法学词英语读音 g,h,y,w;用字母组合记忆法学习英语读音 j,ch,sh,ck,qu。在学习12个难记的辅音音标"/dʒ/,/tʃ/,/ʃ/,/ʒ/,/j/,/θ/,/ð/,/ŋ/,/dr/,/tr/,/dz/,/ts/"时,用旧知引出新知。"音不离词,词不离句,句不离文"是马承语音教学的基本原则。例如,通过十个记忆组块学习五个元音字母在单词中的发音;通过语音诗和语音歌学习音标。在小学低年级,则采用直呼式韵律英语教学法。在小学一年级先不学字母名称音,直接读出它在单词中的读音,如:bag(书包)不读[biːeɪg],而是 b[b]a[æ]g[g]—bag[bæg]。到了三年级再学字母名称音。所谓"韵律",是指在朗读字母在单词中的读音、单词或句子时,带有一定的韵律,使其朗朗上口,便于记忆。

(3)教学特点及评价

马承"三位一体教学法"是体系完整、理论成熟、应用性强的英语教学法。它们符合我国的国情,不需要使用现代化的教学设施,城市、农村、山区都可以推行。只要经过短期培训,一般的英语教师都可掌握。马承的"小三位一体教学法"一开始就注意培养学生的独立拼读单词能力和自学能力。因此,马承的"三位一体教学法"特别适合在小学和初中推广,其中在小学低年级采用的直呼式韵律英语教学法尤其适合在小学推广。

(二)小学英语课堂常用教学方法

1. 直观教学法

直观教学法主要是通过实物、图片、手势、动作、表情等使学生建立形象思维,可大大提高记忆效果,这也是最常用的一种教学手段。

(1)利用实物进行教学。主要用于实物名称教学,如钟表、杯子、苹果、橘子等,这些都是日常生活中常见的物品,极容易准备且实物较小,便于携带。上课时,教师可一边呈现物品一边将单词读出、板书,将单词的音、形、义一次性完成,既生动又形象。接着按照词不离句、句不离文的方法套入一些句型"What's this? It's a/an ... "或"I like ... very much."引导学生进行操练,强化学生对单词音、形、义的统一意识。

(2)利用挂图、简笔画、课件等多媒体手段进行词汇教学。对于那些不便于通过实物来进行教学的词汇,例如,家庭成员、日期、天气、动物等,可利用挂图、简笔画或电教媒体,如何运用以学校实际条件而定。在条件较差的学校,可利用简笔画或挂图来进行;在条件较好的学校,则可运用多媒体。多媒体技术是以文、声、图相结合的教学方式将教材中单调的文字知识实现形象、生动、具体的转化,丰富课堂教学内容,创设了轻松、愉快的课堂氛围,这对于提高小学生英语学习兴趣十分有效。

在进行 The lonely lion 一课的课堂教学时,教师可以利用多媒体教学手段为学生提供相关的图片或视频,展示课文中提及的狮子被圈养在笼子里的无奈、孤单与失落,并与狮子回归森林之后的欢快、喜悦之情进行前后的鲜明对比,如此学生能够明显感知狮子在不同环境中的不同感受。这种再造形象能够让学生在视觉、听觉的双重影响下发挥想象力,以深入感知与理解课文内容。

(3) 借助手势、动作或表情进行教学。英语中有许多动词,我们可通过手势、动作、表情,使学生易于领会。例如,sing,run,jump,swim 等,教师可以边做动作边说出英语单词,也可以请一些英语较好、领悟能力较强的学生按教师所示做动作,教师可先叙述,接着要求学生跟着操练单词及句型:run—He is running;jump—He is jumping 等,教师将动词及相关句型板书,带领学生操练熟悉词汇。

示例 1:

教学 long hair, short hair

a. 引入:CAI 呈现一个长头发的女孩和一个短头发的男孩

T:This is a girl. She has long hair.

That is a boy. He has short hair.

b. 操练:

T:Look at me! I have …(教师故意停顿下来,示意学生接话。)

S_s:Long hair.

T:You are so clever. Yes, Miss Chen has long hair. What about you?(请一位女生回答。)

S:I have long hair.

T:Good! Do you have long hair, too?(问一位男生。)

S_2:No, I don't. I have short hair.

看图练说:hair—long hair—She has long hair.

short hair—He has short hair.

描述班级中同学的头发:

T:Who has long/short hair in our class?

S:… has …

c. 拓展:

(1) 用课件展示不同颜色的头发,引导学生说出:black hair, yellow hair 等。

(2) 教师在此处要强调 hair 是不可数名词。一般情况下后面不加"s".

示例 2:

Presentation

(1) 教师播放 Flash 动画课件,呈现"bird"动画图片,提问:Look at the bird, What is it doing? 引导学生看图画,听录音学习新单词:flying. 领读单词并引导学生拼读。

T:Let's have a look. What are the animals doing? Look, what is the bird doing?

S：It's flying. /The bird is flying.

T：Can you spell it?

S：Yes. F-L-Y-I-N-G, flying.（板书：flying）（设计意图：利用Flash动画课件，实现人机对话，为学生创设学习语言的情境，调动学生的英语学习积极性。）

（2）借助课件，用同样的方法教学：walking, jumping, running, swimming这四个动词的ing形式的单词。重点指导学生拼写：running和swimming这两个单词（双写最后一个字母再加ing）。

【设计意图：通过借助Flash动画让学生加深对新单词的印象，进而形成单词的听、说、读的能力。】

2. 情境交际法

情景是教师创设或模拟的生活场景，应具有真实、生动、实用的特点，便于学生将所学语言材料进行综合、创造性地进行表达交流。这种练习方法，具有接近生活的交际功能，而且能变单调、机械的句型操练为活泼、生动的交际性练习，从而帮助学生能够运用言语进行交流，达到学以致用的效果。

情境能使抽象的语言具体化、形象化，在生动、形象的情景中学习英语，能使英语课堂教学趣味化、形象化。如学习"May I come in?"这个句子时，可以先请学生注意看和听：教师走出教室，在教室门上敲几下，并注视全班学生，用请求的语气和想进来的手势说："May I come in?"，当学生都睁大了眼睛，全神贯注地听"老师在说什么呢？"，教师可趁势再重复两遍，这样学生就自然而然地听懂了句子的意思，并且能把听到的句子"May I come in?"流利地说出。在这种情境下学会的句子，记忆牢固且能学以致用，如进老师办公室，就会自然使用"May I come in?"

示例1：

在谈论朋友特征的交际教学中有这样一个片段：

S₁：Hello, everyone. I have a friend. He is boy. He's tall, strong. He's big eyes, big ears, short hair. He like sports. who is he?

（教师不因学生错误的语言形式而打断学生流利的介绍，而在黑板上写下下面的板书。）

He is *a* boy. He's tall *and* strong. He has big eyes, big ears, *and* short hair. He like*s* sports.

S₂：He's peter?

S₁：No.

S₃：Is he Zhang Peng?

S₄：Yes, he's Zhang Peng.

T：Really? He's Zhang Peng?

S₁：Yes.

T：Please describe him again.

S₁：Ok.

T：He is a ...（教师引导学生看黑板）

S₁：He is a boy. He's tall and strong. He has ...（在板书的帮助下,学生以正确的语言形式向他人重新传递了一次信息。）

T：Ok. Boys and girls, is this Zhang Peng? Does Zhang Peng like that?

S₈：Yes, he's Zhang Peng.

T：Ok. Very good. Thank you. Who wants to describe your friend, and let us to guess?（教师擦去表示具体特征的词汇,剩下句型的关键词。）

S₂：Me. Let me try! I have a friend. She is a girl. She is ...（教师引导学生看黑板）

3. 全身反应法

TPR 全称是 Total Physical Response（全身反应法）,是美国加州圣约瑟大学心理学教授 James Asher 于 20 世纪 60 年代提出的。这种方法注重的是语言学习中的互动模式,倡导把语言和行为联系在一起,通过身体动作教授外语。调动学生的感觉器官,有助于理解力的提高和创造一种轻松、活泼的语言学习环境,让学生通过全身各个部位的不同动作达到记忆的目的。在低年级英语教学中,可用具体形象的手势、动作来辅助英语学习,激发学生学习兴趣,提高学习效果。

如词汇教学,在学习身体各个部位的名称时,老师可以设计一个"Show me your ..."。老师发布命令,让学生用手指各个部位,让学生在玩中学。例如, hand 这个单词,老师说"Show me your hand."学生就根据指令做,熟练之后请学生当指挥官,"发号施令"。通过这种形式的教学,学生不仅能快速牢记身体各个部位的名称,而且还能充分调动学生学习英语的积极性,使课堂气氛活泼有序,进而提升教学质量。

教学案例 3－4

一、教学内容：The frog family

教学设计以 The frog family（青蛙一家）为主线,把 father（父亲）,mother

(母亲),brother(哥哥)三个单词穿起来,整合成一个完整故事。语言材料中前三段内容基本框架一致,故事情境有趣,表演起来生动活泼,增强了教学内容的可操作性,力图充分体现全身反应法的教学特点。

二、教学活动安排

1. 听一听,看一看

(1) 教师说指令示范动作

教师利用动画多媒体手段,引导学生一起读一篇小故事——青蛙一家。

[The frog family]

　　Mother frog is hot-very, very hot. Mother frog jumps, jumps, jumps. She sits on a lily pad in the pond. She has got three mosquitoes.

　　Father frog is hot-very, very hot. Father frog jumps, jumps, jumps. He sits on a lily pad in the pond. He has got four flies.

　　Brother frog is hot-very, very hot. Brother frog jumps, jumps, jumps. He sits on a lily pad in the pond. He has got two spiders.

　　They eat and eat. They're very happy!

　　And then-SPLASH-they all fall into the pond!

　　(青蛙妈妈非常,非常热。她跳啊跳。坐到了池塘中的荷叶上。她吃了三个蚊子。

　　青蛙爸爸非常,非常热。他跳啊跳。坐到了池塘中的荷叶上。他吃了四个苍蝇。

　　青蛙哥哥非常,非常热。他跳啊跳。坐到了池塘中的荷叶上。他吃了两个蜘蛛。

　　他们吃啊吃,吃得非常开心!

　　最后,随着飞溅出的水花,他们都跳进了池塘。)

在展示课程材料的过程中,教师采用一系列指导语保持学生对课程材料的注意力,并深入理解故事内容:

Today I will introduce a happy family to you—froggy's family. This is froggy. Let's greet with him. How many frogs are there in froggy's family? Who is coming? (今天老师要给大家介绍一个快乐的家庭——小青蛙的一家。这是小青蛙。我们和他打招呼吧。小青蛙的一家有几位成员?看,谁来了?)

翻开第一页,根据图片中的场景,教师说故事,并结合故事的含义做示范动作。

Mother frog is hot-very, very hot. (抬起右手或左手,在右脸或左脸的侧

面晃动两下,似"扇风"状。)Mother frog jumps, jumps, jumps.(两臂举起,手掌摊开,半蹲,跳三下。)She sits on a lily pad in the pond.(保持半蹲姿势,头左右晃动两下。)She has got three mosquitoes.(抬起右臂或左臂,在空中快速伸三下,似"青蛙吃虫"状。)

(2) 学生边听边观察

学生听录音,看动画,观察老师的示范动作,通过听一听、看一看,理解文章第一段的含义。(1) Mother frog is hot-very, very hot. (2) Mother frog jumps, jumps, jumps. (3) She sits on a lily pad in the pond. (4) She has got three mosquitoes.(青蛙妈妈非常、非常热。她跳啊跳。跳到了池塘中的荷叶上。她吃了三个蚊子。)四句话的基本句型学生都已学过,结合新的情境中生动有趣的动画,能力较强的学生基本可以明白整个段落的意义。

由于文章中三段内容的基本结构一致,所以教学重点放在了第一段。当学生听并看过一遍动画后,教师呈现出这段文章的文字。这一次,学生一边听教师说,一边看教师示范动作。对于能力较强的学生来说,第一遍听懂,第二遍就可以尝试阅读;而对于能力较弱的学生,通过再一次不同形式的重复,这段文字的基本含义就明白了。

2. 大家一起做

如果说第一步是用眼睛看,第二步就是用动作来演。值得注意的是,表演不是一个人的"秀",而是全体一起做,其目的是降低学生的紧张情绪,在集体的氛围中愉快轻松地学。

(1) 教师说指令示范动作,学生跟着做

为了将第一段的操练落实得更加透彻,在意义操练之前,教师需要给学生们做一些机械操练:教师说故事,全体学生和教师一起演一演。在表演的过程请学生们进一步体会语段的含义。

在这篇故事中,基本的句型是四个,每个句型都有相应的基本动作:

… frog is hot-very, very hot.(抬起右手或左手,在右脸或左脸的侧面晃动两下,似"扇风"状。)

… frog jumps, jumps, jumps.(两臂举起,手掌摊开,半蹲,跳三下。)

She/He sits on a lily pad in the pond.(保持半蹲姿势,头左右晃动两下。)

She/He has got …(抬起右臂或左臂,在空中快速伸几下,似"青蛙吃虫"状。)

教师可以随意抽出一句话,请学生们跟着一起做动作,比一比,谁的反应最快?谁做得最像?当学生们对每句话都比较熟悉后,教师可以将四句话联系起来,请学生们演一演。

第三章 小学英语教学的组织与实施

(2) 教师说指令不示范动作,学生按指令做

稍后,教师在学生们都掌握得比较好的基础上,适当增加难度,教师说故事的第一段,但不示范动作,请学生分组表演,比一比哪组演的最好。

在第一组表演的时候,教师说故事,当第二、三、四组表演的时候,教师可以鼓励其他组学生一起来尝试说故事,在集体说故事中,引导学生从看着读到有表情地脱稿说。

3. 做一做,说一说

通过全班一起看一看,演一演,说一说,学生对于这个故事的基本语言结构已经相当熟悉,在此基础上,教师可以提高要求,鼓励每一个学生说一说,演一演。

(1) 教师说指令不示范动作,学生复述完成动作

通过对第一段内容的反复操练,学生基本已经能熟练地说出第一段。(能力较强的学生能比较熟练地说;能力一般的学生能基本说出;能力较差的学生在教师的帮助下能说。)在这样的基础上,教师开始讲述第二段故事,这时教师不再做动作,请学生听一听,然后去除关键词,出示基本语句框架,请学生填一填,演一演。

_____ is hot-very, very hot. _____ jumps, jumps, jumps. _____ sits on a lily pad in the pond. _____ has got four flies.

在这个步骤中,教师要求学生能够完整地说出第二段故事内容,做出相应的动作。

Father frog is hot-very, very hot. (抬起右手或左手,在右脸或左脸的侧面晃动两下,似"扇风"状。)Father frog jumps, jumps, jumps. (两臂举起,手掌摊开,半蹲,跳三下。)He sits on a lily pad in the pond. (保持半蹲姿势,头左右晃动两下。)He has got four flies. (抬起右臂或左臂,在空中快速伸四下,似"青蛙吃虫"状。)

(2) 扮演"小老师"

通过对第二段内容的描述,大部分学生比较熟练地掌握了故事的语句结构,当最后一段内容的主人公(brother frog)出现后,教师不给录音,提供以下语言材料。

_____ is hot-very, very hot. _____ jumps, jumps, jumps. _____ sits on a lily pad in the pond. _____ has got two spiders.

在这个步骤中,教师可以请个别学生来做小老师,补充完整这一段的内容并尝试演一演。

Brother frog is hot-very, very hot. (抬起右手或左手,在右脸或左脸的侧面

晃动两下,似"扇风"状。)Brother frog jumps, jumps, jumps.(两臂举起,手掌摊开,半蹲,跳三下。)_____ sits on a lily pad in the pond.(保持半蹲姿势,头左右晃动两下。)_____ has got two spiders.(抬起右臂或左臂,在空中快速伸两下,似"青蛙吃虫"状。)

最后,在没有任何语言材料的辅助下,教师请学生看着 Brother frog 的图片复述出完整的第三段内容。

4. 游戏教学法

用游戏形式复习单词、句型,练习新语言点,使学生寓学于乐,在活泼、轻松、愉快的气氛中自然而然地获得英语知识与技能。游戏要求简短易行,有趣味,而且要与本课教学内容紧密相关。游戏经常有如下几种挑战形式:比速度、比反应、比强记、比观察、比想象、比思维;有听、说、读、写各种形式,有分有合。要使学生积极参与和配合,游戏形式的多样化就显得非常重要。"游戏不可久玩",再好玩的游戏,玩过几次就不再有新鲜感了。因此教师应不断收集游戏、精心设计和翻新游戏。以下介绍几种常见的游戏:

(1) 猜谜语

猜谜语是一种有趣的教学游戏活动,把猜谜语引入课堂,确实是一种很好的活动形式,学生对此很感兴趣,它不仅能增长学生的英语知识,训练他们的听说能力,而且还可开发学生的智力,培养其思维能力。可以采用以下两种形式,① 字母谜语。主要是依照字母的发音和字母所表示的特定含义以及字母在单词中的位置来设计的。例如,Which letter is a kind of drink? ② 单词谜语。主要是根据词的音、形、义等三个方面的特征来设计的,因此在挑选单词谜语时必须要考虑学生的词汇量。例如,Which word has three "a"s and two "n"s in it?

(2) 宾狗(Bingo)

这个游戏的玩法是:每个学生准备一张纸,并在上面画一个"井"字,将纸分成九格,然后教师随便念九个学过的单词,学生边听边将单词写在格子中,随便填在哪格里都好。学生填好后,教师再打乱次序逐个念这九个单词,学生边听边在听到单词上画圈,当画的圈在横行、竖行或对角线上成为一条直线时,学生就可边喊"宾狗(Bingo)"边将纸举起让教师检查,最先喊"宾狗"写得准确的获胜。这个游戏还可以用于数词,也就是说,教师可以随意念九个数词来代替九个单词,让学生填入格子中。

(3) 开火车

开火车可以以各种形式进行,例如,拼单词竞赛、相同词首单词拼读赛、单词接龙等。

拼单词竞赛:将全班分成若干小组,教师说一个单词(如 school),第一组的第一名至第六名学生逐个站起来,每个学生说一个字母(s-c-h-o-o-l)将这个单词拼出来。拼对的加分,拼错的不给分。以此类推,得分最多的组获胜。

相同词首单词拼读赛:将全班分成若干小组,教师按照组的顺序对每组说出一个字母,每组从第一名到最后一名同学说出以此字母开头的单词并拼读出来,满分10分,念不出或念错、拼错要扣分,得分最多的组获胜。注意不要说Q,V,X,Z等字母。

单词接龙:将全班分成若干小组,教师说一个字母,每组第一个学生以此字母为首字母说出一个单词,第二位同学以第一位同学说出单词的词尾字母作为首字母说出另一个单词。以此类推,在规定时间内哪一组接的词龙中单词最多获胜。如 pen-nice-eight-tea-an-no-or-right-teacher-radio-on-not ...

(4) Sam says

教师在发出指令前可以说"Sam says",则学生做此动作,指令前没有"Sam says"学生则不做此动作,如教学一年级"五官"一单元时教师说"touch your nose",而学生做了摸鼻子的动作,便算错了。全班分四组,反应慢或做错的同学被淘汰回到座位。留下的人最多的小组获胜。

运用游戏教学法时,一定要注意时间与类型的安排,不能一味地用游戏代替讲授。游戏的难度要分层,让学生有选择性。教师可以根据学生学习的具体情况适应地协调学生在游戏中的分工。此外,游戏的设计要注意真实性和趣味性。

示例1:

Pin a nose on a face(贴鼻子)

游戏功能:复习巩固四个方位词

游戏玩法:在黑板上画一张缺鼻子的脸,请一个学生走到黑板前,用布蒙上他的眼睛,让他贴鼻子。台下的同学用"up, down, right, left"这四个词汇告诉他该怎么做。"Up, up ..." "Down, down ..."随着鼻子位置的变化,学生们调整指令,在大家的共同努力下,找到鼻子的正确位置。

知识性:该游戏的目的是让学生掌握"up, down, right, left"这四个表示方位的单词。

示例2:

顺风耳

游戏功能:操练单词

游戏玩法:教师让一个学生背对着全体学生站立,然后将单词卡片藏于某一个学生的桌子内,再请讲台上的学生转过身寻找此单词的位置。全班学生一起朗读此单词,如果该同学离单词位置近,那么朗读的声音就响,如果离单词越来越远,那么朗读的声音就越来越轻。以此为准直到找到单词为止。

这个游戏在设计时充分考虑到了全体学生,每个学生都可以积极地参与到游戏当中去,享受到游戏带来的乐趣,刺激每个学生对英语课堂产生浓厚的兴趣,同时在游戏中掌握了单词的读音。

5. 故事教学法

故事教学法是一种结合学习内容与学习目标,将知识点借以故事内容展现出来,使学生直接从故事中领悟道理,掌握相关知识技术等的教学方法。故事教学特别符合小学生的认知学习水平,更重要的是它从根本上避免了教师"主宰"课堂的局面,实现从"教师教"到"学生学"以及"学生互动"的转变,真正将课堂还给学生。目前故事教学已经成为一种行之有效的方法,基于"故事情景"的教学不仅可以吸引学生注意、激发学习英语兴趣、启发学生思考,通过故事还能使学生领悟一些道理,掌握一定的知识技能。

故事教学法最主要的优点,就是可以将枯燥乏味的内容转化为生动有趣的故事情节来描述。例如,英语教师在讲解方位词时,对于 behind 这个单词总有部分学生读不准。教师设计"猫抓老鼠"的故事情境,运用 Flash 动画创建一间简单的 house,并在里面放一些学生学过的物品,如 table,chair,box,flower,然后播放一只猫抓老鼠的过程。当老鼠跳到了桌子后面,教师问:Where is the mouse? 学生大声回答:On the table! 老鼠跑到了沙发后面,教师再问:Where is the mouse? 学生回答:Behind the sofa! 这样反复几次,学生就可以在猫抓老鼠的故事中较好地掌握几个方位词。

教学案例 3-5

Zoom's New Clothes①

一、故事内容

This Saturday is Miss Goat's birthday. She will have a birthday party. She invites Zoom and Zip to go to the party. Zoom has no new clothes. He wants to buy a new one for the party. So he asks Zip to go shopping with him.

"This sweater is very nice." Zip point to a colourful sweater in the shop and says.

"It's too colourful. I don't like it."

"Look at that jacket. It's blue. Is it fine?" asks Zip.

---

① 资料来源:道客巴巴网站,zoom's New Clothes〔EB/OL〕. http://www.doc88.com/p-/824675331245.html.

"Yes. I like blue. How much is it?"

"It's 200 yuan." says the assistant.

"Oh, that's too expensive." Zoom shakes his head and says.

"That T-shirt is very pretty." Zoom sees an orange T-shirt. "I like the T-shirt. How much is it?"

"It's 50 yuan."

"That's cheap. I'll take it."

"Wait! Zoom! It is winter. You can't wear the T-shirt in winter." says Zip.

"Don't worry! I'm very strong. I can wear the T-shirt in winter." Zoom buys the T-shirt and goes home. He is very happy.

On Saturday, Zoom puts on the new T-shirt and goes out. It is cold outside. Zoom wears too little. He feels very cold. When he gets to the party, Miss Goat feels very surprised.

"You are only wearing a T-shirt! Aren't you cold?" Miss Goat says.

"No, I'm not. I'm ve-e-ery strong. Ah-choo!"

"Bless you!" everybody at the party laughs.

二、词汇与句型

主要词汇：pretty, colourful, expensive, cheap 等形容词。

主要句型：How much is it? It is …
　　　　　That's cheap/expensive.
　　　　　I'll take it.

三、适用年级

小学中年级

四、说明

本故事根据PEP小学英语四年级下册第五单元的教学内容创编而成。

五、教学活动

1. 在讲故事前,教师在黑板上呈现一些学生已经学过的服饰图片,让学生在听完故事后选出故事中出现过的服饰,并说出它们的颜色。

这个活动旨在复习服饰类和颜色类的词汇,并让学生学会有目的地听故事,培养他们捕捉有效信息的能力。

2. 教师呈现几个问题,让学生以四人小组为单位,讨论并回答问题,然后在全班进行交流。

(1) When is Miss Goat's birthday?
(2) Does Zoom like the colourful sweater?
(3) Is the jacket expensive?
(4) What does Zoom buy?
(5) How much is the T-shirt?
(6) Is it summer or winter?
(7) Does Zoom feel cold?

此活动主要是帮助学生理解故事,同时也训练了学生的口语表达能力。

3. 教师把学生分成三人一组,每组提供一份服饰图片,让学生分别扮演Zoom,Zip 和 Assistant,表演他们在商店购物时的情景。教师给出一些购物时使用的常用语言:

Look at the jacket/sweater/T-shirt.
It's blue/pretty/colourful/nice.
Can I help you?
How much is it?
That's cheap/too expensive.
I'll take it.

本活动主要培养学生的学习兴趣,训练学生的口语表达能力。通过表演,让学生学会使用购物时的常用语言。

教学案例 3-6

The Little Bear[①]

一、故事内容

The little bear has a magic stick. It can make his wishes come true.

One day, the little bear is walking in the forest. He sees a bird. It is flying in the sky. It has two beautiful wings. "I want two beautiful wings. I wish I can fly like a bird." he says to the magic stick. Two beautiful wings come out on his back and he can fly like a bird now. He is very happy.

The little bear sees a kangaroo. It is jumping. It has two strong back legs. "I want two strong back legs. I wish I can jump like a kangaroo." he says to the magic stick. His back legs become very strong and he can jump very far. He is very happy.

The little bear comes to a river. He sees an elephant near the river. He asks, "What are you doing here, Mr Elephant?" "I'm drinking water, little bear," the elephant says. "You can drink with your nose. How interesting!" the little bear says enviously. "I want a long nose, too." he says to the magic stick. His nose becomes very long. He is very happy.

Now, the little bear has a long nose, two beautiful wings and two strong back legs. He goes back home happily. But his mother doesn't recognize him now and pushes him out. He feels sad. He goes to see his friends. They run away, because he looks like a monster. The little bear feels very lonely and sad. He says to the magic stick, "I don't like the bird's wings. I want a bear's nose and bear's legs."

Soon the little bear looks as the same as before. He lives with his mother and plays with his friends happily.

二、词汇与句型

主要词汇:walking, flying, jumping, drinking 等现在分词。

主要句型:What are you doing? I'm …

---

① 资料来源:道客巴巴网站. 四年级英语 the little bear 教案[EB/OL]. http://www.doc88.com/p-3397504075161.html.

I wish ...

三、教学建议与教学活动

1. 教师在讲故事前给学生每人发一张 little bear 的图,要求学生边听故事边根据情节的发展给 little bear 画像,然后在全班交流讨论各自的作品。本活动旨在激发学生听故事的兴趣,同时理清故事情节,让学生在愉快的氛围中领会故事的寓意:不要总是羡慕别人的长处,应该肯定真实的自我,拥有真实就是享受快乐。

2. 教师呈现几组填空题,要求学生口头完成填空。在全班交流前,让学生在四人小组内进行充分的练习。

(1) The little bear sees a bird. It is _____. It has _____. He says to the magic stick, "_____"

(2) The little bear sees a kangaroo. It is _____. It has _____. He says to the magic stick, "_____"

(3) The little bear sees an elephant. It is _____. It has _____. He says to the magic stick, "_____"

此活动主要训练学生的口头表达能力,帮助学生分段复述故事。

3. 教师给出几种假设,如果 little bear 在回家之前还碰到了 monkey, goose, giraffe 等动物,还会发生什么样的故事,让学生以四人小组为单位,共同创编故事。这个活动旨在培养学生的创新精神,训练学生的语言运用能力。

6. 儿歌说唱法

德国的著名教育家第斯多惠说:"教学的艺术不在于传授的本领,而在于激励、唤醒、鼓舞。"在小学英语教学中,老师可以在课前、课中、课尾适时地引入与课堂内容相关的英语儿歌,以此激发学生的学习兴趣,调节课堂气氛。

如在教 1~10 的英文数词时,让学生一边听音乐、唱英文歌,一边通过手指来做游戏,用手指动作来表达歌词的内容和情节。

One little, two little, three little Indians
Four little, five little, six little Indians
Seven little, eight little, nine little Indians
Ten little Indian boys

学生在游戏式儿歌中,既学到了知识,又愉悦了身心。久而久之,学生掌握了学习规律,也会模仿教师创作一些英文儿歌。

除了采用已有的儿歌,教师也可以根据自己学生的认知特点,将学习的内容编成一些顺口易记的歌诀,如丁丁、丁丁真能干,学习思考用 head,小小 eye 看黑板,竖起 ear 认真听,mouth、mouth 长得巧,讲起英语都说好,nose、nose 嗅觉灵，foot、foot 踢足球，arm、arm 来举重，长长 leg 跳绳快，虽然比赛伤了 toe，领奖 face 乐开了花，全班都拍起了 hand，夸他为班争光顶呱呱。学生在背歌诀时，脑、口、耳并用，还可以配以肢体表演，这样的英语学习是愉快的，同时也调动了学生的学习积极性，让学生在轻松愉悦的气氛中学习，使他们感到学习不再是一种负担，而是一种乐趣。

示例1：
教学过程：
1. 热身、复习(Warm-up/Revision)
（1）师生共唱英文歌曲：Heads Shoulders Knees and Toes.
（2）学生展示英语口语对话。
（3）游戏：Do it quickly!（快速做一做）

首先，用单词卡和图片练习所学动物类单词。学生边读老师边把卡片和图片贴在黑板上或墙壁上。之后，将全班分为三、四队，每次按顺序每队出一名选手。教师给学生下指令 Run to the cat，各队的选手要快速跑到 cat 的图片或卡片处，用手取下图片或卡片。哪组学生得到图片或卡片就为他们队得一分。随后，教师再用本单元第二课时的指令 Act like a cat/a duck/a panda 等，让学生边模仿边走到卡片或图片处取下。

2. 呈现新课(Presentation)
（1）教师将准备好的老麦当劳农场的图片贴在黑板上，指着图中的老麦当劳对学生，说：Look, this is Old MacDonald. This is a farm. This is Old MacDonald's farm. 之后，教师带读 Old MacDonald 和 farm 两个单词。告诉学生 farm 是农场，Old MacDonald 是人名。检查学生认读情况，适当纠正发音，此时的准确认读有利于后面歌词的跟读。

（2）教师播放歌曲 Old MacDonald，询问学生听到些什么？（学生能听出的歌词不在乎多少，注重听力的训练。）表扬听对、敢说单词的学生。

（3）教师带读歌词中的重点词句。Old MacDonald had a farm. On that farm he had some ducks. Old MacDonald had a farm. On that farm he had some ducks. 教师边带读边把几只鸭子的图贴到农场的不同地方。用中文解释道：老麦当劳有个农场，农场中有 ducks，这里嘎嘎叫，那里也嘎嘎叫，到处都是嘎嘎的叫声。引出 Here a quack, there a quack, everywhere a quack quack. 重点带读 here，there，everywhere，with。

（4）教师用手打节拍，再次带读歌词。

（5）让学生听 Let's sing 部分的录音，学生跟着试唱。由于这首歌的歌词较复杂，让学生多听几遍多跟唱几遍。教师还可以逐句教唱。

3. 趣味操练(Practice)

(1) 教师拿出准备好的 ducks, cats, dogs 的头饰。在学生初步掌握书上的一段歌词后，指导学生将歌词稍做改动，增加几段歌词，进一步运用动物类单词演唱歌曲。ducks 改为 cats, dogs；quack 改为 mew, mew, woof, woof。

(2) 师生共同演唱改编后的歌词。

(3) 由于歌词较难，在连唱几段歌词时，教师可以自己领唱或找能力强的学生领唱前两行，从第三行起集体齐唱。用此方法降低难度，调动唱歌兴趣。

(4) 做 Let's make 部分的活动。教师可将学生带到室外，在阳光下做手影动物。

第一，教师简单讲解活动内容和具体手势。找一面阳光能照得到的白墙，用两只手做不同动物的影子。

第二，学生亲自实践。除了学过的动物单词，学生还可做其他东西的影子，并及时告诉这种东西的英文名称，从中发散思维、努力创新，使学生既动手又动脑。

第三，教师组织巧手大赛，让学生展示自我的同时相互学习、彼此交流，但要注意比赛期间的英文使用率。学生可用：Look, I have … 的句子表述。做得好的同学教师应该给予表扬和奖励。如果室外条件不允许，教师可打开投影机，照射在一面白墙上和学生一起活动。

7. 合作学习法

合作学习是在老师指导下，按照学生的不同特点、不同学习能力，对学生进行弹性分组，使学生为完成同一目标，合理分工，互相协作，并以集体的成功作为评价依据，最终促进每个学生全面发展。

示例 1：

在 Story time 中的具体运用：

教学内容是教师欢迎小动物们来到学校，并向小动物们介绍学校的各功能室，如音乐室、计算机室等，可小熊 Zoom 肚子饿了，独自去了餐厅，并未告知教师和其他同学，到了吃午餐的时间，教师才发现 Zoom 不见了。

这部分内容是帮助学生巩固本单元所学，培养学生的英语阅读能力，习得相应的情感态度价值观。在操练和巩固阶段，教师可以要求学生小组合作学习，让每个学生都参与进来。① 小组合作复述故事。小学生英语语言知识有限，复述故事有一定难度，让小组成员一起合作复述故事，无疑降低了学习的难度，可以提高学生的自信，成绩好的学生可以帮助成绩差的学生，每个学生都能得到提高。② 小组合作表演故事。小学生非常好动，表演故事非常符合他们的心理年龄特征，各组长给自己组内成员分配好角色，让每一位学生履行自己的职责，完成符合自己的角色表演。在表演中,学生除了学习知识技能,还能培养合作精神。表演时,学生在一定的时间内要轮换角色,保证学习的公平性。③ 讨论故事中蕴含的文化与价值观。如 Zoom 的做法正确吗?你的观点是什么?理由是什么?

教学有法,教无定法,贵在得法。小学生学英语就像学游泳一样,必须让学生泡在水中、潜到水里去,这样他们最后才能成为一个熟练的游泳者,自在游泳乐在其中。因此,英语教师应激发学生的学习兴趣,给学生尽量多地创造听、说、练的机会,让学生在动中学,学中乐,使之获得语言知识技能,真正达到轻松学英语、轻松用英语的目的。

六、课堂教学应注意的问题

(一)得体教态的养成

1. 教态培养的意义

教态是教师本人在学生心目中直观性最强、表率性最强的整体形象。教态给学生以美感,教学就等于成功了一半。教态可以说是备课的第一步、上课的第一关。教态并不是抽象的,不可捉摸的,而是实实在在的,可通过教师努力而达到完美的。教态包括教师的仪容、风度、神色、情绪、表情、姿势、动作、举止、手势、目光,等等。

教态无时无刻不在向学生传达信息,感染学生的情绪,影响学生的修养。服装整洁、仪态大方、洒脱自如、温文尔雅、精神饱满、动作从容、欢快而严肃、可亲又可敬,这是在教态上给学生的直接感觉。亲切的目光、含蓄的微笑、轻松的表情、和蔼的态度,是每一位教师都应具备的取胜武器。教师的一举一动、一点头、一挥手都应表达出对学生的喜爱、关心、信任、期待。即使当学生回答不出问题,教学进程遇到挫折时,教师也要或更要注意自己的教态。可见,教态作为教师内心修养的外在表现,实际上是教师的综合性的艺术形象,它在很大程度上决定着学生对英语教师和英语学科的喜欢与否,影响教学的成败。

2. 教态的原则和要求[①]

教态的主要原则是:知识水平与人格形象高度统一;生理素质、健康状况与文化修养统一;教学过程、步骤、方法和手段统一;视、听、动协调,适当模仿与发自内心的体验一致以及教师个性与行为的整体育人效应统一。其基本要求如下:

---

① 黎茂昌,潘景丽.新课程小学英语教学理论与实践[M].成都:四川大学出版社,2011:124.

(1) 着装整洁,端庄;

(2) 目光亲切,表情轻松,态度和蔼;

(3) 举止文雅,精神饱满;

(4) 面向全班学生,与学生视线交流的时间不低于60%;

(5) 善于用不同的眼光表情达意;

(6) 根据教学需要,表现出发自内心的情感;

(7) 身姿、手势、一举一动都要表达出对学生的喜爱、关心、信任和期待;

(8) 位移幅度和频率适中,并根据教学内容与演示、讲解、板书等活动协调;

(9) 各种动作从容、敏捷、准确;

(10) 没有不必要的动作,遇乱不急,受挫不躁。

3. 教师良好教态的基本构成

(1) 服装:整洁大方、朴素端庄,女教师忌穿超短裙、低领衫;男教师忌穿背心、短裤、拖鞋。教师不宜有过多的装饰物,也忌讳油头粉面。因为过多的装饰物会影响学生的注意力,不得体的装扮在课堂中显得与教师的身份很不相称。

(2) 身姿:教师的身姿包括了教师的站立、行走以及在教学过程中位置的移动。从教师踏上讲台的第一步,学生的目光集中在教师的身上,教师的举手投足对学生产生影响,这足可见教师的身姿得体的重要性。教师的身体移动的基本要求是自然、大方、协调。走进教室上讲台时,胸部挺直,头部平正,端庄大方,温文尔雅,精神饱满,欢快而严肃,可亲又可敬。无形的威风才能压得住课堂阵脚;站稳、挺直,手不乱摸,腿不乱抖,双手不撑讲台,也不插在裤兜里;在组织教学的过程中,讲解、演示、板书、操作教学辅助设备以及在组织课堂教学活动的位置移动,都与教学效果形成了密切的联系。

(3) 面部表情:面带微笑,态度和蔼,这种微笑应是自然的笑,真诚的微笑。不宜咧嘴大笑以及嘻嘻哈哈和断断续续的嘿嘿笑。坦诚自然的笑对班级的学生产生积极的作用,而做作的笑达不到与学生沟通的目的。在教学中,教师不要把自己的情绪带入课堂,不要面无表情或眉头紧锁;避免一些不必要的面部表情,例如,对学生瞪眼睛,或是咬住下唇。喜怒哀乐不宜表露太过,课堂上不能对学生有冷面孔、恶面孔、淡面孔。在教学和面部的表情相关的单词时,教师可以直接用面部表情辅助教学。

(4) 目光交流:教师亲切的目光、热情的目光、关注的目光会带给学生热情与激情,激发学生学习兴趣。课堂上要尽量保持与全体学生视线交流,不要过多注视班级中的某部分学生,要让所有的学生感觉自己在参与课堂的活动。目光交流可以传达丰富的信息:检查全班的学生是否在认真听讲,在教学过程中用眼神表示肯定、否定。用期待的眼神提问学生;用鼓励的眼神来带动学生大胆地发言,不怕犯错;用关切的眼神关注学习中困难的学生。要做到肯定中有期待,否定中有鼓励,让学生在与教师的目光接触中真切地体会到学习的每一个环节。当然还要注意,在与学生的目光交流过程中,不要眼神移动过快,"扫射班级",这样并不能和学生很好地交流。

(5) 手势、动作:手势是一种无声的语言,同时也是一种直观的教学手段,它主要靠小臂和手的活动来完成。在组织教学、教学演示、讲解的过程中加上手势,能够帮助学生更好地理解教学内容,取得良好的效果。教师的基本手势通常包括垂放、背手、持物、鼓掌、夸奖等。但是手势不能太随意,例如,不停地挠头、挖鼻孔、敲桌子、转动笔等很容易分散注意力,影响教学效果。手势的变化不能过碎过多,应该自然适度。

良好教态的养成不是一朝一夕就能练就的,除了教态基本知识的积累,更重要的是要进行实际的操练。每一位新教师必须要经过训练,不断地克服焦虑、紧张、害羞、毛躁等问题,逐步塑造自己自然大方的形象。

(二) 恰当的纠错

纠正错误是指教师在英语教学过程中,对学生在听、说、读、写方面出现的各种错误,如语音、拼写、词汇、句型、语法以及不符合西方文化习俗的错误等,给予指导和帮助。但是,教师对待错误的方式很多,方法不当可能会起到相反的作用。在课堂教学中纠正学生错误时,我们需把握好两个问题:一是什么样的错误要纠正;二是如果需要纠正,在什么时间以什么样的方式纠正[①]。

1. 纠错的内容

课堂类型不同,纠错内容也应有别。一般情况下我们应该纠正的错误包括:① 属于教学重点的错误:如果一个语言错误是本堂课训练的重点项目,那这个错误就应加以纠正。如交际课堂上的功能表达错误。② 影响理解的错误:语言是为意思表达服务的,如果影响意思表达,即使最普通的错误也要改正。如:two past three 与 two to three 表达的时间概念不同,I like cats. 与 I like carts. 只一个字母之差,意思却差别很大。可见,有时只是简单的拼写错误,就可引起意思的变化,因此这种错误也不容忽视。③ 学生频繁出现的错误。

2. 纠错的方式

对于纠错而言,我们首先要判断错误的类别,是语法错误、发音错误还是其他错误;然后确定是否要纠正错误;第三步是决定何时纠错,是马上进行,还是等活动完以后进行;第四步是决定谁来纠错,是教师还是学生自己;最后选择适当

---

① 黎茂昌,潘景丽.新课程小学英语教学论与实践[M].成都:四川大学出版社,2011:148.

的纠错方式。下面介绍几种常用的纠错方法:

(1) 直接告知。如果学生发生了错误,教师可以直接向他指出错误,然后请他重说一遍,待他们回答正确后,千万别忘了表扬和鼓励,以增强他们学习英语的信心。

(2) 学生重复。教师发现学生说错时,可以要求学生重复一遍。例如,婉转耐心地对学生说:"Would you repeat it again?"或"Please say it again, OK?"这样,既可以暗示学生"你的句子有问题",又能让学生很乐意改正错误。

(3) 教师重复。如果教师说"Would you repeat it again?"或"Please say it again, OK?"还不足以引起学生对错误的注意,此时教师应该重复学生说错的话语并在出错的地方改变声调以凸显错误。

(4) 采用提问方式。教师发现错误时,可以提问说错的学生,也可以提问其他学生。这样,既可以让说错的学生改正错误,又可以让更多的学生避免产生同样的错误。

(5) 运用体态语。教师利用体态语来暗示学生错误,比较含蓄,学生也容易接受。教师在用表情或手势暗示学生错误时一定要适度,如双手一摊、面带笑容地耸耸肩膀以示学生出现了错误。

(6) 学生互纠。如果教师指出某一学生的错误后,学生仍然不能自己改正错误,教师可以试探性地询问其他学生:"Who can help him/her? Who wants to try again?"这样既激发全班学生积极参与、主动思考,又不会伤害这个学生的自尊心。

(7) 教师纠错。在学习新的教学内容后,教师常常要求学生进行操练。这时,教师应该密切关注学生在操练中产生的错误,并在活动结束后立即纠正。在操练过程中,如果我们发现大多数学生存在同样的错误,则应立即停止操练,经师生重新讨论后,再组织操练直到熟练掌握。

(8) 书面作业纠错。在批改书面作业时,如果每个错误都由教师直接纠正,必然使学生感到丧失信心。最好的方法是,除了特别需要给出正确答案的地方以外,可以由教师在错误部分划线或打问号,让学生知道这些地方错了,由他们自己改正过来。

3. 纠错应注意的几个问题

首先,教师在纠错时要关注学生的情感。注重学生的个性与特点,重在鼓励,防止学生产生过分的焦虑和挫折感,更不能讽刺挖苦学生,伤害学生的自尊心、自信心和积极性。

其次,纠错应分门别类,区别对待,做到失误不纠,错误要纠,应当纠则纠,不当纠则放。

再次，教师在纠错时，不要过多使用同一种纠正策略。在选择纠错方式时，应综合考虑教学效果、学习者的语言水平、性格特征、情感因素等，做到多种纠错策略灵活运用。

最后，教师要不断总结经验，收集学生的常见错误，对学生的错误做到心中有数，最好能够预见学生所犯的错误，从而在教学过程中把握重点和突破难点，争取教学的主动权。

错误是语言学习的一部分，无论是母语还是外语学习，总是会出现错误。儿童母语习得过程中充满了很多不成熟的、错误的甚至荒谬的表达方式，然而这些错误不会一直持续到其成年的语言表达中。随着儿童外语水平的提高，他们会忘记那些不成熟的表达方式，而选择能够为人接受的表达方式。因此，外语教学中教师也不应遇错必纠。

此外，小学英语课堂中还应注意以下几个常见问题：①

第一，不能过分利用物质刺激激发学生的学习兴趣。

《标准》中明确指出："教师要激发学生学习英语的兴趣"。利用物质刺激激发学生兴趣也不失为一种手段，但是，如果激励手段仅局限于这节课奖橘子，下堂课奖气球，再下次奖橡皮等，学生在英语课上的目标就变成为得奖品而学。其实，对于初学英语的小学生，其分析能力还比较薄弱，教师过频的奖物方法容易使学生养成追求物质的不健康心理。而且，借班上课的教师以物激趣的方法，还会给原任老师带来诸多不利。

对策：真正理解"激发和培养学生学习英语的兴趣"的内涵，应以琢磨教法为主，使学生体会和享受精神上学英语所带来的快乐，发自内心的成功与快乐。"兴趣是最好的老师"。作为小学生的启蒙英语老师，我们有责任有义务培养学生的兴趣，这个兴趣应该是具有持久性的、积极向上特点的。而物质刺激所产生的兴趣只是短暂的、比较低级的。因此，老师应该从小学生的生理和心理特点出发，精心设计教法，把英语课与活动课相融合，让学生在活动中快快乐乐学英语。同时，教师可根据小学生好胜心强的特点，开展适当的竞争性游戏，通过小组竞赛的形式，采取加减分数、抢得红五星等多种方法，使学生在竞争活动中获得成功所带来的满足感、成就感。

第二，不要过于追求英语课堂华丽的表象，忽视了英语课堂的本质——让学生得到发展。丰富多彩的活动只是围绕着教材转。的确，如今的很多小学英语课堂，尤其是公开课，很是丰富多彩，花样儿特多，多媒体也不再是"皇家"的特

---

① 魏芬芬.浅谈小学英语课堂教学需要注意的几个问题[EB/OL]. http://www.lwlm.com/qitayingyu/200912/331905.html.

权,频频搬进课堂,显示了教师一定的设计水平和教学水平。但是,一堂课后,听者总觉得是不是哪里不太对?教师费尽心机,设计如此多的活动是否值得?一堂同样适用于一年级小朋友的英语课设计是否对教材定位合理?

对策:活动固然重要,但不要被教材所束缚,让学生只是做些变形不离本的游戏。教师可否变通一下教材,把教材定位得稍高些。有专家这样表示:"教师要求学生10分,学生可能掌握7分;教师要求学生掌握7分,学生可能掌握5分"。我们的学生具有无穷的潜力,教师的责任就是要开发学生的潜能,让学生得到尽可能大的发展。《标准》中指出:"用教材教学生,而不是教教材"。这就给我们教师提出了正确把握教材的要求,教师不能被困在教材这个牢笼里,而应适当拓宽。新的《英语课程标准》整体设计分级目标,这样就给教师们提供了选择教材、驾驭教材的机遇,我们就要抓住这份机遇。

第三,重交流,不要让对答如流的英语对话一直处于无信息传递的假交际上。英语课上,教师指着手上的书问:"What's this?"学生齐声回答:"It's a book."教师表示赞许之后,又指着远处的门问:"What's that?"小手争先恐后地举起来了。这是复习环节的一个片段。这样的现象在小学英语课堂上已不足为奇。两组对话有个明显的共同点,没有信息差,明知故问,属于假交际,对学生大脑的刺激不但起不了什么作用,反而会限制思维的发展。

对策:《标准》要求教师要让学生在学习过程中逐步发展自身的语言运用能力,培养其创新精神。换句话说,教师要让学生学会思维。会思维才会发展得更快更好。意大利著名导演——罗思特·马西里尼曾说过一句话:"再没有比思考更快乐的事"。也就是说,我们要让学生在英语课中感到快乐,让他们感觉到思考的快乐,那么,这种快乐将会深层而持久。学生在思考中同时还能感受到自我的价值"我学会思考了,我学会学习了"。

无论是什么内容,教师都要记得,给学生制造一定的信息差。那样操练的对话才会更真实、更有意义。例如,教学"What's this?"和"How many ... ?"句型,教师在发问时就可让学生快速浏览一遍内容,让学生以"火眼金睛"或"猜一猜"的形式给出不同答案,这样,学生的思维才会不断闪现跳动的火花,学生才会得以一定程度的发展。

第四,要面向全体,不管是多是少,有学生举手就好——不注重学生的参与面和参与实效性。小学英语课程开设的校际的条件有所差异,主要表现为班额的大小。小班化英语教学被先进的有能力的学校所看好。但对大多数学校来说,大班额是一个比较现实的特点。而一个专职的小学英语教师要负责的一个班有近五、六十个学生,甚至更多。在英语课堂上,一方面教师感到力不从心;另一方面两极分化现象明显。对此,教师采取的态度是,不管是多是少、是坏是好,有学生举手就是好。这种不积极的态度将导致两极分化更加明显,这样就有悖于《标准》所提出的要求。

对策:《标准》提出教师要具备的第一个基本理念是:面向全体学生,注重素质教育。课程特别强调要关注每个学生的情感,让每个学生得到发展。作为教师,一定要转变教学观念,关心爱护所教的每个学生,尤其关注后进生,不管是什么类型的课,教师应让每个学生得到均等的机会,让他们不断地发展。

第五,对学生的评价语言应具有针对性和客观性。新课程强调教师应关注学生在学习活动中所表现出的情感和态度,帮助他们认识自我、建立自信。教师们都能在平时的教学中有所体现,但存在的一个共性问题是教师评价语言的泛化,没有一定的针对性,评价语言极其单一。只要学生答对了,老师就让全班鼓掌或齐声说"Great!"对发言的学生进行鼓励;对于一个问题,几个学生做出了不同的回答,教师分别用"Good! /OK! /Great! /Yes."做出简单的评价,而不是引导学生分析谁的答案更好些,好在哪;学生对一个词或一个句子简单的模仿所体现出的智慧与精彩在程度上并不十分明显,教师却对学生分别做出了"Yes. /Great! /Good! /Wonderful!"等程度不一的评价,有些过高的评价缺乏客观性和实事求是,长此以往将不利于学生能力的真正提高。

对策:在小学英语教学中,我们评价学生的表现要以鼓励为主,但也要注意教师评价的针对性和客观性,鼓励要有"度"。如果回答正确就是"Yes. /Right",更好就是"Your answer is better.",学生回答得好极了就是"Great!"。评价时可以简要说明表扬学生的原因,如 Your pronunciation is good. /You are very talented. /You won the first prize. /This is the best picture I've ever seen. 使评价更具针对性。丰富的评价语言不仅是教师深厚的语言功底的体现,对学生也是一种积极的激励和正确的导向,更是对学生的情感态度和价值观的提升。但如果学生的回答没有体现出太多思维价值或没有太多创造性的模仿式表现,只要告诉他们发音的对错,并进行必要的纠正就可以了,不须用极为夸张的语言来进行评价,更要避免动辄给全班大多数学生奖励粘贴或小奖品的做法,否则会使积极的鼓励贬值。

第三节 说　　课

一、说课的含义

说课是英语教学中的重要一环,也是衡量一位英语教师对教材的把握、分析及教师本人对上课进程的宏观控制能力的有力手段,能从理论上指导教师贯彻教学大纲,真正做到教与学相结合,将教材、大纲、教师、学生、课堂融为一个有机整体,对不断提高教师教学能力和教研能力有着突出的作用。

说课就是授课教师在精心备课的基础上,在规定的时间(15分钟左右)内,根据新课标的要求,依据教育科学理论和教材,围绕某一课题,向同行或专家系统地阐述个人对教材的理解、对学情的分析、对教法和学法的构想以及对教学过程的总体设计。然后由听者评说,以达到相互交流、共同提高的一种教研和师资培训的活动形式。

说课不等于备课。主要有两点原因,第一,说课是属于教研活动,要比备课研究问题更深入;而备课是教学任务如何完成的方法步骤,是知识结构如何转化为学生认知结构的实施方案,属于教学活动。第二,说课是帮助教师认识备课规律,提高备课能力;而备课是面向学生为目的,它促使教师搞好教学设计,优化教学过程,提高课堂效率。

说课不等于上课。第一,上课主要解决教什么,怎么教的问题;说课则不仅解决教什么,怎么教的问题,而且还要说出"为什么这样教"的问题。第二,说课与上课的对象不同。上课是课堂上教师与学生间的双边教学活动;说课是课堂外教师同行间的教研活动。第三,上课的评价标准虽也看重教师的课堂教学方案的实施能力,但更着重课堂教学的效果,着重学生实际接受新知、发展智力的情况;说课重在评价教师掌握教材、设计教学方案、应用教学理论以及展示教学基本功等方面。

二、说课的基本原则

(一)科学性原则

科学性原则对说课的基本要求主要体现在以下几个方面:

第一,教材分析正确、透彻。说课中,教师不仅要从微观上弄清弄懂各知识点的内涵和外延,做到准确无误,更重要的是要从宏观上正确把握本节课教材内容在本学科、本年段的地位、作用以及本课内容的知识结构体系,深刻理解各知识点之间的关系。

第二,学情分析客观、准确,符合实际。说课中教师要从学生学习本课的原有基础和现有困难两个方面分层次、客观、准确地分析学情,为采取相应的教学对策提供可靠的依据。

第三,教学目的的确定符合大纲要求、教材内容和学生实际。教学目的包括本节课的总目标与具体的基础知识目标、发展智力目标和思想教育目标,其确定都要与教材分析和学情分析保持高度的一致性,必须要有切实可行的落实途径。

第四,教法设计紧扣教学目的,符合课型特点和学科特点,有利于发展学生智力,可行性强。说课中,教师既要说清本节课的总体构想以及依据,又要说清具体的教学设计尤其是关于重点、难点知识的教法设计的构想及其依据,使教法设计思路清晰、具有较强的可操作性。

(二) 理论联系实际原则

说课是说者向听者展示其对某节课教学设想的一种方式,是教学与研究相结合的一种活动。因此在说课活动中,说课人不仅要说清其教学构想,还要说清其构想的理论与实际两个方面的依据,将教育教学理论与课堂教学实践有机地结合起来,做到理论与实践的高度统一。

1. 说课要有理论指导

在说课中对教材的分析应以学科基础理论为指导,对学情的分析一概以教育学、心理学理论为指导,对教法的设计应以教学论和学科教学法为指导,力求所说内容言之有理、言之有据。

2. 教法设计应上升到理论高度

教师在教学实践中,往往注意到对教法本身的探索、积累与运用,而忽略了将其总结上升到理论高度并使之系统化、规律化,因而淡化、浅化了教学实践的功能。说课中,教师应尽量把自己的每一个教法设计上升到教育教学理论高度并接受其检验。

3. 理论与实际要有机统一

在说课中,既要避免空谈理论,脱离实际,"放之四海而皆准";又要避免只谈做法不谈依据;还要避免为增加理论色彩而张冠李戴,理论与实际不一致不吻合的现象。要做到理论切合实际,实践是在理论指导下的实践,理论与实践高度统一。

(三) 实效性原则

任何活动的开展都有其鲜明的目的。说课活动也不例外。说课的目的就是要通过"说课"这一简易、速成的形式或手段在短时间内集思广益,检验和提高教师的教学能力、教研能力,进而优化课堂教学过程,提高课堂教学效率。因此,"实效性"就成了说课活动的核心。为保证每一次说课活动都能达到预期目的、收到可观实效,至少要做到以下几点:

1. 目的明确

大体上,说课可用于检查、研究、评价、示范等几种目的。一般来说,检查性说课主要用于领导检查教师的备课情况;研究性说课主要用于同行之间切磋教法;评价性说课主要用于教学评比、竞赛活动;示范性说课则是为了给教师树立说课的样板,供其学习、参考。在开展说课活动前,首先要明确目的,也就是将要开展的是哪一类型的说课活动,以便做好相应的准备工作。

2. 准备充分

说课前说课人要围绕本次说课活动的目的进行系统的准备,认真钻研大纲和教材,分析学情,做到有的放矢。说课人还要写出条理清楚、有理有据、重点突出、言简意赅的说课稿。

3. 评说准确

评说要科学准确,指导性强。说课人说完之后,参加评说的人员要积极发言,抓住教学理论上的重大问题和教学中带有倾向性、普遍性、规律性的问题进行重点评说。主持人还应该将已达成的共识和仍存在分歧的问题分别予以归纳总结,以便在教学中贯彻执行或今后继续进行研究。

(四)创新性原则

说课是深层次的教研活动,是教师将教学构想转化为教学活动之前的一种课前预演,其本身也是集体备课。在说课活动中,说课人一方面要立足自己的教学特长、教学风格;另一方面更要借助同行、专家参与评说、众人共同研究的良好机会,树立创新的意识和勇气,大胆假设,小心求证,探索出新的教学思路和方法,从而不断提高自己的业务水平,进而提升教学质量。只有在说课中不断发现新问题、解决新问题,才能使说课活动永远"新鲜"、充满生机和活力。

三、说课的基本程序

说课的基本程序见表3-2。

表 3-2　说课的基本程序

说课项目	具体内容	注意问题
说教材	(1) 说明教材的版本、年级、课题。 (2) 科学分析教材特点。 (3) 谈谈对教材的独特见解。	(1) 说教材不是重点,要简略。 (2) 说教材不必重复教参,要讲自己的独见、创见。
析学生	(1) 谈谈学生的知识水平与能力结构,明确说课内容的难易程度。 (2) 分析学生的心理基础及可能出现的疑难问题。	学生是主体,说课必须了解学生基础和心理特点。
说教学目标和重难点	(1) 说教学目标的内容(说明知识目标、能力目标、情感态度目标等)。 (2) 说重难点。 (3) 说教学目标、重难点确定的依据。	(1) 教学目标要体现全面发展,注重对创新精神、实践能力的培养。 (2) 教学目标要有可操作性。 (3) 重难点要有针对性。
说教法	谈谈本节课要利用的教学手段、方法、教具及其使用原因和作用。	说明采用的教学手段、方法以及教具的目的及可能达到的教学效果。
说学法	谈谈学习方法的运用以及将要实现的目标。	说清楚运用的学法对学生的学习有什么好处。
说教学程序	(1) 展开具体的教学步骤,并说明每个教学步骤的设计目的。 (2) 说出本节课的特点以及精彩的教学环节设计。 (3) 说清辅助手段使用的原因和作用。 (4) 说明教学目标是如何在课堂教学中实现的,以及怎样突出重点、克服难点等。	(1) 这是说课的重点,要详说。 (2) 教学内容的重难点要详说,并且要抓住课堂教学特点,同时用辅助手段展示有特色的设计。 (3) 不仅要说教的活动,更要说学的活动,特别是培养学生创新思维、创造能力的活动。
说板书设计	谈谈板书设计的依据,力求体现板书设计的程序性、概括性和艺术性。	强调如何从板书中看出本课的教学重难点,突出布局的科学性。
说教学反思	(1) 教学预设中的成功之处。 (2) 教学预设中尚存在的不足或难以把握之处。	

(赵景瑞,2000 有改动)

四、说课的艺术

说课是一门艺术,不仅要求内容有深度、有特色、有创新,对说课者本身的素质也有较高的要求。一般说来,说课应做好以下几个方面:

1. 说课要突出一个"新"字

创新是艺术的生命,只有创新才能突出说课的艺术。"新"是说课成功的关键。"新"的要求很高,具体有如下几点:

方法新——凭自己对说课内容的理解选用新颖的方式进行阐释。

练习新——要激发学生的兴趣、启发学生的智慧。

手段新——运用多媒体突出重点,图文并茂。

设计新——导入新课、展开新课、巩固新课、结束新课等几个环节,要环环紧扣,具有新意。

引入新,结束新——从引入到结束都要吸引听者,能引起共鸣。

2. 说课要体现一个"美"字

美是艺术的核心,说课要跟讲课一样处处体现美,给人以美的享受。

内容美——教师要善于从教材里感受美、提炼美、揭示美。

语言美——教师说课要脱稿,要用恰当的语气、语调、语速和语感自如地表达。

情感美——教师的情感要与说课内容的情感相融、要与听课者进行情感交流,要体现对学生的情感。

板书美——板书是教师备课中构思的艺术结晶,要具备工整性、概括性、条理性和艺术性。

教态美——教态是沟通师生情感的桥梁,教师应做到仪表端庄、教态自然。

3. 说课要强调一个"说"字

说课要用一节课的四分之一至三分之一的时间说出一节教学环节齐全的课,经历一节完整课堂的各个环节。对常规课型来说,要经过导入新课—开展新课—巩固新课—结束新课等过程。对反馈教学来说,要经过激趣—研讨—反馈—矫正—评价—调控等过程。因此,说课者要根据课型抓住这节课的基本环节去"说",说思路、说教法、说学法、说过程、说结构、说内容、说训练、说学生。

4. 说课要把课说"活"

说课的重点应放在实施教学过程、完成教学任务、反馈教学信息、提高教学效率上。换言之,说课重理性和思维,讲课重感性和实践。因此,在极有限的时间内完成说课,必须详略得当、繁简适宜,准确把握"说"度。说得太详太繁,时间不允许,听众觉得没必要;说得过略过简,说不出基本内容,听众无法接受。

那么,如何把握好"说"度呢?最主要的一点是因材制宜,灵活选择把课说"活"。说出该课的特点特色,把课说得有条有理、有理有法、有法有效,生动有趣。这要求教师认真钻研"说"的教材,精心设计"说"课教案,灵活选择"说"课方法,准确实施"说"课教程。

五、说课的评价

说课评价是指听课者参照一定的标准,对说课者在说课活动中完成说课任务的情况和效果以及与此相关的说课者的说课水平做出科学的判定。说课评价可根据说课的内容、要求与一般特点,确定说课评价的项目及标准。

表 3-3 说课评价表

说课者		内容		组别	
时间		地点		评价者	
评价指标	评价标准			权重	实得分
教材 20	教材分析正确、透彻,说出知识的前后联系、教材所处地位及教材理解。			6	
	教学目标全面、明确,符合大纲要求,符合学生实际。			5	
	教学重点、难点确定准确。			5	
	联系课标、教材正确说明确定教学目标、重点、难点的依据。			4	
教法 8	选择恰当、灵活、有启发性的教学方法。			4	
	合理运用多种教学媒体。			4	
学法 10	合适的学习方法,培养和发展学生能力。			6	
	根据学生的年龄特点和认知规律,有针对性地说出理论依据。			4	
教学程序 52	导入新课自然。		有相关的理论依据	7	
	教学结构合理,目标明确,层次清楚。			3	
	准确把握教材的深度和广度,难易适当。			3	
	突出重点、抓住关键、突破难点。			6	
	教法运用恰当灵活,启发、诱导恰当。			6	
	体现指导学生自主探究。			3	
	体现学法、电化教学手段运用恰当。			5	
	直观教学、电化教学手段运用恰当。			5	
	体现面向全体学生,鼓励学生学习的积极性。			3	
	体现学科思想的渗透。			2	
	练习设计与目标匹配,分量适当。			3	
	各环节安排正确、完整、恰当、具体。			6	

续 表

评价 指标	评价标准	权重	实得分
教师 基本功 10	说普通话,语言规范、准确、精练。	4	
	板书字体工整,布局合理,重点突出。	4	
	说课姿态自然、大方。	2	
评价 意见		总分	

教学案例 3-7

小学英语三年级说课稿(新标准)[①]

一、教材分析

今天我说课的内容是外研社小学英语新标准三年级起始第一册 Module 6 School,Unit 2 What's this? 我采用多样化的教学手段将听、说、玩、唱融于一体,激发学生学习英语的兴趣和愿望,使学生通过合作学习体验荣誉感和成就感,从而树立自信心,发展自主学习的能力,培养初步用英语进行简单日常交际的能力。

二、学情分析

三年级的学生于本期刚接触英语,对学习英语充满了好奇和兴趣,渴望获得更多的英语信息和知识。经过本模块第一单元的学习,学生已经初步掌握了询问物体的句型:What's this? 和 What's that? 学生已掌握的知识和心理状态为本节课的自主探究打下了基础。

三、教学目标

(一)语言知识目标

1. 让学生能听、说、认、读 pen, pencil, book, bag 等单词。
2. 通过学习让学生熟练掌握句型 What's this? 和 What's that?

---

① 资料来源:小学英语外研社英语新标准三年级起始第一册说课稿 Module 6 school 欣瑞教育。
http://www.xredu.com/beikao/jiaoshibianzhi/29222-1.html

（二）学习技能目标

1. 能听懂 Let's do 中的指令并做出相应动作，如 Point to the …

2. 根据图片或在场景下进行简单的英语交流和表达，培养学生灵活运用所学知识进行交流的能力。

（三）情感态度目标

1. 通过学习活动，使学生有兴趣听、说英语，培养学生注意观察、乐于模仿的良好习惯和主动竞争的意识。

2. 让学生在鼓励性评价中树立学习英语的自信心。

3. 通过小组活动培养学生交流合作能力，从而让学生意识到学习英语的重要意义。

4. 充分利用教材所提供的学习资源，实现自由参与与创新，能主动与他人交流，并克服交流中的困难，使交际顺利进行。

四、教学重难点

1. 学习新单词 pen，pencil，book，bag，能正确认读。

2. 巩固已学句型：What's this？和 What's that？并能用 It's a … 做出相应的回答。

五、课前准备

教具准备：课文录音；带单词的物品图片；实物 pen，pencil，book，bag；魔法包；奖品（贴画）。

学具准备：单色物品的图片（学生课前画好）。

六、教学策略

为了突破这堂课的重、难点，根据小学生好奇、好胜、好动、模仿力强、表现欲强烈等生理和心理特点，我主要采取了以下教法和学法：

（一）小组活动学习法

把全班分成四个大组（两行为一组），分别用数量单词命名，并书写在黑板的左边或右边。课堂各项教学活动均以小组活动为主线，结对或全班活动为辅，学生互相交流、探究，共同完成学习任务，在合作中感受学习英语的乐趣及交流的意义，也通过小组成员之间"荣辱与共"的关系而形成同步学习的环境。

（二）情境教学法

给学生不断创设各种真实的场景，促使学生说英语。

（三）课堂评价主要以鼓励性评价为主

课上恰当使用激励性评语和奖励个人贴画、小组奖红旗（画在黑板上）的方法，让学生渴望成功的心理得到满足，这也是激励学生积极投身英语学习的一个最简单而有效的方法，且易于教师操作。

七、教学过程

（一）热身复习，营造学习英语的气氛

1. 歌曲导入，激发学生学习的兴趣。教育家托尔斯泰说过："成功的教学所必需的不是强制，而是激发学生的兴趣。"激发学生参与学习的兴趣，是新课导入的关键。精彩的课堂开头，不仅能使学生迅速地兴奋起来，而且还会使学生把学习当成一种自我需要，自然地进入学习新知的情景。因此，在热身的时候，首先让学生演唱歌曲"Please stand up"，并做相应的动作，这样的导入能很快吸引住学生，还渲染了学生学习英语的良好气氛。同时，歌曲中的物品也可勾起学生们对已学物品单词的回忆，对复习句型 What's this? 和 What's that? 做好铺垫。

2. 复习旧知，培养自信。教师出示 Tom 的图片，谈话间向孩子们引出本节课的新朋友："He's Tom."，并让学生热情地和他打招呼。告诉学生们他是 Amy 的弟弟，今年才三岁。小 Tom 有些物品不认识，由于刚和大家见面，有些害羞，要老师代问，让孩子们帮帮他。孩子们对帮助他人都比较热心，反应都很积极。于是老师拿着 Tom 的图片，在教室里四处走动，随意拿起一件物品或指向一件物品，向学生提问：What's this? 或 What's that? 让学生做出相应的回答。适时还可用 What colour is it? 进行询问，借以复习表示颜色的单词。大力夸奖乐于助人的学生。这样不仅复习了旧知识，渲染了学习英语的良好气氛，而且渗透了思想品德教育。

（二）会话导入新知，促进语言实际运用能力的提高

学生在一个平等尊重的氛围中，他们的思维是放松的，敢于说、敢于参与教学。教师要真心诚意地把学生当成学习的主人，努力提高"导"的艺术，从而在教学中恰到好处地去启发、点拨，尽可能地给学生多一点思考的时间，多一点活动的余地，多一点表现自己的机会，这样才能使课堂氛围充满活力。因此，这个环节我是这样设计的：

1. 教师拿着 Tom 的图片继续指向教室里的物品，向学生提问。课前教师在离讲台较近的墙壁两侧和较远的后墙两边分别贴上 pen, pencil 和 book, bag 的图片，分别使用 What's this? 和 What's that? 向学生提问，学生可用中文来回答。教师引导用"It's a ..."来回答，自然引出新单词，进行单词教学。

2. 游戏——变一变。老师先出示"魔法包"，把实物 pen, pencil, book, bag 一件件地特意让学生看到后，再把它们放进"魔法包"中，然后让一名学生上台，从"魔法包"中握住一件物品，让其余学生猜是什么。若猜对了就把物品拿出来，并让另一名学生上台找出相应的单词卡片，全班进行单词练读。学生们对"魔法包"充满了好奇，而所学的单词又是孩子们非常熟悉的文具物品，从而学习起来非常顺畅，能起到很好的巩固作用。通过齐读、指名读、开火车读、看口形猜单词

等多种形式的操练,孩子们能十分轻松地掌握单词的认读。对读得对、读得好的个人和小组要给以及时的鼓励,调动学习的兴趣和积极性。

(三) 呈现新知,合作互动

在小学英语课堂中使学生保持一种积极的紧张感,能够激发他们学习的外部动机,引发他们一系列的自主活动,促进外部动机向内部动机的转化。

1. 游戏——say and point。请四位学生上来,分别站在四个不同的方位,手里分别拿着实物 pen, pencil, book, bag,再请一名学生发出指令:Point to the... 其余学生做出相应的动作,以达到对新单词的熟练掌握。这个活动完全由学生来操作,既锻炼了学生的胆量和能力,又激发了学生学习的兴趣。

2. 演一演。这个部分由学生导学。指派一位学生扮演 Tom,在教室随意走动,指向任一物品,用 What's this? 和 What's that? 进行询问,其余学生扮演 Amy 作答,以答到操练句型的目的。为了激发学生学习的积极性和主动性,可多抽几名学生扮演 Tom 练习。这个环节主要是操练学生能正确使用 What's this? 和 What's that? 来提问。对能正确使用 this 和 that 来询问的学生要加以大力表扬和奖励。

3. 小组活动:ask and answer。以学习小组(四人)为单位,摆出 pen, pencil, book, bag 等文具,可故意将其中的一件放远一些。然后指派一人分别用 What's this? 和 What's that? 进行询问,其他学生作答。依次轮流进行,借以达到熟练掌握句型的目的。若组内成员不懂,其他成员帮助,团结一心,完成任务。教师巡视指导。

4. 学习课文 What's this?

(1) 学生打开书,结合课文插图,听课文录音,理解文意。

(2) 再听录音,学生逐句模仿读。教师适时正音。

(3) 趣味操练——多种形式赛读:男女生分角色读;指名分角色读;小组赛读。优胜者分别奖个人贴画、奖小组小红旗。各种方式的赛读,从多方面激发学生学习英语的兴趣,培养自信心,让他们感受到成功的快乐。

(四) 巩固新知,拓展练习

1. 完成运用任务(1):赛一赛——将SB 24页的Activity 3设计为一个抢答赛。教师出示单色物品,用 What's this? 询问,学生抢答。在这个环节,教师要注意引导学生加上颜色作答。不仅巩固了新知,也复习了旧知。这个练习有一定的难度,教师要多加诱导,多给孩子思考的余地。通过努力,相信孩子们一定能完成得很好。对答对的要大加赞扬和奖励,可以说:你真了不起! 能说那么长的英语句子了! 太棒了!

2. 完成运用任务(2):将SB 25页的Activity 5设计为小组活动——show

and ask。学生展示出课前画好的单色物品图片,在小组内互相用 What's this? 和 What's that? 来进行问答。提醒学生在问时把图片拿出来,做出合适的动作;在答时尽量加上表示颜色的词,教师巡视指导。

此任务的设计,重视对学生思维能力、观察能力的培养,特别是对学生合作学习能力的培养,让学生们在师生、生生、小组等不同的合作方式中,学会倾听,学会评价,为学生的终身学习奠定基础。

(五)课堂小结和课堂延伸

1. 总结小组的战利品(包括个人的贴画和黑板上小组的小红旗),学生掌声祝贺并鼓励未获胜的小组继续努力,为激发下节课的学习气氛打下基础。

2. 布置课外作业——我来当当小老师。将所学的单词或英语句子教教你的家人或朋友,并将你当小老师的情况在下节英语课上与老师和同学交流。

此环节将课堂延伸至课外,培养了学生的运用能力,让孩子的家人和朋友也来分享学习英语的快乐,从而更加激发孩子学习英语的欲望,真切体验学习英语的成功带来的喜悦,达到学以致用的目的。

八、设计说明

本节课不论是新知的呈现,还是游戏的设计,都是以学生的自主探究学习为中心,充分调动了学生学习英语的积极性,让学生全员积极参与课堂,在玩中学,学中用,提高了课堂实效,培养了学生学习英语的兴趣。通过这种形式的教学,充分让学生参与、体验感悟、游戏巩固,是一定能圆满实现课堂教学任务的。

附:板书设计

Module 6　School
Unit 2　What's this?
What's this?　　What's that?
It's a red pen.　It's a blue bag.
a yellow pencil.　a green book.

教学案例 3-8

PEP Book 4 Unit 5 B　Let's talk①

Ladies and Gentlemen, It's my great pleasure to be here sharing my lesson with you.

---

① 资料来源:百度文库、小学英语 PEP Book4 Unit 5B Let's talk[EB/OL]. http://wenku.baidu.com/view/d77180524693daef5ff73d79.html.

The content of my lesson is *PEP Primary English* Book 4 Unit 5 B *Let's talk*, asking the price and inquiring the clothes size. First, let me talk about the teaching material.

Part 1　Teaching Material:

This lesson is about a shopping topic. By study of this unit, the Ss know how to ask the price in English and how to describe the size and price with simple words and sentences. The sentence patterns of this lesson "What size?" "How much are they?" and "We'll take them." are the key and difficult points of this unit. The study of this lesson will help the Ss with daily communication.

Moreover, this lesson completes the transition of the phrase "a pair of ... " to the sentence pattern "A pair of ... for ... ", and helps the Ss further consolidate the knowledge of words of clothing appearing in plural form.

Therefore, on studying the teaching material and analyzing the regulation of children's growing of mind, I put forward the teaching objectives according to English syllabus and new lesson standard.

1. *Perception objectives*:

a) The Ss can hear, read, and use the main sentence patterns "A pair of ... for ... " "What size?" "How much are they?" "We'll take them."

b) The Ss can understand and read the conversation of the lesson.

2. *Ability objectives*:

a) The Ss can use the sentence pattern of inquiring the price, and further develop their language ability of "shopping";

b) The Ss can use the patterns to express their thoughts in the proper scene.

3. *Emotion objectives*:

a) By completing the task, the Ss increase their interest and set up self-confidence in language study;

b) Teach the Ss what is "love" and " managing money matters", put the moral education in the language study.

Part 2　The key points of this lesson:

First of all, to study and use the sentence patterns "What size?" "How much are they?" "A pair of ... for ... ." "We'll take them." To improve the Ss' abilities in "shopping";

Secondly, teach the Ss how to study independently as well as by cooperation.

Difficult points:

The Ss can use the words and patterns to describe the clothes in the proper scene, and make simple dialogues of shopping.

Well, how to achieve the teaching objectives better, to stress the key points and break through the difficult points? The key is how to make use of the proper teaching methods, I'll talk about my teaching methods below.

Part 3 Teaching Methods:

According to the modern perception theories and social intercourse teaching theories, I adopt the TSA method and TBLT method in my teaching, namely Total Situational Action and Task-based Language Teaching.

The former is a "scene—activity" teaching method. It establishes a real scene and the interaction between *the teacher and the Ss*. It emphasizes a dynamic information exchange between the teacher and the Ss.

The latter offers the Ss an opportunity to complete the tasks in which Ss use language to achieve a specific outcome. The activity reflects real life and learners focus on meaning, they are free to use any language they want.

At the same time, make use of the modern electricity teaching equipments and all kinds of teaching means, it can mobilize the Ss' enthusiasm and creativity in learning English.

Part 4 Studying Methods:

Let Ss study in a relaxed and agreeable atmosphere. Ss understand the new knowledge in certain degree through the mental process of seeing, hearing, saying, observing, imagining, thinking etc. And make preparation for completing the new study task.

After feeling and comprehending the language points, let Ss obtain the knowledge actively by probe study and cooperative study. Thereby, develop the Ss' abilities of studying and working with the learning language independently.

Part 5 Teaching Process:

In order to realize the teaching process systematically, properly and efficiently, under the principle of "regard Ss as the corpus, the teacher inspires for predominance", I divide the teaching process into five steps.

Step 1 *Warm-up.*

Sing a song: The coat in window.

So as to the psychological characteristics of children, singing a song can make Ss feel pleased and satisfied, and can arouse exciting motion. In this step, teacher and the Ss sing in unison and perform the song "The coat in window." Thus, review the sentence pattern "How much is ... ?" And arouse the Ss' performance desire, participation desire, and lead the Ss into a thick English studying atmosphere.

Step 2 *Presentation and practice.*

1. Design: Look for Cinderella.

Broadcast a part of "Cinderella" with the flash, presenting a crystal shoe that Cinderella lose, and establishes a scene of ministers look for the proper size everywhere. Through the role playing, guide the Ss to use the sentence pattern "What size do you wear?" "Size ... ." to make the question and answer. This design is a novelty of my lesson, it leads the Ss into the fairy tales. They acquire the language unconsciously and can do communication freely.

2. Lead to the shopping topic naturally from the unsuited shoes, and demonstrate the sentence pattern "How much are they?"

With a good student to be the assistant, I perform to go shopping, and guide the Ss to make the answer: "They are ... ."

In this course, Ss can understand the main contents of this dialogue and get the key points by scene demonstration.

3. Game: Guess the price.

From buying a pair of shoes for myself to buying a pair for my mom, introduce the sentence pattern "A pair of ... for ... ."

The CAI presents a big cabinet with various shoes, ask the Ss to guess their price, and then display them.

It considers that children can keep their attentions in limited time. The game can avoid the lifelessness and boredom from the pure machine drills. It creates the conditions of a relaxed and natural atmosphere for children's drills. Then achieve the aim of consolidating and deepening the sentence pattern.

4. Present the text.

a) At this time, John and his mom come to the shoe store.

It reappears the relevant conversation by broadcasting the VCD, let Ss know the text contents with a combination of audio and video, words and pictures, which cater to the characteristics of primary period to be curious and pursuing interest and freshness.

b) After the audio-visual commences, play the tape recorder completely again, let the Ss concentrate on listening, then answer my questions according to the dialogue. e. g. : What size does John wear? How much? Whether buy or not, etc.

c) After be familiar with the text, let the Ss try to act out the dialogue.

By this step, it achieved the teaching aim of understanding and talking the dialogue of this lesson.

Step 3   Task time.

Task: Mother's Day.

To master the language capability needs certain amount of practice. So, I still adopt the "Task-based" teaching method, which is defined by strong practicality and exact task, so as to make break-through about the difficult points of this lesson.

In advance, I shall arrange the classroom to some business locations, such as clothes store, shoes store, fruit store etc. I shall divide the class into groups and play roles, and then give the Ss a certain quantity of specie currency, so that they may choose and buy the gifts for Mother's Day.

For this step, I shall instruct the Ss to use the words and patterns learnt in the process of completing certain tasks. Meanwhile, they may have mutual improvement in exchanging information during the communicating activities.

Most Ss can take their parts in the activities, especially for the Ss who have trouble in English study. In the group activities, they can speak a little English with ease. With no doubt, this will encourage them to speak English. In fact, it incarnates a kind of demand of human being. Suchomlinsky says:

"In one's mind, there is always a kind of deeply rooted demand, that is the hope to feel oneself a finder and explorer. In Ss' spirits, such demand is specially strong."

This step also leads to the emotion objective of this lesson, that is to have moral education in this step.

Step 4   Consolidation and extension.

Summarize the whole lesson, and arrange the homework.

1. Do the correlative exercises in the activity book. Check the mastering of knowledge of this lesson.

2. Ask Ss to interview their friends asking the price and size of their clothing and make records of the information.

This content is an extension of the previous lesson, to meet the needs of increasing communicating demand of some Ss.

Step 5　*Blackboard Design*.

Show on the CAI.

Anyway, the teaching of this lesson aims to develop not only the Ss' language technical abilities, but also the diverse intelligence by integrated teaching methods.

第四节　听课和评课

听课和评课是常规教学的重要组成部分，也是教师业务上相互交流、相互学习、共同提高的重要途径。听课教师要科学地分析所听课的水平，并给予正确、客观的评价，这对一个教师业务水平的提高、教学思想的完善、教学特色的形成及良好教学科研氛围的形成都起着重要的作用。

听评课的基本要求一般有：

一是听课前要充分做好准备，充分了解该堂课使用的教材，本节课的教学内容、重点、难点、分化点、大纲和考纲的要求。对该课所用的教学设备、教具等尽可能地熟悉，并做一个大概的课堂设计，以便于听课时观摩和课后交流。

二是听课中要认真观察和记录，并注意找到课堂教学中的闪光点。听课记录要有着重点，着重记录教学设计、教学方法、学法指导、重难点的突破等，避免记成流水账。听课后要认真思考和整理。

三是听评课应以交流和观摩为主要形式，重点放在评价这一堂课中教师的教学水平、教学效果和教学质量上，要求做到公正、客观、准确，不能带有主观色彩和进行"挑刺"式评课。

教师如何评课，可以从以下几方面来考虑：

（1）从教学目标上分析。首先，从教学目标制订来看，要看根据本节课所学的知识和能力培养提出的目标是否明确、具体、符合大纲的要求。其次，从目标达成来看，要看教学目标是否明确地体现在每一教学环节中，教学手段是否都紧密地围绕目标，为实现目标服务。再次，要看制定的教学目标是否符合学生的年龄特点和认知水平。

（2）从教学内容上分析。首先，要分析课堂教学内容的组织和处理是否适当，教师对教材处理和教法的选择上是否突出重点，突破难点，并注意运用已学的知识。其次，要分析教学内容的讲授是否科学、正确、简明。再次，要分析教师讲授中是否充分挖掘教材中的思想教育因素，对学生进行思想品德和爱国主义教育，寓思想教育于英语教学之中。

（3）从教学过程上分析。一看教学过程展开是否始终围绕所确定的教学目标，每一教学环节是否与教学目标和谐统一；活动设计是否紧扣本环节教学目的，体现循序渐进原则。二看是否面向大多数，并针对学生的个别差异因材施教，使不同水平的学生都有所提高。三看是否恰当地处理学生在训练活动中出现的错误或失误，并根据学生的反应适时调控教学进度；能否善于激发学生的情感因素，调动学生的积极性，使课堂气氛和谐、师生关系融洽，并且人人参与。

（4）从教学方法和手段上分析。首先，教学方法的选择和运用是否有利于完成教学目标，是否有利于调动学生积极投入学习活动，是否合理多样。其次，根据教学内容是否合理使用了实物、图片等直观教具，是否采用多种教学媒体及视听手段，为学生创造良好的语言学习环境。再次，从课堂教学的创造性上分析，看教师能否不拘泥于教材和教参，在传授知识和培养能力方面有独到之处。

（5）从教师教学基本功上分析。首先，从语言素质看，能否做到发音标准、语调规范、语言流畅、语法正确，并能用外语组织教学。其次，从教学基本技能看，能否做到教态亲切、自然、热情，语言富有感染力。再次，从应变能力上看，能否驾驭课堂教学，对突发情况能予以迅速、果断地处理。最后，看板书和教具使用的熟练程度。好的板书，设计科学合理，有艺术性，字迹工整美观，板画娴熟。

（6）从教学效果上分析。一看教学目标的实现，整个教学过程能否按照预定的教学计划进行，通过课堂教学活动的提问、练习及课后检测等，反映学生是否达到预定的教学目标，思想教育是否收到了预期的效果。二看学生学习的积极性，在整个教学过程中，学生的学习热情、积极思考问题和回答问题的习惯是否得到提高和锻炼，学习主动性是否得到发挥。

当然，课堂教学评析不一定完全按照以上几个方面逐一分析评价，而要对所听的课理出头绪。先从整体上进行分析，如本节课的基本步骤是否清楚，结构是否合理，学生的课堂反映及教师的课堂应变能力等。其次从整体到具体分析，逐项分析、比较，最后做出评价。有时还要看任课教师的潜在素质及环境等其他要素。此外，课后任课教师也可以自己对上课的情况进行分析，可以结合评课老师的观点，找出自己的优点和不足，作为课后小结，写在教案的后面，为改进教学和提高教学质量明确方向,并为今后教学研究积累资料。

表 3-4　小学英语课堂教学评价表

授课教师:＿＿＿＿＿＿　课题:＿＿＿＿＿＿　班级:＿＿＿＿＿＿

项目	权重	评价要点	分值	得分
教学目标	15	目标明确具体,可操作性强,符合新课程标准。	5	
		符合学生实际水平,有利于学生的发展。	5	
		重视培养学生的道德素养,并渗透进教学内容中。	5	
教学设计	15	教学过程设计合理,符合学生的认知规律。	5	
		教学内容安排适当,层次清楚,过渡自然。	5	
		合理使用教学用具:录音机、单词卡片、自制用具、多媒体等。	5	
教学过程	20	课堂结构严谨,逻辑性强,教学过程流畅。	5	
		发挥教师主导作用,突出学生的主体地位,教与学活动比例合理。	5	
		师、生交流亲切自然,学习气氛平等、民主、和谐。	5	
		学生兴趣浓厚,思维活跃,积极参加教学活动。	5	
教学策略与方法	20	围绕目标联系生活实际创设学生感兴趣的话题,创建灵活的、有助于学生学习的情境,营造民主、平等、互动、开放的学习氛围,激发学生学习兴趣。	6	
		根据教学实际选用恰当教法,为学生学习提供合理的学习资源。	8	
		善于引导学生主动学习、合作学习,特别是小组间的合作学习。	6	
教师素质	10	教态自然、亲切、大方,有感染力。	5	
		发音规范、标准,有激情,富有感染力,板书工整、规范,教学基本功扎实。	5	
教学效果	20	完成教学目标的要求,有一定的教学特色。	8	
		学生积极性高,课堂的参与面广泛。	6	
		学生在情感、态度、价值观等方面得到相应的发展。	6	
总分				
评课人			时间	

本章小结

备课、上课、说课、听课和评课是小学英语教师开展教学和研究的必要环节。备课是实施课堂教学必要的准备工作,是保证教学质量的关键所在。上课是小学英语教学的中心环节,上好一节课,必须要了解小学英语课的类型、教学模式、教学方法和手段以及一节好课的基本要求。说课与上课是截然不同的,它强调说理性,围绕上课的内容向同行或专家系统阐述个人对教材的理解、对学情的分析、对教法和学法的构想以及对教学过程的总体设计。听课和评课是教师业务上相互交流、相互学习、共同提高的重要途径。

课后思考题

1. 设计一个教案要考虑哪些因素?运用PPP教学模式或任务型教学模式设计一节课的教案。
2. 根据自己编写的教案谈谈如何上好这节课。
3. 说课与上课有什么区别?根据以上设计的教案编写一份说课稿。
4. 教师应注意课后的自我评价与分析,如何根据自己的上课情况进行自我评价?

第四章　小学英语课堂教学技能与运用

章首语

课程改革是时代发展的必然,能否实施新课程与教师的素质密切相关,在诸多素质要素中,课堂教学技能的突出位置毋庸置疑,高效课堂需要教师有高超的教学技能。教学技能是教师在教学活动中运用教与学的有关知识和经验,为促进学生的学习、实现学习目标而采取的教学行为方式,它是教师所掌握的教学理论转向教学实践的中介环节,对于教师提高教学质量、完成教学任务、增强教学能力具有十分重要的意义。通过本章的学习,希望学习者能够掌握小学英语课堂教学的导入技能、讲解技能、提问技能、操练技能和结束技能。

知识点思维导图

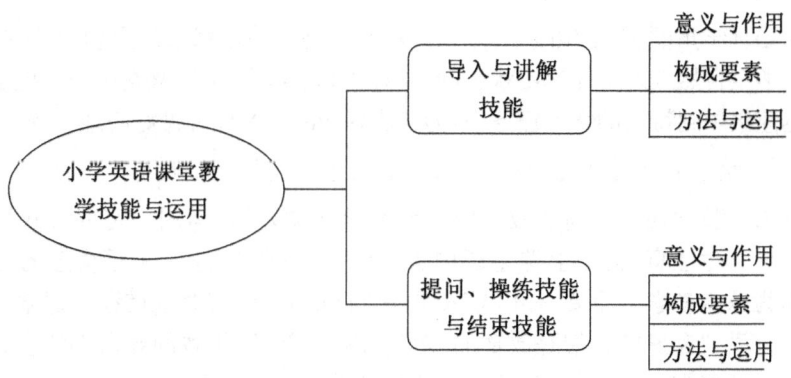

第一节 导入技能(Lead-in)

一、导入技能

导入是教师在新的课题或活动开始时,引导学生进入学习状态的方式。正确而巧妙地导入可以激发学生的学习兴趣和求知欲,将学生的注意力吸引到特定的教学任务和教学程序之中,所以又称为定向导入。①

二、导入技能的作用

1. 激发学生学习兴趣,树立正确的学习动机

兴趣是个体积极探究某些事物或进行某些活动的倾向。兴趣是入门的向导,能促使动机的产生,学生学习有兴趣,就能精力集中,积极思考。因此,教师在上课一开始就要循循善诱,唤醒学生的求知欲望,使他们意识到自己的学习活动所要达到的目标和意义,激发内部学习动机。

2. 引导学生进入学习情境,引起对所学内容的关注

从心理学角度讲,学生刚上课时心里处于紧张、消极状态。生动、新颖的导入可以使学生自然进入最佳学习状态,形成对新的学习内容的"兴奋中心",把学生注意力迅速集中到特定的学习任务中,为完成好新的学习任务做好心理上的准备。

3. 为整个教学过程定下基调,为课堂教学的发展提供良好的开端

导入是教师在一个新的教学内容或教学活动开始,运用一定的方式恰如其分地引导学生注意,关心上课主题内容,从而引导学生进入学习状态的行为方式。作为课堂教学的重要一环,导入是一堂课的开始,有时也贯穿于课堂教学之中。常言说:"良好的开端是成功的一半。"高超、新颖、别致的导入必然会为课堂教学的展开奠定良好的基础,教学也就容易进入最佳境界。

三、导入的构成要素

Turney等人在《悉尼大学教学微技能》(*Sydney Micro Skills*)一书中提出,导入技能的构成要素为:引起注意(Gaining attention),激起动机(Arousing motivation),构

---

① 王笃勤.小学英语教学法导学[M].北京:中央广播电视大学出版社,2003:188.

建教学目标、明确学习任务(Structuring)以及建立联系(Making links)。

1. 引起注意

在新的教学内容开始时,吸引学生的注意很重要。导入的设计要从如何把学生的心理活动保持在教学行为上出发,使与教学无关的活动迅速得到抑制。一位善导的教师从导入开始,就要采用多种方法把学生的无意注意引向有意注意。如漂亮的板书,精心制作的教学卡片,丰富多彩的图片,幻灯片,生动形象的语言以及优美的语音语调都会深深吸引着学生,引起他们强烈的好奇心和无意注意。而传统的课堂导入语言常常是"Let's begin our class. Today we are going to learn …"等模式。这种千篇一律的导语很难引起学生的兴趣和注意,也会影响整堂课的教学效果。所以,经常变化的、生动活泼的导入方式能调动学生的大脑积极思维,为下一步教学做好铺垫。

2. 激起动机

求知欲是学习动机中最现实、最活跃的成分。教师在导入时根据不同的教学内容和特点,采用多种形式创设真实的或仿真的语言情境,使学生有机会运用从书本上学习的语言知识,激发起浓厚的学习兴趣,产生学习的积极性和自觉性以及克服学习中的困难的决心和动力。

3. 构建教学目标,明确学习任务

导入要构建学习目标,明确学习目的和学习任务,使学生进入良好的心理准备状态,全神贯注地、有意义地开展学习。只有这样才能达到预期的效果。

4. 建立联系

英语语言知识与其他学科的知识一样,有其内在的严密逻辑性。因此教师在进行导入设计时,要充分了解并利用学生已有的知识和技能,创设有意义的语言情境,自然地把新旧知识联系起来,做到以其所知,喻其不知。温故知新,水到渠成。例如在导入定语从句的用法时,教师可以给出两个学生熟悉的简单句:I live in Beijing. It has a lot of people. 教师告诉学生在口语中我们常使用简单句,但在书面语言中应尽量避免句子的口语化现象,那么怎样才能把这两个句子连在一起呢?教师用设问的方式建立新旧知识之间的联系,从而顺理成章地导入新课。①

四、导入的方法

导入的方式应依据教学的任务和内容、学生年龄特点和心理需求,灵活多变

---

① 王笃勤. 小学英语教学法导学[M]. 北京:中央广播电视大学出版社,2003:207.

地加以运用。常见的导入方式有以下几种:

1. 复习过渡,导入新课

知识是连贯的、系统的,新的知识是在旧有的基础上发展起来的。在导入新的语言知识和技能前先复习旧的知识,以旧带新,自然过渡,学生就能在轻松愉快的气氛中学习知识并使之系统连贯。

2. 设疑置悬,导入新课

"学贵有疑",疑是积极思维和探索问题的动力。美国心理学家布鲁纳指出:"教学过程是一种提出问题和解决问题的持续不断的活动。思维永远是从问题开始的。从教育心理学的观点看,设疑能激发学生的学习兴趣,进而开发学生的想象力和创造力。"一个有经验的教师常常善于在教学之始设疑布阵,引导学生去猜测,去预估,去联想,将学生的注意力集中到将要学习的内容中去。

3. 直观导入

这种导入方法是指教师通过实物、图片、教学卡片、黑板画、幻灯、录像片、投影或其他教学媒体的演示,创造有意义的语言情境,引起学生的注意,引导学生通过观察和思维,进入新的学习内容。

4. 用讨论的方式导入

用讨论的方法导入,可以使学生明确学习内容,增强学习动机,在词汇上、语言上和背景知识方面做好学习新课的准备。

5. 故事导入

小学教材中有不少故事性较强的语言材料,教师可以在学生未打开书的情况下,借助幻灯片、简笔画或教学挂图等,用学生熟悉的词汇和浅显的语言把课文转换成故事的形式讲给学生听。用故事导入的方式生动形象,容易引起学生兴趣,符合青少年好奇的心理特点。

6. 启发、诱导式导入

学起于思,教师在导入新课时,要善于对学生进行启发诱导,激发学生思维的涟漪,使学生自然而然地进入新的教学情境中。

7. 用录像、幻灯、录音等现代化教学手段导入

这是外语教学中常用的导入法。录像等现代化教学手段使教学不再枯燥。人们可以从录像上看到或从录音中听到英语国家人士是如何进行语言交际和社会交往的。例如,教师可以通过用电话录音,或者电话视频的方式导入 Making Telephone calls 的教学。

五、导入技能的运用

在设计和实施导入技能时,应注意下面几点原则:

第一,导入要紧扣教学目标和教学要点,根据不同的教学目的、教学内容及特点采用多样化方式。

第二,导言要生动、形象、具有趣味性和艺术魅力。

第三,导入要具有关联性,承前启后,新旧知识之间要有紧密联系的"支点",从复习到导入新课要连贯自然。

第四,导入时间不宜过长,以免影响教学的进度和重点内容的教学,导入一般以不超过 5 分钟为宜。[①]

六、观看导入技能教学录像片段后的任务

➢扫描目录页二维码获取视频资源。

录像片段 1　观后任务

1. 录像片段中教师使用了什么导入方法?
2. 导入技能的构成要素在录像片段中是如何体现的?

录像片段 2　观后任务

1. 录像片段中教师使用了什么导入方法?
2. 录像片段中教师是否注意了导入的针对性、关联性与趣味性?

录像片段 3　观后任务

1. 导入技能的作用在录像片段中是如何体现的?
2. 录像片段中教师是如何把教学内容和导入方式联系起来的?

录像片段 4　观后任务

1. 录像片段中教师的导入可分为几个步骤?
2. 录像片段中教师的导入方式每个步骤各有什么作用?

录像片段 5　观后任务

1. 录像片段中教师运用了哪些导入方式?
2. 录像片段中教师的导入方式有何特点?

---

① 何广铿.英语教学法基础[M].广州:暨南大学出版社,2001:42.

第二节 讲解技能(Explaining)

一、讲解技能的意义

通过讲解教师使学生理解所要传授的内容。讲解不仅仅是一个教师的技能和知识的体现,而且也与学生的技能、兴趣和能力相关联及讲解涉及所要讲解的问题和讲解对象。讲解包括两个部分:第一,教师展现要讲解的主题。第二,教师使用实例、事实、事件、例子、场景等,有意义地描述要讲解的主题。讲解将主题、实例等两个部分联系起来,即概念与例子相结合。讲解有不同的层次,较低层次的讲解过程涉及展示、介绍事实或给出简单的指令。较高层次的讲解超越事实而考虑事实间的各种关系,以及原因、动机和道理。

二、讲解技能的作用

讲解在语言教学中达到多重目标,其中包括:
其一,教师给学生提供学生自己难以获得的语言信息。
其二,教师为学生把复杂的语言信息简单化。
其三,教师为学生举例说明某种语言现象。
其四,教师为学生解答疑难问题。
其五,教师为学生说明如何使用某种语言功能[①]。

三、讲解的构成要素

讲解的构成有一些要素,即一些不可或缺的成分,使之成为有效的讲解。
(1) 有意义(meaningfulness):指教师给学生的例子适合学生的理解水平,对学生有意义,而且与讲解主题关系清楚。教师所给实例要与学生的能力和经验相符合。
(2) 清楚(clarity):清楚的讲解取决于所讲解的内容与所给例子的相关程度与质量,教师的讲解要突出重点,强调例子的相关性。
(3) 变化(variety):教师在讲解中给学生提供不同类型的例证、从不同角度说明要讲解的概念等。有时,单一例证不能说明问题,需要使用图表等辅助手段。

---

① 何广铿.英语教学法基础[M].广州:暨南大学出版社,2001:42.

(4) 趣味性(interest value)：教师给学生提供的实例应该有趣味性，引起学生对于所讲内容的兴趣，但要防止其趣味的内容分散学生的注意力。

(5) 简单(simplicity)：讲解中应使复杂的问题简单化，对复杂问题的讲解应该由一系列简单的例子、清楚的概念组合而成，使学生通过对简单例子和概念的理解明白所讲问题。

(6) 具体(concreteness)：讲解的效果往往与例证的具体化相关。为了使学生理解，教师可以用实物、动作、模型、图画等，使抽象的概念易于理解。

(7) 逻辑(logical sequence)：讲解的各个部分前后顺序要有层次性、逻辑性、连贯性，条理不清楚会影响讲解的质量。精心挑选例子、排列例子对于讲解的逻辑性至关重要。

(8) 全面(comprehensiveness)：教师应该全面分析所要讲解的问题，使学生全面、彻底地理解所讲问题，讲解面过窄会影响学生对所讲问题的理解。

四、讲解的方法

(1) 语言讲解(verbal explanation)：教师在讲解时，不使用任何其他辅助手段，只用语言进行讲解。但是在课堂教学时，教师为了提高教学效果，不能只靠语言本身，还要靠说明。

(2) 重点说明(illustration)：教师利用图、表、录像、电影、讲义等强调讲解最重要的部分，说明的方法对语言讲解起良好的辅助作用，能够促进学生理解。

(3) 示范演示(demonstration)：教师对某些生词、句子或对某语言点提供示范，演示某一语言功能等。讲到难点或抽象的内容时，教师的示范演示可使所讲内容简单化或具体化，使学生更容易理解所讲问题。

五、讲解技能的运用

运用讲解技能要注意以下几点：
(1) 讲解要简明，即例证简单明了。
(2) 讲解时应注意趣味性，选择能吸引学生注意的例证。
(3) 讲解时应突出重点，例证要紧密围绕讲解的核心问题。
(4) 注意讲解所用语言，教师的语言要适合学生语言水平和认识水平。
(5) 讲解过程要流畅，讲解不可拖泥带水，讲解和例证应衔接流畅。
(6) 讲解中必要时要使用停顿，给学生提供思考、理解的时间。
(7) 讲解中应强调关键问题，可对理解的关键性概念进行重复或提供不同的情景。
(8) 讲解过程应富有变化，使用多种例子，从不同角度讲解。

(9) 讲解要准确,尤其是概念使用要准确,必要时先澄清有关词语。

(10) 讲解要有条理,教师要精心挑选、合理安排讲解和例证。

(11) 讲解要全面,教师应分析讲解问题的各个方面,力求使学生全面、彻底地认识所讲问题[①]。

六、观看讲解技能教学录像片段后的任务

➢扫描目录页二维码获取视频资源。

录像片段1　观后任务

> 1. 录像片段中教师使用了什么讲解方法?
> 2. 录像片段中教师是如何做到讲解"有趣"的?

录像片段2　观后任务

> 1. 录像片段中教师使用了什么讲解方法?
> 2. 录像片段中教师是如何灵活运用"重点说明"方法的?

录像片段3　观后任务

> 1. 录像片段中教师是如何做到讲解"有趣"的?
> 2. 如何评价录像片段中教师对单词的讲解?

录像片段4　观后任务

> 1. 录像片段中教师是否做到了讲解"具体"? 请简述理由。
> 2. 录像片段中教师的讲解在逻辑性和连贯性方面成功吗? 请简析原因。

录像片段5　观后任务

> 1. 录像片段中教师讲解是否做到了"流畅"和"有条理"? 请简述理由。
> 2. 如何评价录像片段中教师讲解课文的方法?

---

① 王电建,赖红玲.小学英语教学法[M].北京:北京大学出版社,2002:65.

第三节 提问技能(Questioning)

一、提问的定义

提问是指教师可以通过提问检查或了解学生的理解程度,利用提问鼓励学生深入思考问题,复习、巩固、运用所学知识的一种教学技能。①

二、提问技能的作用

(1) 获取信息。
(2) 引导学生注意力。
(3) 对某个问题产生兴趣或是爱好。
(4) 分析学生可能存在的问题。
(5) 表达对学生的关心。
(6) 了解学生的观点和态度。
(7) 鼓励学生参与课堂活动。
(8) 评估学生的语言掌握状况。
(9) 鼓励学生积极思考问题。

三、提问技能的构成要素

(1) 问题的措辞要清楚简洁。
(2) 问题作为一种教学框架。
(3) 问题的焦点,即:提问要根据需要,一个问题应该只包含一个中心。
(4) 一个问题多种回答。
(5) 问题分布,即提问应该尽可能照顾到全体学生。
(6) 提问后的停顿,可以给学生一段进行思考的时间。
(7) 对问题的提示,例如,教师说:"Can you elaborate your answer?"学生没有反应,教师应该迅速给予提示"Can you give some examples?"

---

① 沈青.小学英语课堂教学的有效管理[J].教师博览,2014:18.

四、提问技能的方法

(1) 回忆性提问,即:利用事实性问题让学生回忆所学过的基本内容,例如,Where was he born? 等。

(2) 理解性提问,即:教师为检查学生对所学知识的理解程度所提出的问题。

(3) 分析性提问,即:教师要求学生找出原因、结果、条件等的提问。

(4) 综合性提问,即:教师为培养学生思维能力所做的发问,让学生利用所学知识进行分析,得出自己的结论或是看法,例如,Without trees, what would happen to the world? 等。

(5) 评价性提问,即:教师为了培养学生判断所做的发问,重点在"为什么";还有一种特别有用的分类方法,即 5W[①]。

五、提问技能的运用

(1) 提问要简单明确。

(2) 问题要真实。

(3) 提问要具体,便于学生回答和思考。

(4) 问题的分布要合理,即:① 教师提问全班回答;② 教师提问后停顿让学生思考,然后单独叫学生回答;③ 教师先叫名字,然后提出问题;④ 教师提出问题,让学生举手回答。

(5) 做好提示工作,避免冷场现象。

六、观看提问技能教学录像片段后的任务

▶扫描目录页二维码获取视频资源。

录像片段 1　观后任务

> 1. 录像片段中教师使用了什么提问方法?
> 2. 这样做的目的是什么?

录像片段 2　观后任务

> 1. 录像片段中教师如何提问学生?
> 2. 录像片段中提问技能的作用是如何体现的?

---

① 黄振远. 新课程英语教学[M]. 福州:福建教育出版社,2003:126.

录像片段3　观后任务

1. 录像片段中教师使用了什么提问方法？
2. 录像片段中学生的反馈怎么样？

录像片段4　观后任务

1. 录像片段中教师用了什么提问方法？
2. 录像片段中提问技能的作用是如何体现的？

录像片段5　观后任务

1. 录像片段中教师用了什么提问方法？
2. 这样做的目的是什么？

第四节　操练技能(Drilling)

一、操练技能的意义

操练技能，是指教师根据课堂上所学的新语言知识，设计不同的机械练习和意义练习，组织学生用多种方法，对新语言知识进行操练和练习，通过这些练习，使学生能够初步掌握所学的语言知识，并在有实际意义的练习中，学习运用新语言的行为方式。

操练技能在英语教学的实施中一般分为三个阶段进行：

第一，控制性操练，即在教师完全控制的方式下进行的一些机械性的操练。

第二，半控制性操练，即在教师半控制的方式下进行的一些意义操练和交际操练。

第三，无控制性操练，即学生根据教师所给的话题、讨论题等运用自己的语言进行表达。这种方式多在中、高年级的英语教学中使用。[①]

二、操练技能的作用

（1）充分利用学生的机械记忆，帮助他们准确地掌握新语言的结构。通过

---

① 林立.小学英语教学研究[M].北京：首都师范大学出版社，2004：97.

大量的、不同方式的循环式机械操练，使学生在基本理解新语言的基础上能准确地掌握新语言的结构，并做到发音准确。

（2）促进学生主动、积极地参与，达到熟练地运用新语言。各项操练活动都要根据学生的特点来进行，使学生能够在教师营造的英语语言环境中积极参与操练，从而达到熟练运用新语言的目的。

（3）通过形式多样的练习，帮助学生加深对新语言的理解。教师创设情境把新语言介绍给学生时，学生对新语言只是初步理解。通过操练练习，学生可加深对语言知识的理解。

（4）帮助学生把所学语言知识转化为语言技巧，并逐步发展为交际能力。运用语言的过程也是学生把知识转化为能力的过程。教师帮助学生在操练活动中逐步把掌握的语言知识转化为技能，并进一步使技能发展为交际能力，最终能够熟练地运用所学语言。

三、操练技能的构成要素

（1）指令明确，释意简明。在每项操练的具体活动开始之前，教师要用简明扼要的语言解释如何开展操练活动，使学生充分理解将要做什么和怎样去做。

（2）控制速度，保证效率。操练时，教师要掌握好时间，保持合适的速度，以保证课堂教学的密度。

（3）由浅入深，难易渐进。在一组操练中，教师要遵循从易到难、循序渐进的教学原则，指导学生由浅入深、由简到繁地进行操练。

（4）调整方式，变化激趣。操练的方法和形式要多种多样，只有适时地变换操练形式和方法，才能不断激发学生的学习兴趣，保持学生的学习热情。

（5）准确到位，扮好角色。操练的第一阶段应确保多数学生能够准确地掌握所学语言，操练过程中，教师要及时纠正学生的错误，此时教师的角色是"组织者"或"指挥者"；在操练的第二和第三阶段应力求使学生流利地运用语言，对学生的语言错误应采取宽容的态度，此时教师的角色是"监督者"或"监听者"。教师只有准确到位地扮演好不同角色，才能达到操练的目的。

（6）检查评价，及时反馈。每一项操练活动结束后，教师要及时检查学生是否达到了教学目标，并对学生的表现进行及时反馈。[1]

---

[1] 王笃勤.英语教学策略论[M].北京：外语教学与研究出版社，2002：78.

四、操练技能的方法

1. 控制性操练(controlled drilling)

按组织形式分类:

(1) 全班操练(chorus):在教师的指导下,全班学生跟着教师或录音齐读。

(2) 半班操练(half class):教师把全班学生分为两大组,进行轮流操练。

(3) 分行操练(rows or lines):按学生座位进行横行或竖行轮流问答操练。

(4) 两人示范操练(open pairs):在学生基本掌握了新语言材料后,教师让两名掌握较好的学生在全班进行示范操练。

(5) 两人一组操练(close pairs):两人示范操练后,教师把学生分为两人一组,要求他们根据示范进行操练。

(6) 单独操练(individual):教师要求学生单独进行个别操练。

按活动的方法分类:

(1) 重复操练(repetition):教师说一句,学生重复一句。

(2) 从后往前连锁操练(back chain):教师把一个较长的句子按意群划分成几个部分,由最后以部分开始,逐步往前进行领读操练。

(3) 连锁操练(chain work):要求学生依次进行快速问答操练。

(4) 替换操练(substitution):教师给学生提示替换词,学生根据提示,做出快速反应,说出整个替换句。

(5) 扩充操练(expansion):教师为学生提供提示词,学生把提示词加到句中,使句子得到扩充。

(6) 转换操练(transformation):教师给一句学过的句型,让学生把它转换成新句型说出来。

(7) 并句操练(combination):教师要求学生把两个简单句合并为一个较复杂的句子或复合句。

(8) 造句操练(sentence making):教师要求学生仿照例句进行造句。

2. 半控制性操练(half controlled drilling)

按组织形式分类:

(1) 对子活动(pair work):通过两人对话活动使学生熟练运用所学语言。

(2) 小组活动(group work):把全班分成小组进行操练活动。

(3) 全班活动(class activity):活动形式一般为竞赛、游戏、猜谜等。

按活动的具体方法分类:

(1) 提供图卡(pictures and cards):教师利用图卡创设情境,学生根据图卡操练所学语言知识。

（2）提供图表(tables and charts)：教师可以利用图表帮助学生操练各种时态和句型。

（3）提供骨架(skeletons)：教师为学生提供骨架，即对话结构，学生根据所给骨架进行语言练习。

（4）提供简笔画(blackboard drawing)：教师根据要操练的项目设计简笔画，学生根据简笔画的提示进行语言练习。

（5）提供信息卡(cue cards)：教师为一对学生提供不同的两张信息卡，学生按照信息卡上的要求进行操练。

（6）提供交际练习(communicativeactivities)：教师根据操练的需要，设置语言交际情景，让学生在参加语言交际中，学会灵活运用语言。①

3. 无控制性操练(non-controlled drilling)

按活动的具体方法分类：

（1）提供谈话主题(talking topics)：为学生提供谈话主题，使其根据主题自由发表自己的见解。

（2）提供表演短剧(short plays)：将课文改编成短剧，使学生在表演短剧的过程中提高表达能力。

（3）提供采访话题(topics of interview)：使学生围绕某一话题进行互相采访。②

五、操练技能的运用

在应用操练技能时要注意以下几点：

（1）操练技能的目的性：教师要明确操练技能的目的，根据教学要求有计划地设计每一项操练活动。

（2）设计程序的科学性：教师在设计操练程序时既要从教学目的出发，全面规划，精心安排，有目的、有计划地设计操练阶段的每一项练习，安排好每一项活动，又要掌握好各种操练环节的过渡时机。

（3）组织联系的合理性：在操练过程中，教师要起到指挥者、监督者和监听者的作用，随时解决学生的问题，监控学生的活动。

（4）操练方法的灵活性：教师要根据学生的具体情况，灵活运用操练方法，适当地调整操练进度，不断变换操练方式，使学生保持思维活跃、积极参与的

---

① 邢家伟.小学英语课程与教学[M]北京:教育科学出版社,2013:151.
② 林立.小学英语教学研究[M].北京:首都师范大学出版社,2004:65.

状态。

（5）释意、指令的明确性：教师向学生提出的要求、释意和发出的指令，要简明扼要、清晰易懂，使学生明确其要求，能准确进行操练。

（6）学生参与活动的广泛性和多样性：除了全班、半班、分行、两人一组练习外，还应采用不同方式的操练活动，力求做到让每个学生在课堂上都能得到不同方式的反复的操练机会。

（7）操练活动的创新性：教师在设计练习时要充分发挥自己的想象力，创造出有特色的操练活动。

六、观看讲解技能教学录像片段后的任务

➢扫描目录页二维码获取视频资源。

录像片段1　观后任务

> 1. 录像片段中教师在操练新单词时使用了什么方法？
> 2. 录像片段中教师如何使句型操练更有趣？

录像片段2　观后任务

> 1. 录像片段中教师使用了什么操练方法？
> 2. 录像片段中教师如何使学生充分理解操练要求？

录像片段3　观后任务

> 1. 录像片段中教师是如何做到操练"有趣"的？
> 2. 录像片段中教师如何将句型操练和词汇操练结合起来？

录像片段4　观后任务

> 1. 按组织形式分类，录像片段中教师采用了什么操练方法？
> 2. 结合录像片段中操练内容谈一谈该教师采用的操练方法是否合适。

录像片段5　观后任务

> 1. 录像片段中教师如何使学生充分理解操练要求和指令？
> 2. 录像片段中操练活动是否可以保证学生参与操练的广泛性和充分性？

第五节 结束技能(Closure)

一、结束技能的定义

结束技能是教师在完成一定的教学内容或活动后,通过总结归纳及实践活动,使学生所学的知识形成系统,稳固地纳入学生的认知结构并转化升华的行为方式。

结束技能不仅广泛地应用于一个单元、一节新课的结尾,也常用于讲授新概念、新知识的结尾。①

二、结束技能的作用

要想使教学获得成功,就应注重教学结构的安排,不仅要有良好的开端,而且要有耐人寻味的结尾。一节英语课如果只有引人入胜的导入和环环紧扣的中间部分而缺少富有韵味的结尾,也不能得到预期的教学效果,算不上一节成功的英语课。结束技能的主要作用有:第一,总结归纳所学语言知识和技能,理清头绪、明确重点和难点,加深理解记忆,加强学习和运用;第二,及时得到教学情况反馈,检查学习效果,从而把握教学进度,提高教学效率;第三,拓展延伸教学内容,将学生所学的语言知识与现实生活情境结合起来,激发学生旺盛的求知欲望和浓厚的学习兴趣。

三、结束的构成要素

1. 概括要点

教学过程头绪纷多,知识点分散,教师通过简约、强调的语言或精心设计的实践活动,帮助学生概括要点,掌握难点,展示教学全貌。

2. 沟通知识

建立新知识与已有知识的联系与区别,使课堂教学结构完整,帮助学生将零散的知识联系起来,形成完整的知识结构。

---

① 张东正.语法教学的再认识[J].基础教育外语教学研究,2001:18.

3. 比较异同

比较的认知含义是，在思想上确定一事物与另一事物或一特征与另一特征的相同点和不同点的过程。它是理解问题和解决问题的基础。比较的方式是英语学习不可缺少的方法。如比较可数名称与不可数名称的区别、时态之间的区别、定冠词和不定冠词的用法区别等。通过比较揭示语言知识的联系和差异，更准确地理解和运用语言。

4. 深化、拓展知识

运用结束技能的目的还在于启发思维，培养能力，深化拓展知识，把所学的语言知识和现实生活中的交际情景结合起来，达到实际运用语言进行交际活动的目的。

四、结束的方法

1. 归纳概括式

教师引导学生利用准确简练的语言和图表等，对课堂所讲的语言知识和技能进行归纳概括，总结揭示各部分知识的联系，强化语言知识重点。

2. 比较分析式

教师采用列表、提问、总结及图示等方法，引导学生将新的语言知识项目与原有的语言知识项目进行比较，分析它们各自的本质特征及它们的内在联系，找出相同点和不同点，更加准确深刻地理解所学知识。

3. 活动练习式

教师可根据教学内容组织全班或小组活动，如角色表演、小组讨论、复述、知识竞赛或游戏等，或通过笔头形式，如听写、补全对话、阅读、写作及小测验等，对所学知识进行巩固练习。

4. 讨论总结式

学生是学习的主体。在教学过程中，教师应自始至终强调学生学习的积极性，鼓励他们积极参与课堂教学活动。如学习了 Six Blind Men and the Elephant 后引导学生讨论课文的寓意，使学生不仅学到语言知识，而且学到了做人的道理。又如根据课文内容引导学生讨论爱护树木、保护环境的重要性等，从而使他们学到的语言知识得以融会贯通，达到拓展延伸的目的。[1]

---

[1] 杨艳，杨细萍. 小学英语教学实用教程[M]. 北京：气象出版社，2008：53.

五、结束技能的运用

1. 要选择有意义的活动

要引起学生注意,激发学生学习兴趣,选择的活动一定要有意义,要和某一阶段的教学内容和教学目的相呼应。

2. 连续性

要注意把学生原有知识、新学知识以及将要学习的知识联系起来,保持教学上的连续性。

3. 恰当性和灵活性

教师在设计结束活动时要考虑情境的需要和学生的实际水平,做到灵活、恰当。或总结归纳、强调重点,或留下悬念、引人遐思,或含蓄深远、回味无穷,或新旧联系,铺路搭桥。

4. 首尾呼应

课的结束应紧扣教学内容,做到首尾呼应。理想的结束活动,应当既是对导课设疑的总结性回答,又是导课内容的延续和升华。[1]

六、观看结束技能教学录像片段后的任务

➤扫描目录页二维码获取视频资源。

录像片段1　观后任务

1. 录像片段中教师使用了什么结束方法?
2. 结束技能的作用在录像中是如何体现的?

录像片段2　观后任务

1. 录像片段中教师使用了什么结束方法?
2. 录像片段中教师结束方式有哪些构成要素?

录像片段3　观后任务

1. 录像片段中教师运用了什么结束方式?
2. 结束技能中的构成要素在本段录像片段中是如何体现的?

---

[1] 黎茂昌,潘景丽. 新课程小学英语教学理论与实践[M]. 成都:四川大学出版社,2011:213.

录像片段 4　观后任务

1. 录像片段中教师使用了哪些结束方式？
2. 教师在第一个结束活动中是如何体现主体参与的原则的？

录像片段 5　观后任务

1. 结束技能的作用在录像片段中是如何体现的？
2. 录像片段中结束方式是怎样增强学生对本课学习的兴趣的？

本章小结

课堂教学不仅是一种科学，也是一门艺术。要想讲一堂生动的课，讲出艺术性，讲出闪光点，需要同时重视组织安排和课堂效率，教师讲得有成就，学生听得有收获是非常不容易的，这就要求教师不断地磨炼、改善与提高自身的教学技能。

课后思考题

1. 小学英语课堂上，教师运用组织教学技能有哪些作用？
2. 教师在课堂上激励学生的方式有哪些？

第五章　小学英语知识教学的具体实施

> **章首语**
>
> 　　在英语教学中，应特别重视培养学生的听说读写能力，从培养学生实际语言的应用能力角度出发，侧重向学生传授基础的语言知识，进行大量的语言基本功训练，把语言形式与语言意义联系起来。这不仅能促进学生更准确地掌握语音、词汇、语法等知识，提高学习兴趣，建立学习信心，而且能培养学生丰富的想象力、逻辑思维能力和语言组织能力。通过本章的学习，希望学习者了解并掌握小学英语语音、词汇、语法，听说读写教学的意义、目标、内容和教学中应注意的问题，通过分析教学案例和具有真实情境的视频资料，在学习过程中注重从直观到抽象，从感性到理性，培养分析问题、解决问题的思维方式。

第五章 小学英语知识教学的具体实施

知识点思维导图

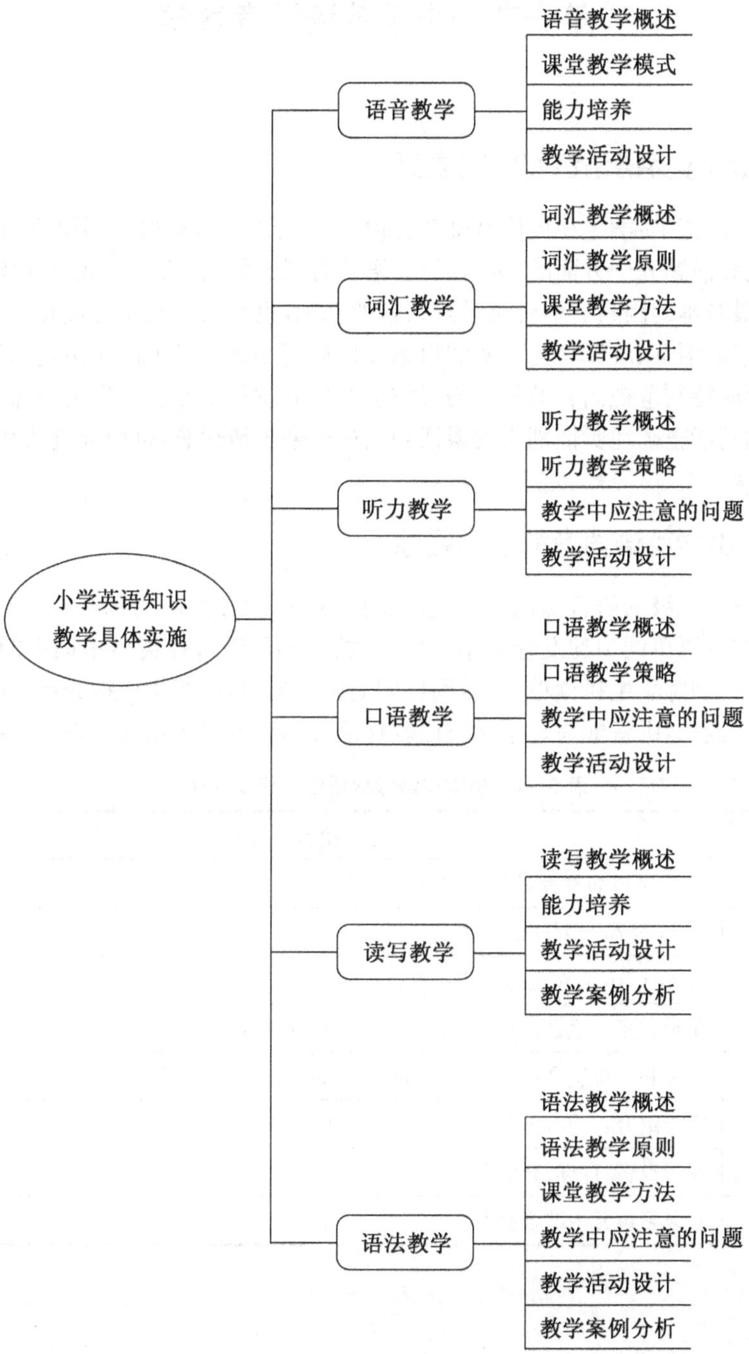

```
                                        ┌─ 语音教学概述
                          ┌─ 语音教学 ──┼─ 课堂教学模式
                          │             ├─ 能力培养
                          │             └─ 教学活动设计
                          │
                          │             ┌─ 词汇教学概述
                          ├─ 词汇教学 ──┼─ 词汇教学原则
                          │             ├─ 课堂教学方法
                          │             └─ 教学活动设计
                          │
                          │             ┌─ 听力教学概述
                          ├─ 听力教学 ──┼─ 听力教学策略
                          │             ├─ 教学中应注意的问题
   小学英语知识            │             └─ 教学活动设计
   教学具体实施 ──────────┤
                          │             ┌─ 口语教学概述
                          ├─ 口语教学 ──┼─ 口语教学策略
                          │             ├─ 教学中应注意的问题
                          │             └─ 教学活动设计
                          │
                          │             ┌─ 读写教学概述
                          ├─ 读写教学 ──┼─ 能力培养
                          │             ├─ 教学活动设计
                          │             └─ 教学案例分析
                          │
                          │             ┌─ 语法教学概述
                          │             ├─ 语法教学原则
                          └─ 语法教学 ──┼─ 课堂教学方法
                                        ├─ 教学中应注意的问题
                                        ├─ 教学活动设计
                                        └─ 教学案例分析
```

第一节　小学英语语音教学

一、小学英语语音教学的意义

《标准》指出：学生在英语基础教育阶段应该学习和掌握包括语音、词汇、语法、功能和话题五个方面的基础知识。语言有三大要素：语音、词汇和语法，其中语音是最基本的因素。语音是学好语言的基础，也是语言教学的重要内容之一。自然规范的语音、语调将为有效的口语交际打下良好的基础。在小学英语教学中，教师应特别重视语音教学。语音教学的目的就是要教会学生正确、流利的发音，以达到能正确地听懂别人的谈话和通过说来表情达意，进而促进读和写的能力的发展。

二、小学英语语音教学的目标

《标准》二级的语言知识明确规定了语音教学的内容主要为：第一，教学26个字母在英语单词中的发音规律。第二，教学字母组合在英语单词中的发音规律。第三，训练学生拼读单词，做到见词能拼。第四，训练学生拆分单词的读音，做到听音能认，听音能写。小学英语教材语音知识发展体系如下表5-1：

表 5-1　小学英语教材语音知识发展体系

册数	语音
三上	26个字母名称音，字母在单词中的发音
三下	a, e, i, o, u 对应的短音
四上	a, e, i, o, u 对应的长音
四下	字母和字母组合：er, ir, ur, ar, al, or, le(-r音节)
五上	字母和字母组合：y, ee/ea/, ow, oo, ai, /ay, ou
五下	字母组合：cl/pl, br/br, sh/ch, th, wh, ng/nk
六上	学习重音、连读、升降调
六下	在复习单元中综合复习

三、英语语音的几个基本概念

(一) 字母、音素、音标和音节

1. 字母

字母是语音的书写形式,是构成单词的最小单位。英语中共有 26 个英文字母,分为元音字母和辅音字母,其中 a,e,i,o,u 为元音字母,y 为半元音字母,其余的为辅音字母,有大写和小写两种形式(如表 5-2)。

表 5-2 英语字母发音表

字母	发音	字母	发音	字母	发音	字母	发音
Aa	[eɪ]	Hh	[eɪtʃ]	Oo	[əʊ]	Vv	[viː]
Bb	[biː]	Ii	[aɪ]	Pp	[piː]	Ww	[ˈdʌblju:]
Cc	[siː]	Jj	[dʒeɪ]	Qq	[kjuː]	Xx	[eks]
Dd	[diː]	Kk	[keɪ]	Rr	[ɑː]	Yy	[waɪ]
Ee	[iː]	Ll	[el]	Ss	[es]	Zz	[ziː]
Ff	[ef]	Mm	[em]	Tt	[tiː]		
Gg	[dʒiː]	Nn	[en]	Uu	[juː]		

2. 音素

音素是语音的最小单位。英语中共有 48 个音素,分为两大类:元音和辅音。其中元音音素 20 个,辅音音素 26 个,半元音音素 2 个,如表 5-3。

表 5-3 英语音标表(英语国际音标表,dj 音标)

单元音	短元音	[ɪ] [ə] [ɒ] [ʊ] [ʌ] [e] [æ]
	长元音	[iː] [ɜː] [ɔː] [uː] [ɑː]
双元音		[eɪ] [aɪ] [ɔɪ] [aʊ] [əʊ] [eə] [ʊə]
清浊成对的辅音	清辅音	[p] [t] [k] [f] [θ] [s] [ts] [tr] [ʃ] [tʃ]
	浊辅音	[b] [d] [g] [v] [ð] [z] [dz] [dr] [ʒ] [dʒ]
其他辅音		[h] [m] [n] [ŋ] [l] [r] [j] [w]

3. 音标

音标是单词的语音形式,是记录和描写音素的符号,不仅包括该单词读音中含有的所有音素,还包括重读或次重读符号等,就像汉字的拼音一样。它们通常放在方括号或斜线中,紧跟在单词后面。

例如,heavy /ˈhevɪ/ forget /fəˈget/

4. 音节

音节是由元音和辅音(包括成音节)构成的发音单位。

音节的划分:一个单词的音标中有几个元音就有几个音节。

音节的分类:

(1) 按结构来分:开音节和闭音节

表 5-4 开音节和闭音节的比较

类别		概念	例词
开音节	相对开音节	以不发音的元音字母 e 结尾的音节,词尾形式:辅音+元音+辅音+不发音的 e	name like home plane
	绝对开音节	以发音的元音字母结尾的音节,词尾形式:辅音+元音(包括半元音字母 y)	do she hi my
闭音节		以辅音字母结尾的音节,词尾形式:辅音+元音+辅音(或数个辅音)	hot wash catch small
		词尾形式:元音+辅音(或者数个辅音)	it is in on out ant

(2) 按音节的个数来分:单音节词、双音节词和多音节词

单音节词:含有一个元音的单词。例如,what, he, door, have。

双音节词:含有两个元音的单词。例如,sofa, player, farmer, chopsticks。

多音节词:含有三个或三个以上元音的单词。例如,delicious, vegetable, computer。

(3) 按是否重读来分:重读音节、次重读音节和非重读音节

重读音节:单词中发音响亮的音节,在音标中体现为(ˈ)。例如,/ˈhevɪ/ /fəˈget/。

次重读音节:单词中发音仅次于重读音节的音节。表示该音节需要重读,但不像重读音节那么强烈。一般为重读音节之前的那个音节。例如,/fəˈget/。

非重读音节:单词中不需要重读的音节。

(4) 单词和字母的重音

单词的重音:

单音节词都是重读音节。

例如,good [gud] luck [lʌk] my [maɪ] shop [ʃɒp] that [ðæt]

双音节词:一般在第一个音节重读。

例如,sister ['sɪstə]   brother ['brʌðə]

多音节的词一般都是倒数第三个音节重读;三个音节的词当然就是第一个音节重读。

例如,secretary ['sekrətrɪ]   passenger ['pæsɪndʒə]

recognize ['rekəgnaɪz]   democracy [dɪ'mɒkrəsɪ]

词尾有-ee,-eer,-ese,-ette 等后缀的词,重音在该后缀上,而且有一个次重音。

例如,emplo'yee, engi'neer, Japa'nese, ciga'rette

句子的重音:

实词重读:即运载有重要信息的词如名词、动词、形容词等要重读。

例如,There is a 'book on the 'desk.

My 'sister 'put up a 'picture on the 'wall.

虚词轻读:即冠词、介词、连词、代词、助动词,情态动词和系动词 be 等要轻读。

例如,He 'lives in a 'house 'not 'far from the 'school.

It's an 'hour's 'drive from the 'old 'station.

(5) 连续和失去爆破,弱读和同化

音的连读:在英语的一个短语或句子中,人们常将属于同一意群的词连在一起,一口气说出来。意群中词与词之间不留空隙,这种读法叫"连读"(用"⌣"来表示)。英语有三种连读形式:

辅音+元音:例如,come in/work out/read it

连接音/r/:单词末尾的 r 通常是不发音的,如果这个词后边跟的是一个以元音开头的词,而且前后两个词在意义上又是密切相关的,那么原来不发音的 r 发/r/音,与后一个词的起首元音发生连读。

例如,there is/more over/for ever

元音+元音:例如,I am/go out/who else①

失去爆破:指当一个爆破音后面紧跟着另一个相同或不同的爆破音、塞擦音或辅音/m/、/n/、/l/的时候,这个爆破音里听不到除阻或爆破,这种现象称为不完全爆破或失去爆破。其中爆破音包括:/p/—/b/、/t/—/d/、/k/—/g/;塞擦音包括:[tʃ]—[dʒ]、[tr]—[dr];辅音包括:/m/、/n/、/l/。

爆破音+爆破音(爆破音:/p,b,t,d,k,g/)

---

① Colin Baker. Foundation of Bilingual Education and Bilingualism[M]. England: Mutilingual Matters Ltd,1993:236.

当一个爆破音后面紧跟着另一个爆破音时,前面的爆破音不发生爆破。发音时注意对于前一个爆破音,只做发音的姿势,刚要发出时,立即发出第二个爆破音。这种现象叫作失去爆破。例如,/p,b,t,d,k,g/这样的组合出现时,前面的爆破音就需要失去爆破了。例如,What time /ˈwɒt taɪm/ goodbye /gʊdˈbaɪ/

  Bedtime /ˈbedtaɪm/ big kite /ˈbɪg kaɪt/

爆破音＋摩擦音或破擦音

(摩擦音:/f, v, θ, ð, s, z, ʃ, ʒ, r, h/)

  例如,old friend /get there/ make sure

(破擦音:/ts, dz, tr, dr, tʃ, dʒ/)

  例如,white chalk /a good try/ a big tree

不完全爆破音:当一个爆破音后面紧跟着一个摩擦音或破擦音时,前面的爆破音只做部分爆破。发音时注意对于前一个爆破音,做好发音的姿势,刚发出时,立即过渡到第二个摩擦音或破擦音上去。第一个爆破音发出的声音是非常轻微的,有时甚至听不出来。这种现象叫作不完全爆破。例如,/ttʃ, tdʒ, dtʃ, ddʒ, ptʃ, pdʒ, gtʃ, gdʒ/等。这样的组合出现时,前面的爆破音就需要不完全爆破了。

  例如：Picture /ˈpɪktʃə/ big jug /ˈbɪg dʒʌg/

  Good child /ˈgʊd tʃaɪld/ that joke /ðæt dʒəʊk/

爆破音＋鼻辅音或舌边音

(鼻辅音:/m, n, ŋ/)

(舌边音:/l/)

当一个爆破音后面紧跟着一个鼻辅音或舌边音时,前面的爆破音也产生不完全爆破现象。例如,Good morning /ˈgʊd ˈmɔːnɪŋ/ big nation /ˈbɪg ˈneɪʃən/

  Mad man /ˈmæd ˈmæn/ correct note /kəˈrekt ˈnəʊt/

(6) 句子的语调和停顿

意群的停顿:对于一个较长的句子,可以根据意思和结构将其划分成几个群,一个意群必须一口气说完。

  例如,There is/a big closet,/a new air-conditioner/and a new mirror.

  What are you going to do/on the weekend?

  I'm going to/visit my grandparents/this weekend.

语调:我们说话时可以随意改变音高,使音调上升或下降。音调的这种上扬或下降叫语调。英语有两种基本的语调:升调和降调,说话人可以通过语调准确地表达各种信息。在句子中,升调用"↗",降调用"↘"表示。

降调:降调表示"肯定"和"完结"。一般用于陈述句、特殊疑问句、祈使句和感叹句中。

例如,This is my father. He often goes to work by bike.
Who's that man? What's your favorite season?
Stand up,please. Let's clean our classroom.
How beautiful! What a big fish!

升调:升调多用来表示"不肯定"和"未完结"的意思。一般用于下列情形的句子中:

一般疑问句:
例如,Can I help you?
Do you have lunch at school?

列举部分 and 之前的各项:
例如,I often do homework (↗),read books (↗) and watch TV.
I'd like some tomatoes (↗) and mutton.

句首插入语:
例如,To tell you the truth (↗),I don't like that book.
Excuse me (↗),where's the post office?

反义疑问句的后半部分(表示疑问):
例如,He's going to Beijing,isn't he (↗)?
There's nobody in the house,is there (↗)?

选择疑问句的前半部分:
例如,Is that a bird (↗) or a kite?
Which do you like better,apples (↗) or pears?①

四、基础教学模式:理解—感知—体验—运用

所谓"自然拼读法"就是根据语言发音的自然规则归纳而成的一种发音学习方法,它是根据"字母"本身代表的"发音",以及不同"字母组合"的发音,找出相同的音源,做有条理、系统性的整合,学生可以通过认读字母及字母组合与其所对应的发音。训练学生看到任何单词立即直觉反应如何发音,锻炼学生的正确发音,锻炼学生的独立音感,达到听音辨词,见词读音的一种超强能力。

① 建立字母与发音对应的概念(Establishing letter-sound connection);
② 感知字母音(Sensing letter-sound);
③ 教授字母音(Teaching letter-sound);

---

① Colin Baker. Foundation of Bilingual Education and Bilingualism[M]. England:Mutilingual Matters Ltd,1993:156.

④ 分辨音素(Identifying the sound);
⑤ 拼读练习(Blending letter-sound);
⑥ 拼读效果检测与阅读运用(Feedback and application)。①

五、培养小学生英语语音能力

英语属于拼音文字,表现为:字母的发音有规律,可以直接拼读单词。只有学生具有见词能读、听音能认、听音能写方面的能力,关于英语的教学才会成为可能。语音是语言中的最基本单位,不是孤立的,教师可以在主情景、对话、词汇、阅读、故事中以及歌谣和歌曲等具体的语境中渗透语音知识、培养语音意识、提高语音能力。教师应该在教学中帮助学生建构概念,总结规律,掌握拼读方法,提高识记单词和阅读短文的能力,激发学习英语的兴趣,为学生终身学习打下良好的基础。

单词的教法有多种,在课堂中常用的有:掐头去尾、以旧带新、归类总结、先分后合、合二为一、化整为零、读写运用、以此类推、延展故事、联系生活等方法,颇受学生的喜欢,教学效果良好。当然,拆分音节是学生学习双音节或多音节单词最常用也是最有效的方法。学生会在熟能生巧的基础上举一反三,逐渐掌握拼读单词、识记单词的方法,提高阅读能力,激发学习欲望。

针对教材中的 Let's spell 部分,一般可采用以下模式进行教学:① 创设语境:by chant, by story, by cartoon, by picture。② 听音辨音,拼读体验,感悟规律,建构概念。③ 举一反三,熟能生巧。④ 检测练习,掌握方法,提高语音的听说读写能力。⑤ 初步体验获得拼读能力的成功,培养阅读能力,增强学习兴趣。

在听的活动中(Listen and circle),主要训练学生学会听单词,分辨出单词的首音字母。

在读和听的活动中(Read, listen and circle),主要训练学生学会拆分所听到的音去辨认单词。

在听和写的活动中(Listen and write),主要训练学生学会根据读音规律,听音拼写单词。

六、小学英语语音教学活动

四年级 21 个辅音字母和 5 个元音字母(a e i o u):

活动一:听音说词

活动目的:操练巩固对字母及其音素的理解

---

① Widdowson, H. G. Aspects of Language Teaching[M]. 上海:上海外语教育出版社,1999:236.

教师说出一个字母及它相对应的音素,要求学生说出含有这个音素的单词,说得最多的组为获胜组。例如,教师说:b b b [b] [b] [b],学生马上说出含有[b]这个音素的单词,如 book,box,boy,bag 等。

活动二:咬尾巴

活动目的:训练学生的听力

学生围坐成一个大圆圈,每个人将自己的右手握成空心拳,当成鱼头,左手伸出食指,当作鱼尾。活动开始,老师朗读或录音播放听力材料,到短音/u/时,大家保持原地不动,若是听到长音/u:/时,则必须迅速用自己右手的鱼头去咬别人的鱼尾(即坐在右侧的同学的左手),而自己也要躲开别人的鱼头,看谁的反应最快。咬到鱼尾的同学获胜,反之被淘汰。

五年级常见字母组合发音和混合辅音:

活动一:Keeping balance

学生每人写几个单词,贴在教室的四周。分成两大组(字母组合 ow,fl 和字母组合 oa,fr),分别代表天平的左端和右端,学生读出单词,并能按发音正确归类的,教师往天平的一边加物品,天平倾斜的一方为胜。

活动二:蜜蜂采蜜

活动目的:复习字母组合 eer,ear,ch,sh 的发音或关于这些字母组合发音的单词。

利用课件出示四只标有字母组合 eer,ear,ch,sh 的发音小蜜蜂图片,在它们的下方是不同颜色的花朵,每朵花上都标有单词,各小蜜蜂在对应的花上进行采蜜。

七、看教学视频,分析视频中老师用了哪些语音教学活动

➢ 扫描目录页二维码获取视频资源。

八、小学英语语音课教学设计

教学内容是 PEP 小学英语四年级下册第一、二单元 C 部分 Pronunciation 的内容,是一节单纯的语音课型。

教学案例 5-1

一、教学目标

1. 学情分析

本节课的授课对象是小学四年级学生。四年级学生经过近两年的英语学习,有了简单的英语基础知识和听说读写的能力;同时,学生对英语学习有着较

浓厚的兴趣,喜欢表达自己的观点,也具备初步的自主、合作、探究能力。

2. 教学内容

本课的教学内容是 PEP 小学英语四年级下册第一、二单元 C 部分 Pronunciation 的内容,是一节单纯的语音课型。四年级上册已经学习了 26 个字母及例词,学生可以初步了解其中的 21 个辅音字母在单词中的读音。本节课的重点是启发学生通过仔细读单词,自己总结出元音字母 Aa 和 Ee 的发音规律,让学生获得成功感,进而提升自主学习的能力。

3. 课标解读

小学四年级应达到《标准》的一级标准。虽然在课程标准的一级标准里对语音没有明确要求,但有关小学语音教学的二级要求中对语音目标的要求是:① 知道错误的发音会影响交际;② 知道字母名称的读音;③ 了解简单的拼读规律;④ 了解单词有重音;⑤ 语音清楚,语调自然。

4. 教学目标

知识目标:

能够听懂,会说,会读音标[eɪ] [æ] [iː] [e]和例词 cake, snake, grapes, face, apple, bag, cat, hat, we, me, he, she, egg, bed, desk, pen。

能力目标:

(1) 引导学生积极参加小组活动,促进他们养成动脑、动口和动手的好习惯,初步形成主动学习的意识。

(2) 培养学生的分析能力。

情感目标:

(1) 进一步提高学生对英语的学习热情及学习兴趣。

(2) 鼓励学生积极主动参与课堂活动,大胆开口,主动模仿。

5. 教学重点、难点

能够听懂,会说,会读音标[eɪ] [æ] [iː] [e]和例词 cake, snake, grapes, face, apple, bag, cat, hat, we, me, he, she, egg, bed, desk, pen。

6. 教具准备

课件、单词卡片和磁铁。

二、教学模式设计

授课的主要内容为 PEP 小学英语四年级下册第一、二单元 C 部分 Pronunciation 的内容,是一节单纯的语音课型。本节课的重点是启发学生通过仔细读单词,自己总结出元音字母 Aa 和 Ee 的发音规律,会读课本中的 16 个例词和四个音标[eɪ],[æ],[iː]和[e]。让学生获得成功感,进而提升自主学习的能力。

教案设计如下:

Step 1 Warming up

1. 师生问候。

设计意图:拉近师生之间的距离。

2. 共唱歌曲"ABC"之后,提问:在 ABC 歌曲里有多少个字母？多少个元音字母？从而导入新课。今天我们来共同学习元音字母 Aa 和 Ee 的发音。

教学方法是用歌曲教学法。设计意图:轻松的歌曲可以减缓学生课前的紧张情绪,营造和谐的英语学习氛围。同时为新课教学做铺垫。

Step 2 Presentation

1. 教师出示课件,播放课件,学生听后回答:"上面单词中 a 的发音相同吗？"

教学方法是直观教学法。设计意图:通过让学生感知、体验,自己总结出元音字母 Aa 在单词中的发音规律。

2. 播放课件,学生跟读之后回答:What does "Aa" sounds like in these words? 引导学生回答:Aa sounds like [eɪ] in cake, grape, face, snake.

3. 老师教读音标[eɪ]及例词。(编歌谣:爷爷砍树,[eɪ] [eɪ] [eɪ])

教学方法是 TPR 和编唱歌谣教学法。设计意图:在教授音标的时候,采用 TPR 和编唱歌谣教学法,有利于激发学生的兴趣,帮助学生记忆。

4. 播放课件,学生跟读之后回答:What does "Aa" sounds like in these words? 引导学生回答:Aa sounds like [æ] in apple, bag, cat, hat.

教学方法是直观教学法。设计意图:通过让学生感知、体验,自己总结出元音字母 Aa 在单词中的发音规律。

5. 老师教读音标[æ]及例词。(编歌谣:大嘴巴,大嘴巴,[æ] [æ] [æ])

教学方法是 TPR 和编唱歌谣教学法。设计意图:在教授音标的时候,采用 TPR 和编唱歌谣教学法,有利于激发学生的兴趣,帮助学生记忆。

6. 以同样的方式教学字母 Ee 的发音。Ee sounds like [iː] in we, me, she, he. Ee sounds like [e] in bed, pen, desk, egg. (编歌谣:穿针引线,[iː] [iː] [iː];小嘴巴,小嘴巴,[e] [e] [e])

教学方法是直观教学法,TPR 和编唱歌谣教学法。设计意图:通过让学生感知、体验,自己总结出元音字母 Ee 在单词中的发音规律,有利于激发学生的兴趣,帮助学生记忆。

7. 全班齐读课本 11 页和 23 页 Pronunciation 中的单词。

教学方法是朗读教学法。设计意图:让学生对本节课所学内容进行整体回顾。

Step 3 Practice

1. 看动作猜音标。

2. 看口形猜音标。

3. 听音标举卡片。

教师准备若干音标卡片,然后学生听教师的指令举相应的音标卡片:Show me your [eɪ],Show me your [æ],Show me your [iː],Show me your [e]。

4. 听单词举音标卡片。

教师准备单词卡片若干。如:教师举单词卡 cake,让学生找字母 a 在单词 cake 的发音,举起相应的音标卡片。

Step 4　Production

1. 游戏"找家人"。

教师把全班分成四个小组。准备单词卡片若干和四张画有房子的纸。每张房屋上分别写上四个音标。要求学生帮四个音标找到他们的家人并贴在画有房间的纸上。最先完成没有错误的组为优胜组,给每个人奖励一个小贴片。

教学方法是 TPR 和游戏教学法。设计意图:通过学生亲自参与体验、游戏和合作的方式激发学生学习的兴趣,考察学生的分析与记忆能力,促使其形成积极的学习态度。

2. 说一说

[eɪ][eɪ][eɪ] Say "OK"。

[æ] [æ] [æ] Look at the blackboard。

[iː] [iː] [iː] Drink some tea。

[e] [e] [e] Let it rest。

教学方法是学说顺口溜。设计意图:学说顺口溜不仅可以使知识变得简单、生动、印象深刻,而且通过这样的训练,真正将语音教学落到实处。

Step 5　Summary

What did you learn in this class? We learned Aa and Ee's pronunciation.

教学方法是启发式教学法。设计意图:通过对知识的小结,帮助学生将本课的信息进行加工、储存,从而明确教学目标、重点和难点。

Step 6　Homework

完成活动手册上的习题。

三、教学反思

本次教学过程循序渐进,从热身活动到巩固练习环节,每个教学环节都是根据学生的知识水平、接受能力进行设计。各教学环节衔接自然、层次清晰,教学目标明确,教学重点突出。课堂上注意调动学生的积极性,教学过程体现了学生的主体性,学生学习的积极性较高。注意将语言知识的学习与实际运用相结合,在发展学生运用能力的同时,特别注意培养学生观察、思考、分析和总结的能力。

采用多媒体课件,单词卡片形象直观的教学手段,结合歌曲、编顺口溜、TPR 和游戏等教学法。通过感知、体验、实践、参与和合作等方式,充分发挥了教师的主导和学生的主体作用。引导学生在合作学习中体验、探究、发现问题、寻找解决问题的方法。学生能顺利地发现总结出元音字母 Aa 和 Ee 在单词里的基本发音规则,准确读出例词。符合小学生的生理和心理特点,激发了他们学习英语的兴趣,教学效果良好。

第二节　小学英语词汇教学

一、小学英语词汇教学的意义

语言是人类社会发展的产物,它作为人们的交际工具而为社会服务。伟大的革命导师列宁曾说:"语言是人类最重要的交际工具。"而词汇是组成语言的最基本的材料,没有词汇也就无所谓句子,更无所谓语言。英语教学离不开词汇教学,词汇教学是英语教学中的重要环节,掌握一定量的词汇是学好英语的基础,词汇学习贯穿于语言学习的全过程,不掌握一定量的词汇,阅读、听说、书写都无法顺利进行,因而就直接影响学生学习英语的兴趣和英语能力的运用和发展①。

二、小学英语词汇教学的目标

根据中华人民共和国教育部制定的《标准》规定:"小学六年级结束时应达到二级水平的基本要求。对词汇的要求是学习有关本级话题范围的 600~700 个单词和 50 个左右的习惯用语;了解单词是由字母构成的。"那么,我们词汇教学的内容自然也就包括:词音、词形和词义三方面的学习。

1. 语音的学习

学习单词首先要学习它的读音。把音读准了,就会为以后记忆单词打下良好的基础。语音教学要一次到位,这就要求教师自己的发音必须准确。在三年级学习字母读音、元音素和拼读规则时,每个音都要读准。随着年级的升高,教师在教单词时必须提醒学生容易忽视的单词的重音。教师应让学生了解重音的重要性。在学英语的初级阶段,培养学生们良好的发音习惯是十分必要的。

---

① 吴佳怡.任务型教学在小学英语听说教学中的应用[J].理论探索,2009:83.

2. 词形的学习

词的拼写也是词汇学习的一个重要内容,掌握单词的拼写是记忆单词和读准单词的重要条件,因此要培养学生按发音规则拼读和记忆单词的能力和习惯。在一些单词中,有的字母 b 和 e 不发音,有时一个字母有几种读法,如 go,shop。这种音形不一致的情况,是学生学习和记忆单词的难点。但英语单词的拼写和读音还是有规律可循的。教师要引导学生将单词与读音规则结合起来,运用拼读规则,按照音节读单词,以提高记单词的效果。

3. 词义的学习

学习词汇,只有在理解词义的基础上才可以运用。任何语言的单词都是代表主观世界和客观世界的概念,但各种语言中的词汇所代表的概念并不完全相同,我们不能把一个英语单词和一个汉语的词在意思上完全等同起来。尤其在小学英语词汇教学中,可大量利用实物、图画、动作和手势等直观的方法来解释某些单词所代表的概念。在词汇教学的过程中,必须贯彻小学词汇教学的三个原则:第一,以听、说、读(朗读)、写(书写)为教学的顺序;第二,以真实的情景和语境为教学的引子;第三,以学法的指导为教学的主线。在了解词汇教学的内容和原则的基础上,必须掌握一些词汇教学的策略。

三、贯彻"听读"领先的原则

首先,一定要贯彻"听说领先"的原则。即教师要在教单词时,先让学生听,让学生去"辨音",教师所展示的不是课本里的字母,而是每个词是由几个音素,几个音节构成,重音在什么地方,这样才能从听的意义上掌握词汇。

其次,在听的基础上加强读音规则的教学,以培养学生的拼读能力。培养学生的拼读能力应该从最简单的拼读抓起,采取循序渐进的原则,通过类比和比较,使学生掌握单词中字母及组合的读音规则,能够听词,能写,见词能读。

四、小学英语词汇教学的方法

1. 趣味认读,建立常规——低年级单词教学策略

(1) 引导少一些,观察多一些

正所谓:好的英语是"读"出来的。特别是低年级的单词教学,其要求更是以认读为主。《标准》指出:"低年级学生能根据听到的单词识别或指认图片或实物;能根据图、文说出单词或短语;能在指认物体的前提下认读所学词语,但不要求会拼写单词。"

培养学生良好的单词学习习惯可从下面三个方面入手:

第一,看图说词:在新授第一课时,可以从主题图入手,区分旧知识,还能引出新单词的学习,更重要的是,这样给学生创设了说英语的语境。例如,在教学"Shapes"一课时,教师让学生观察主题图,自由谈论所看到的内容,有的学生通过课外班的学习能用英语说出部分形状,教师这时马上表扬学生"Good!"然后呈现该单词的图片和声音,学习这个单词。

第二,整体认读:当学生能根据图片读出单词后,教师可以有意识地把图片和单词结合起来让学生认读,增加学生的整体认读能力。

第三,听音判断:在学习完形状的单词后,用幻灯片展示学过的形状图片,然后随便说出一个形状单词让学生判断是否正确,为了激发学生的兴趣,让学生用手势表示对勾(一手搭在另一肩上)和叉子(两手交叉),并奖励第一个判断正确的学生,学生的积极性高了,动作越来越快了,越来越正确了。

总之,低年级单词教学以认读为主,要使学生能正确认读大量单词而不混淆,是一件非常不容易的事,因此,养成良好的观察习惯是教学中必不可少的一个环节。

(2)趣味多一些,发音准一些

由于低年级学生注意力不容易集中,好奇心和兴趣也不可能维持很长时间,单词的认读形式应该多样化,以认读为主,注重兴趣为教学策略,此外还要使学生养成正确的语音语调,这对于初学英语的人来说是很重要的。可以设计以下读单词的方法,做做玩玩认单词:

第一,看口形猜词:教师先示范说词,学生先齐答,再比赛答。作为奖励,谁答对了就可以得到一个出题的机会。

第二,按升降调读或强中弱读。

第三,一口气读三遍至五遍:能一口气把单词读三遍,可得到一颗星,一口气能读五遍,给予更大的奖励,可得到两颗星。

第四,双接龙读或多接龙读:在呈现完新授单词后,一个读完可以找另外一个读,然后这两个再找两个学生读,很快整班学生就以几倍的速度很快读完了。为了激发学生兴趣,维持好课堂秩序,还可以规定学生每次叫其他学生只能走两步,而且给学生限定了时间,10秒钟读完,或30秒读完等。

第五,找卡片读:给出卡片,藏到一个学生的桌洞里,一个学生猜,其他同学用声音大小提示。

第六,教师说中文,学生说英文,然后交换再说:教师可以根据学生的学习情况,速度逐渐加快,在这种师生互动的竞赛中,融洽了师生关系,同时也激发了课堂的学习气氛。

第七,比赛读:在复习课上,如何调动学生的积极性呢?根据小学生争强好胜的心理特点,可以设计看单词比赛读的环节。教师任意出示给出图或词,看谁反应快,读得快,先说出的给予奖励。

第八,编歌谣读词:例如,在学习了表示食物的单词后,可以教学生说:Rice, rice, I like rice. Milk, milk, I like milk. 在学习完动作的单词后,可以教学生说:A dog can run. I can run. Can you run? Yes, I can. A fish can swim. I can swim. Can you swim? Yes, I can. 在示范后鼓励学生用学过的单词改编歌曲或歌谣,读歌词。

2. 渗透学法,速记单词

(1) 比较法

教师在课堂中应做方法的传授者、学习的指导者,鼓励学生养成善于观察,寻找单词共同点的好习惯,从而加深学生的记忆,提高新单词的记忆速度。

① 词尾相同,区分词首不同:

Ⅰ. mother, father, brother;

Ⅱ. Monday, Tuesday, Wednesday 等表星期的词;

Ⅲ. rainy, windy, sunny.

② 词首相同,区分词尾不同:

Ⅰ. watch, water;

Ⅱ. girl, gift;

Ⅲ. shop, shoes.

③ 首尾相同,区分中间不同:

Ⅰ. hat, hot, hurt;

Ⅱ. slow, show;

Ⅲ. shirt, short.

④ 中间相同:after, often.

通过学法的渗透,学生在教师的引导下,自己也能总结出许多单词了,例如,pen, pencil, pencil sharpener 可通过对比来完成学习任务,他们记单词的信心和兴趣得到了很大增强。

(2) 猜词法

在新授单词时,为了使学生更好地感知记忆单词,为了激发学生的兴趣,对于元音字母较少的单词,可以使用猜词比赛的方法。

① 猜测辅音字母:

当学习 week 时,教师只写出 ee,当听到 fix 时,教师只写出 i,让学生猜测少了什么,应该在什么位置,由于大部分辅音字母只有一种发音,学生通过听音很容易猜出单词的拼写。

② 猜测双写的字母：

在学 shopping 时，老师先写出 o 让学生猜测其他字母，接着再猜双写的字母。事实证明，给予不同的难度不同的奖励，可以促进小学生学习的兴趣，将学生培养成为一个"乐知者"。

3. 联想归纳法

(1) 成串记忆，巧记单词，提高学习效率

在复习食物的时候，由"food"这一词汇联想到"meat, fruit, vegetable"三词；由 meat 我们可以想到"beef, chicken, hamberger"等；通过词汇之间的联想，学生就能较为完整地学习到一类词汇。

(2) 围绕一个积极单词展开联想记忆，巧记固定搭配的词组和常用短语

例如，有关 go 的词组：go to school, go to the park, go to the bank, go to the supermarket 等。

有关 come 的词组：come in, come up, come on, come from, come back, come to school 等。

有关 get 的词组：get home, get off, get up, get back, get down, get to school, get ready for 等。

(3) 懂得观察与创造，开口说出一个小对话

在实施词汇教学时，尽量把词汇置于能听、能看、可触摸、可感受的情境中去。例如，学习打电话用语时便可拿两部会响的电话，让他们好像真的在打电话一样，学生在交际中学得了知识。在学习交际用语时还可以设置购物、借物、问路等情景。

所以，在学习中创设真实的情景，做到"词不离句，句不离文"，由浅入深、由表及里，加深理解、增强记忆，才能取得最佳复习效果，从而激发学生学习的主动性。

4. 增加复现率，注重知识的新旧衔接

如何提高词汇的复现率呢？

(1) 以旧带新法

在教学新单词的时候，可以与旧单词进行比较。例如，学习 A 时先拿出 Ann 的面具，让学生说出名字，然后写出 Ann，其中的 A 用红色强调，然后再学习字母 A 的读法。

(2) 新旧综合复现法

每当学完新单词后，鼓励学生综合使用新旧单词进行联系和造句。例如，学完衣服的单词后，引导学生说说自己衣服的颜色，这就复现了颜色的词；学完家庭成员的称呼后，鼓励学生说说家人喜欢的动物，这就复现了表示动物的单词。

此外，听写单词也是反复的过程，再一次刺激大脑皮层，激活记忆。每天听写时，老师总是带着昨天的单词一起听写，隔一段时间进行再进行一次，督促学生去看书、去读记，让学生在多次反复中巩固旧知识、学习新知识。[①]

5. 开辟记忆多渠道

(1) 将单词与句型融入故事中

故事教学法具有很强的重复性，它通过在故事中有意识地重复语言点，使学生学过的东西得以巩固和记忆。

例如，在学习故事过程中复述单词与句型，带出单词与句型，或通过提问题重现故事中的单词与句型，使对单词的初步感知上升到另一个台阶。然后，鼓励学生创造性地改编一些小故事，也可以是描述身边的事或物品，更可以是用画画的形式表现出来，创作自己的英语小漫画等。

(2) 使用词典，自学单词

每当学完新课文后，可以给学生留2到3个新单词，让他们通过查字典的方式自学，了解单词在课文故事中最恰当的意思。然后下节课找学生说一说。

此外，还可利用字谜游戏学单词，因为谜语具有较强的趣味性和启发智力的潜在因素，为学生所喜闻乐见。

五、单词教学游戏设计

1. 抢读单词

这是训练学生认读单词能力的游戏，教师可以将全班分成若干小组，然后逐个出示一些单词卡片或图片，学生们举手抢答，教师让最先举手的学生读出该单词并说出其中的意思，或将图片上的单词拼读出来，读对、说对、拼对的给该组记10分，得分最多的组为优胜。

2. 看图猜词

以每一纵行为一组进行竞赛，教师先出示一些单词的图片，然后收起来，再从中抽出一张放在身后，由每组的第一名学生轮流猜，可以问："Is it a plane (bus, bike)?"回答：Yes, it is. 或 No, it isn't. 等。哪个组猜对了就给记10分，然后接着往下猜，第一排的学生猜过后第二排接着猜，最后得分最多的组为优胜。做这个游戏时，还可以找一位学生来主持，由他抽卡片让其他学生猜。

---

① 包天仁. 中国小学英语教学的现状与反思[J]. 基础教育外语教学研究. 2004: 67.

3. 相同词首单词拼读赛

将全班分成若干小组,教师说一个字母(如:D),第一组的第一名学生立即站起来,说出并拼出三个(也可以是五个或十个,视学生词汇量的多少而定)以字母 D 开头的单词,如 desk,dog,door 等,念不出或念错要扣分,这位学生说完后,教师念另一个字母,由第二组的第一名学生说。这样依次进行下去,最后看哪组人最多为胜,做这个游戏时,也可以让两组的学生轮流说字母(如:由第一组的第一名学生说字母,由第二组的第一名学生答)这样就成了对抗赛,注意不要说 Q,X,Z 等字母。

4. 拼单词对抗赛

将全班分成若干小组,对抗赛在两个小组中进行,在教师宣布游戏开始后,第一组的第一名学生立即用中文说出一个单词(如:自行车),第一组的第二名学生应立即将这个单词说出来,说错或不能迅速说出单词的记负分,最后哪组扣分最少为优胜。

5. 单词接龙

将全班分成若干组,每组来一个学生在黑板上写出一个以某字母为词首的单词,前一个单词的词尾字母作下一个单词的词首字母。在规定时间内哪一组接的词最多为优胜。如 pen-nice-eight-tea-an-no-or-right-teacher-radio-on-not 等。

6. 猜袋中物

教师从书包中拿出一件东西放入一只不透明的袋子里,由每组的第一名学生轮流猜,可以问:"Is it a banana (an apple, orange)?"猜对了为优胜。

7. 看图猜词大家答

教师先出示一些单词的图片,然后收起来,请一名学生到前面猜,猜的学生面对全班,再请另一名学生上前站在他身后,抽出一张图片高举在手中。猜的学生可以问全班:"Is it a plane (ship, bike)?"等,全班学生答:"Yes."或"No."猜对后可以换另一位学生继续猜。

8. 猜颜色

教师先准备一些单词的图片。如白色的飞机,红色的小汽车,黑色的鞋,绿色的上衣等。游戏开始,请一名学生到前面来猜,猜的学生面对全班站立,再请另一名学生上前站在他身后,抽出一张图片高举在手中并说:"This is a plane (car). What colour is it? Please guess."猜的学生可以问全班:"Is it red (black)?"等,全班学生答:"Yes."或"No."猜对后可以换另一位学生继续猜。

9. What's missing?

这是训练学生记忆力的游戏。教师出示一些实物,放在讲台上,请学生到前面先看半分钟,然后背向讲台面向学生站立,再让另一位学生上来取走一样东西。然后说:"Please guess what is missing?"猜的学生要在10秒钟内用英语把缺的东西说出来。(也可以运用多媒体课件展示)

10. Listen and touch

这是训练学生听单词并快速做出反应的游戏,在学了 nose, ear, eye, leg, hand, arm, finger 等单词后,教师可快速说出这些单词,学生听到指令便用手触摸相应部位,最快最准的获胜,当学生做得非常熟悉后,还可以增加难度,可要求学生听到哪个单词不许摸哪个部位。例如,教师说"nose",学生不可以摸鼻子,但可以摸眼睛、耳朵、嘴等其他部位,这个游戏可以用竞赛的形式进行,每组抽一名学生到前面做动作,做错了就被淘汰,最后剩下的一人或两人为优胜。

11. 听单词做动作

这个游戏的玩法与"Listen and touch"差不多,在学了 run, walk, sit, stand, swim, skate, play football, play basketball 等动词和动词词组后,教师可快速说出这些动词或词组,学生听到便做动作,最快最准的获胜。这个游戏同样可以用竞赛的形式进行,每组抽一名学生到前面做动作,做错了就被淘汰,最后剩下的一人或两人为优胜。

六、看教学视频,分析视频中老师用了哪些词汇教学活动

➢扫描目录页二维码获取视频资源。

七、小学英语词汇课教学设计

教学内容是 PEP 小学英语四年级上册 Uint 1 Part A Let's learn

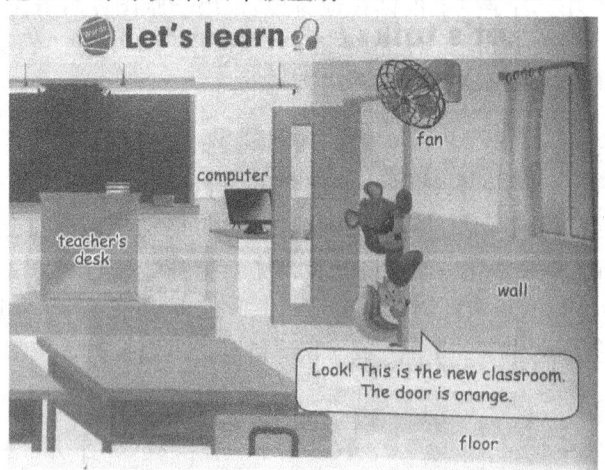

 教学案例 5-2

一、教学内容
PEP 小学英语四年级上册 Uint 1 Part A Let's learn

二、教材分析
PEP 小学英语教材以话题为纲,从内容、形式、方法、插图等方面都最大限度地激发学生学习的动机和兴趣,以交际功能为主线,兼顾语言结构,逐步引导学生运用英语完成有实际目的的语言任务。本教材还注重双向交流的中西方文化知识的渗透,在教学内容中选编了一些适合学生年龄特点和认知能力的中西文化知识。PEP 小学英语教材 Book 3 共有 6 个话题,本单元的话题是教室,本课为第一课时,本课的主要内容是学习教室里物体的单词 classroom、window、door、picture、board、light 和用教室物体的单词表达简单的意思 What's in the classroom? 及其回答 A board, two lights, many desks and chairs… 在词汇教学上,教材设计了"Let's do"这个活动。这个活动生动有趣,很容易吸引学生的注意力。

三、学生分析
本节课的授课对象是小学四年级学生。这一年龄阶段的孩子爱玩爱动,注意力集中的时间不长,主要以形象思维为主,因此,教师应在课堂上设计生动活泼、形式多样的活动吸引孩子的注意,多采用具体、直观的教具;从语言水平上看,在 Book 1 的学习中,他们已经掌握了部分物体的单词如 desk、chair、picture、bag、ruler、book、pen、pencil-case 等,而且已学过简单句型"This is…","I have a …",这些都为本节课的学习打下了基础。

四、教学目标
(一)语言知识和语言技能目标

1. 能听、说、认读课室物体的单词 classroom、window、door、picture、board、light。

2. 能听懂、会说:What's in the classroom? A board, two lights, many desks and chairs.

3. 能听懂并按照指令做"Let's do"的相关动作。

(二)情感目标:能以得体的方式询问教室里有什么物品,积极参与,主动请教。

(三)学习策略目标:让学生善于主动询问,学会与他人合作沟通。

五、学习重点、难点

（一）学习重点：单词 classroom，window，door，picture，board，light 的音、形、义、用。

（二）学习难点：picture、classroom 的发音，回答 What's in the classroom? 时，要注意单词的单数和复数的读音。

六、教学准备

（一）教师准备教室的教学课件。

（二）教师准备 window，door，picture，light，board 的图片和单词卡片。

（三）教师准备一张画有教室的大图。

七、教学过程

Step 1　Warm-up

1. Greetings

2. 复习

T：Are you ready? Listen carefully. What's in the picture?

Picture, picture, picture.

Look, look, look, desks and chairs.

Look, look, look, pencil and pen.

然后让学生跟着教师唱2遍。

【设计意图：帮助学生复习已学过的单词，引入本节课要学的新单词 picture，吸引学生的注意力，从而引起学生学习的兴趣。】

Step 2　Presentation

1. 教学单词 picture

（1）从 Let's chant 中引入新课，教师把一张画有教室的大图贴到黑板上问 What' this? 教师自答：This is a picture.

（2）教师指着黑板图片反复说 picture，让学生猜意思，并使他们明白 picture 为图画。

（3）教师出示单词卡，领读 picture。

（4）教师拿出些自制的图画，指着说 This is picture.

（5）让学生找出教室中的图画，练习说 This is picture，在练习过程中纠正学生的发音。

（6）教师再把一张图画贴到黑板上说 picture，this is picture，put up the picture，让学生明白 put up the picture 的意思为挂起图画。

（7）教师板书 picture，让学生认读。

【设计意图：先练听、说，后练认读，先易后难，循序渐进，符合四年级孩子的

认读规律,与常见的出示单词卡并领读相比使单词教学变得更为容易。】

2. 教学单词 board

(1) 教师问 What can you see here? 让学生答,可能会答 desk, chair.

(2) 教师指着黑板说 look at here. What's this? 自答 this is board.

(3) 教师出示单词卡,领读 board.

(4) 然后教师拿起黑板擦擦黑板说 board, clean the board.

(5) 然后教师板书 board,再领读。

【classroom, light, door, window 几个单词的教法类似上面的。】

3. 开火车游戏

(1) 每组派一名同学指物体,每组下面的同学读出该单词,读对的同学加 1 分,读错扣 1 分。

(2) 全班分成 4 组,每组派一名同学到每组的前面随意地指教室的物体,同组的同学以开火车的形式读出被指的物体的单词。

【设计意图:利用游戏活动巩固单词,利用学生的好胜心设计游戏,从而激起学生们的学习兴趣和积极性,特别是调动后进生的参与热情。】

Step 3　Practice

1. Game:read and turn

把学生分成 2 组,每组派一个同学到讲台上面对黑板的教室大图。教师面向其他学生随机抽出单词卡,下面的同学读出该单词,上面同学用不同颜色的粉笔在图上圈出该物体。如 picture,教师出示 picture 的单词卡,下面的学生齐读 picture,上面同学在图上圈出图画。看谁读得、圈得又快又准。

【设计意图:复习已学的单词,锻炼学生认读能力,培养学生的竞争意识及合作精神。】

2. Let's do

(1) 教师出示单词卡领读单词,然后做动作,如 picture,教师出示单词卡读 picture,把图贴到黑板上说 put up the picture.

(2) 让学生边做动作,边跟着教师读。

(3) 教师做动作,学生读。例如,教师把图画贴到黑板上,学生要立刻读出 put up the picture.

(4) 让学生听 Let's do 的录音,跟着说、做。

(5) 让学生站起来,听教师指令,学生跟着说、做动作。

【设计意图:要求学生既要熟悉单词,又要听说指令,边做动作边领读,让学生更容易理解,明白其意思,降低学生学习的难度。】

3. 看图填空

Welcome to my _____（教室的图片）. This is the new _____（黑板的图片）.

We have two _____s（图画的图片）and eight _____s（灯的图片）.

Step 4 Extension

1. 课件呈现各种各样教室的图片，让学生明白我们生活的环境。

2. 课件呈现2个教室对比，一个较新较干净，一个旧的脏的。让学生用Let's do把脏的教室清洁干净。

【设计意图：保护环境，常清洁并保洁。在复习的同时培养孩子爱护环境的好习惯，意义深远。】

Step 5 Ending

1. 听读今天所学的单词

2. 听读做Let's do

八、板书设计

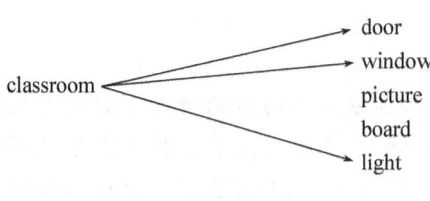

第三节 小学英语听力教学

一、小学英语听力教学的意义

在小学英语"听说读写"四项能力要求中，"听"始终被排在第一位。这就说明，听是语言的最大功能之一，离开听，语言则失去了它的灵魂。教育部颁布的《标准》中更增加了对听力的具体要求：听力测试在学期考试所占的比例应该不少于20%。由此也可见得，为学生创造良好的语言环境，保证学生有足够"听"的语言量，努力提高学生的听力水平，已成为小学英语教学的首要任务。根据心理学研究发现，小学生最佳学习语言的时期为8～12岁，这时小学生的听觉最敏捷，所以小学阶段无疑是培养学生听力的最佳时期。所以无论在平时课堂教学还是复习教学中,我们都要把"听"摆在语言学习的最重要位置。①

二、小学英语听力教学的目标

参考《标准》第二级,即小学六年级结束时应达到的基本要求的听力语言技能二级目标:

(1) 能识别不同句式的语调,如:陈述句、疑问句和指令等;
(2) 能根据语调变化,判断句子意义的变化;
(3) 能辨认歌谣中的韵律;
(4) 能识别语段中句子间的联系;
(5) 能听懂学习活动中连续的指令和问题,并做出适当反应;
(6) 能听懂有关熟悉话题的语段;
(7) 能借助提示听懂教师讲述的故事。

三、小学英语听力教学的策略

听力策略在听力理解过程中具体可体现为自我监控策略、预测内容和选择要点的策略、记忆策略、激活相关图式策略、推理策略等。

1. 自我监控策略

英语听力训练或听力测试一般都是在一种被动而又严格的气氛中进行,不论是听力强还是听力弱的学习者,都会不同程度地产生紧张焦虑、缺乏自信的情绪,这就需要听者具备一定的自我调控能力,不断调整自己的状态。

2. 预测内容和选择要点的策略

外语听力理解过程跟母语听力理解过程是相同的,听者没必要也不可能把每个单词、句子都听得很清楚。因此听者要善于通过预测选择要点,在听前通过阅读题干和选择项,推知听力材料大致涉及的内容。

3. 记忆策略

学习者一般很难记住长段文章或会话中的全部细节,因此,需要听者在听音过程中边听边抓住时机,快速记下重要信息。

4. 激活相关图式策略

激活相关图式策略是把新信息同先前的知识或同新信息中的其他信息相联系的策略。它是一种有助于理解和记忆的高级策略。

---

① 傅小平.小学英语教学论[M].长沙:湖南人民出版社,2007:162.

5. 推理策略

推理策略是运用已有知识和听力材料中所获得的新信息,猜测意义或补充失去概念的策略。①

四、小学英语听力教学的方法

(一) 利用英语组织教学,促使英语听力经常化

课堂是实施英语听力训练的主要阵地,要为学生创造一个良好的语言环境,教师可用英语组织教学,为学生营造英语的氛围。例如,look at the blackboard. Read after me, please. Read again, please. Please listen to me. Are you ready? Listen to the tape and say … 等日常用语,经过日积月累,学生不仅能听懂简单的课堂用语,还能运用简单的英语与学生和老师进行交流。另外,在平常教学中经常鼓励学生用英语回答问题及参与其他课堂活动,将听力教学贯穿在平时每节英语课中的细微之处。

(二) 利用课文材料,训练学生听力的理解能力

教材的每个单元都有 Let's learn、Let's do、Let's talk、Let's check 的训练项目,这是很好的听力材料。因此,新课标中明确指出,"英语教材是英语课程资源的核心部分"。在教学过程中,教师要紧紧抓住教材所给的教学资源,在开展相关环节时,对学生进行听力训练。

let's learn 这部分是词汇教学,利用它来做听音训练,既可了解学生对单词的掌握情况,又能强化单词的记忆。

let' do 在理解指令的基础上,可听录音,做动作,既训练了学生能力,又增强了课堂教学的趣味性。

let's check 是专门设计为检查学生对本单元的语言等知识掌握情况而服务的,这样既降低了学生听力的难度,又巩固了已学知识,同时又增强了练习的多样化。

let's talk 首先可在学习新内容开始,打开录音机,让学生先听,然后回答一些与对话有关的简单问题。其次,可在理解的基础上边听边复述相关的内容,从而达到加深对课文内容的理解。

let's try 是帮助学生进一步熟悉部分学过的新词,并在进入新句型的学习之前先从听觉上感知新语言,这样,既可强化旧知识的记忆,又可初步了解新知识。

---

① Rod Ellis. The Study of Second Language Acquisition[M]. 上海:上海外语教育出版社,1999:168.

（三）采用任务型训练法，提高听力能力

新课标中明确指出："教师应依据课程的总体目标并结合教学内容创造性地设计贴近学生实际的任务型教学活动，吸引和组织他们积极参与。"因此在教学中可经常采用任务型训练法来提高学生的能力。该训练方法首先必须要求学生先听懂，在听懂的基础上，输入语言信息去完成一项或多项任务。这些任务是教师围绕听力内容所提供的语言情景，是预先设计好的。通过任务的完成来检验学生的理解程度。

1. 听录音，画图，涂色

听录音画图涂色的方法，通过训练培养学生空间定位能力和运用英语的能力。关于水果等词汇比较适合用此方法，例如，教师发令：Draw an apple. Colour it red. Draw a pear. Colour it yellow. 学生听到指令后做出相应的动作，完成相应的任务。

2. 听录音，取卡片，大声读

听录音取卡片的方法，通过训练培养学生的动手能力和认读英语的能力。关于文具等词汇比较适合此方法。例如，教师发指令：Take out the pen 学生到黑板前取卡片，然后大声读出。

（四）灵活多样的兴趣训练，强化学生的听力

《标准》要求小学英语教学应以活动教学为主要形式。以培养听与说的技能为主要内容，以激发兴趣为主要目标，使学生在听、说、玩、演等活动中学习运用英语，体会在"玩中学，做中学"的乐趣。的确，兴趣是最好的老师，儿童与游戏有着天然的联系，而形式多样的游戏活动是激发学生学习兴趣行之有效的方法。在教学过程中，应经常采用符合小学生心理特点的游戏活动激发学生的兴趣，努力做到既适合孩子的天性，又尽量做到寓教于乐。①

1. 听词卡，猜词语

课前，教师将写有猜单词的词卡交给一名学生，该生回去读熟、背会，第二天课上读给大家听。让大家猜，It's a fruit. It's purple. It's sour. 绝大部分学生能够猜出是单词 grape。

2. 做动作猜词

一名学生在讲台上边做动作，边做口型。其他学生根据口型和动作，猜该学生所表演的词是什么。

---

① 鲁子问. 小学英语教育学[M]. 北京：中国电力出版社，2004：28.

3. 看图片,学配音

教材中每单元都有 story time 一环节,在其中选取难度适合的 story 先让学生看书听,在学生听懂理解的基础上,出示该内容的教学挂图或幻灯片。让学生尝试做配音表演。

总之,听力是一种积极的思维过程。对教师来讲,若想提高学生的听力理解能力,必须做到层层突破,循序渐进。对于学生来讲,提高听力不是一朝一夕所能做到的,需要在教师的指导下养成良好的听力习惯,以此达到提高学生听力的目的。

五、小学英语听力教学活动需要注意的问题

1. 注意难度的把握

听力任务的选择要适合该年级学生水平。任务太难,容易挫伤学生的信心和热情;任务过于容易,毫无挑战性,就可能使学生丧失兴趣,滋生自满情绪,放松学习,部分学生还可能有浪费时间的不快感觉。因此,难易程度最佳的听力任务应该是既具有挑战性,又不是高不可攀的。

2. 注意内容的趣味性

由于教师很难监控学生参与听力活动的程度,因此,应尽量通过内容的趣味性去调动学生的积极性,使学生对听力活动保持浓厚的兴趣,减轻学生对听力活动的厌倦感。

3. 注意形式的变化

听力活动与任务的形式多样化原则,要根据教学目的的需要,设计难度不同、形式各异的听力活动,避免长时间采用同一种活动形式,要采用不同的形式组合,按不同的顺序,不断翻新花样,使学生对听力活动保持兴趣和新鲜感。

4. 注意方法的指导

听力训练时,教师应侧重于考前的指导和适应性的练习。指导学生掌握一些做题的要领、注意点。如做听力题的一些技巧,笔试题的审题和做题方法等。同时,在开展活动前,要让学生明白活动的方法和一些听力技巧,并做好相应的准备工作。①

六、听力教学活动设计

小学英语听力训练主要活动有:

---

① 徐桂英. 浅谈小学英语听说教学[J]. 科学大众,2011(11):86.

(1) Listen and guess　　　　　(2) Listen and repeat

(3) Listen and read　　　　　(4) Listen and write

(5) Listen and act　　　　　　(6) Listen and show

(7) Listen and answer　　　　(8) Listen and discuss

(9) Listen and tick　　　　　 (10) Listen and match

(11) Listen and fill　　　　　　(12) Listen and draw

(13) Listen and choose　　　 (14) Listen and complete

(15) Listen and play　　　　 (16) Listen and do

(17) Listen and transfer　　　(18) Listen and list

(19) Listen and speak

1. Listen and guess

准备 T：Now, listen to the recorder carefully, I'll stop it at anytime, and then guess what it will happen …

听：

A：Tom!

B：Yes, mum?

A：What are you doing?

B：I'm …（猜测此处所缺的内容）

A：Don't watch TV, it's time to go to school.

Ss：(guess) I'm watching TV. / I'm watching the football match on TV. / I'm watching the basketball match on TV …

2. Listen and answer

老师把写有语句的许多卡片罗列在黑板上，然后老师提问，学生听完马上进行回答，回答准确的学生，上台到黑板上找出该句子的卡片，正确者则给该小组加分。

3. Listen and repeat

老师对班级学生进行分组，然后依序对小组进行传话游戏。同一组学生按照顺序传递老师说的句子，看哪一小组人员全部正确传完语句用的时间最短则获胜。不同小组要传递不同语句，老师应该多准备一些长度差不多的句子，以让学生说该句费时差不多才能显得公正。

4. Listen and do

Point to the window/door … point to your nose …

Touch your mouth … Touch your books …

Hold up your pen … hold up a toy car/dog …

Show me your hand/one finger …

Stand up! Sit down! Turn left/right/around!

One step up! Two steps back!

Two fingers up! One finger down!

可以变为多人一组,用于训练 my,your,his,her,our,their 等代词。

通过这个听力活动,可以复习物品名称,还有动作指令词组等。

5. Listen and show

学生可以进行双簧表演。一人做动作,一人发指令。

指令也可以比较简单,如:

This is a monkey. He can jump. And he can climb up a tree very fast. He likes bananas. Oh, look, there are some bananas on the left. He runs to the bananas. Boom! He falls down.

6. Listen and draw

小朋友,今天是六一儿童节,大家都想要一些节日礼物,下面你听到的是小东想要的礼物,听一听是什么,你能帮他在下面的边框中画出来吗?看谁画的又快又好。

听力材料:

It's Children's Day today. My grandpa and my parents will bring me a lot of presents. I want a beautiful pencil-box and a nice bag. My grandpa will buy them for me. Mum will buy me a pair of shoes and my father will give me a new football. I am very happy today.

7. Listen and tick

T:(放录音材料) Look, this is a picture of a school. It's not black and not white, it's yellow, blue and green. Is there a river beside the school? Yes. Are there any trees and flowers there? Yes, there are many. They are so beautiful. And we can see some pupils, too. They are sitting near the river. They are looking at the fish in the river.

Ss:(做以下的练习,对的打"T",错的打"F")

(   )1. This is a picture of a river.

(   )2. There are five colours in the picture.(要求学生抓住细节:It's not black and not white, It's yellow, blue and green.)

(   )3. The pupils are catching the fish in the river.(要求学生抓住细节:They are looking at the fish in the river.)

(   )4. We can see some pupils in the river.(要求学生抓住细节:And

we can see some pupils, too. They are sitting near the river.)

8. Listen and list

教师可以归类出一些单词,然后罗列在黑板上,学生按照老师报的顺序,给相应单词找到顺序位置。

如动物名称的单词:Ant, bear, bird, cat, cow, dog, duck, elephant, fox, frog, giraffe, horse, kangaroo, lion, mouse, nightingale.

七、看教学视频,分析视频中老师用了哪些听力教学活动

➢扫描目录页二维码获取视频资源。

八、设计听力教学活动

根据PEP小学英语三年级下册Uint 2 My Family的教学内容,设计两个听力教学活动。

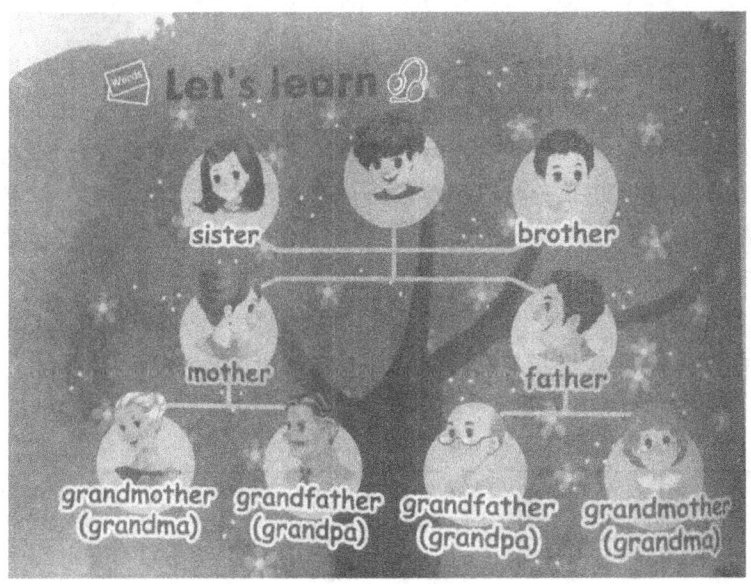

Uint 2　My Family

新词:grandfather(grandpa), grandmother(grandma)

新句子:This is my family. There are five people in my family.

九、小学英语听力教学设计

教学案例 5-3

一、背景分析

设计人：罗茵（广州市天荣中学）

课　　题：牛津英语上海版，八年级上册，Unit 3 Modern machines

教学内容：Listening A & B　Filling in an order form. What can these robots do?

课　　型：听说课

教学时间：45 分钟

本节课与上节课相关性分析：

本课时是该单元第二课时，课型为听说课。通过上一课时的学习，学生初步了解到电脑在各行各业和人们生活中的应用。本课时以订购物品和机器人产品描述为线索，进一步学习电脑及其相关产品在日常生活的应用。与第一课时的阅读训练不同，本课时应侧重听的策略与技巧培养兼顾说的训练。

二、学情分析

1. 学生对购物的话题比较熟悉，本课中 Listening A 的话题虽然是围绕购物展开，但是与他们平时接触的商场购物有所不同，侧重于通过电话下订单进行购物。学生通过本课时的学习，应该对电话订购这种购物方式有所了解。

2. Listening B 中谈论机器人功能的话题为学生所津津乐道。但是由于听力练习贯穿整个课时，学生容易疲惫，教学中应注意穿插进行一些小活动调动他们的积极性。

三、教学目标

1. 认知目标：

（1）复习形容词的比较级与最高级。

（2）学习以下词汇：

课标词汇	keyboard, supply, company, product, quantity, price, height, weight, stair, touch, smile, else, grand, total.
拓展词汇	ballpoint, reference, medium.

2. 能力发展目标：

（1）通过听力技巧的点拨，培养学生形成正确有效的听力策略，如：听前预测、搜集有用信息，以及记笔记等策略，从而提高他们的听力理解能力。

（2）培养学生探究学习、合作学习、自主学习的能力。

3. 情感目标：

培养学生养成爱科学、学科学的良好习惯。

教学流程设计：

步骤		目的	教师活动/方法	学生活动/学法	条件/手段
Warming up (5m)		Go over the comparative and superlative of adjectives.	—Show a toy robot. —Introduce the topic.	—Learn some new words. —Play the guessing game.	ppt
Listening A (15m)	Pre-listening (4m)	To foster the listening skills of predicting.	—Ask Ss to look at the pictures, read the words given in the order and try to predict.	—Guess the meaning of some new words. —Read the order form. —Predict what they are going to hear.	Ss' sheet
	While-listening (9m)	Get the information needed.	—Play the tape. —Ask Ss to pay more attention to the information they need.	Listen and fill in the order form.	tape
	Post-listening (2m)	Check the answers.	—Listen to Ss' report, help Ss to check the answers. —Show a student's answer on the projector. Correct the mistakes whenever necessary.	Ss check the answers by retelling the order.	ppt
Summary (1m)		Make a summary.	Help to summarize.	Summarize the listening skills learned in this period.	orally

续 表

步骤		目的	教师活动/方法	学生活动/学法	条件/手段
Listening B (23m)	Leading-in (1m)	Catch Ss' attention.	—Give an example of robots helping people and help Ss to brainstorm more examples. —Play a video. —Ask Ss to answer two questions.	—Brainstorm things robots can do for human beings. —Watch the video. —Answer two Qs.	Video, a mind map.
	1st Listening (8m) — Pre-listening (1m)	Learn to predict.	—Show the picture of *RoboPet*. Talk about it with Ss.	Talk about the picture. Make predictions.	ppt
		Learn to predict.	—Show the pictures of *P-Too* and *KY-JO*. —Listen to Ss talking about them.	Talk about the picture. Make predictions.	ppt
	While-Listening (6m)	Get the information needed.	—Play the tape.	Listen and fill in the blanks.	ppt
	2nd Listening (4m)	To listen and take notes of the sentences describing the characteristics of the robots.	—Ask Ss to take notes. —Play the tape.	Write down the notes, then complete the notes to form sentences.	tape
	Practice 1 (8m)	To consolidate the ability of describing a product.	—Explain the task. —Help Ss to find out the best seller among the three robots.	—Group work: S1 Act as a salesman working for *Top Robots*. Try to describe the three robots on sale. S2, S3, S4 Act as *RoboPet*, *P-Too* or *KY-JO*, try to describe yourselves. —Complete the order. —Choose the best seller robot.	group work, orally

续 表

步骤	目的	教师活动/方法	学生活动/学法	条件/手段
Practice 2 (3m) (optional)	To use the language learned in this period.	—Mind Ss they should talk about the quantity, colour, total etc. in the dialogue.	Work in pairs, make a dialogue to order some best-sellers(畅销产品) at *Top Robots*.	pair work orally
Homework(1m)		Give assignment.	—Finish Book b P37, P48 —Writing: In about 8 sentences, write about a new robot you create and sell it to Bill Gates.	ppt

Students' Sheet

* Listening A   Listen and fill in the order form

Reference No.	Product	Colour/Size	Quantity	Price	Total
J－1505	ballpoint pens	black	3 boxes	¥38	¥114
(1) _____	A4 paper	(2) _____	(3) _____	¥30	(4) _____
C－4091	(5) _____	medium	1	¥190	¥190
D－2791	(6) _____	—	5 boxes	(7) _____	(8) _____
C－4083	office chair	black	(9) _____	(10) _____	¥1,800
				Grand total: (11) _____	

* Listening B   Listen and fill in the cards:

1 RoboPet

a Price: _____
b _____ robot at Top Robots in the city centre.
c It can say things like "_____ ,sir".
d It can tell you _____ things.

2 P-Too

a Height: _____ metres
b Weight: _____ kilograms
c It can run and _____ stairs.
d It helps to make _____ in factories.

Listen again. First take notes, then finish the sentences.

RoboPet can _____

P-Too _____

KY-JO _____

* Homework：

a. Finish off Book b P37，P48.

b. Writing：In about 8 sentences，write about a new robot you create and sell it to Bill Gates.

第四节　小学英语口语教学

一、小学英语口语教学的意义

说是人类最基本的言语实际行为之一，是思想的口头输出和表达，是人们对外界信息经大脑处理后的一种思想在声音语言上的表达形式。《标准》提倡以任务为基础的教学法，就是要求学生通过课堂教学活动尽可能地使用英语，鼓励学生用语言做事，解决学习情景中的各种问题，完成学习任务。可见，英语口语教学在我国基础教育阶段越来越受到重视。但在实际的英语教学中，小学生的口语现状仍不容乐观。

小学生学习和说英语有一个由不自主到自主的发展过程，只是指小学生在说英语的开始阶段，总容易把注意力集中在语言形式上，而无暇顾及意思内容。随着英语知识、语言输入、说话环境的适应以及开口习惯的养成，逐渐达到自主说英语的状态。[①]

二、小学英语口语教学目标

参考《标准》第二级,即小学六年级结束时应达到的基本要求的口语语言技能二级目标:

(1) 能在口头表达中做到发音清楚、语调达意;
(2) 能就所熟悉的个人和家庭情况进行简短对话;
(3) 能运用一些最常用的日常套语(如问候、告别、致谢、致歉等);
(4) 能在教师的帮助下讲述简单的小故事。

三、小学英语口语教学策略

(一) 抓好英语基础教学,创设真实的交际情境

第一,由浅入深,抓好英语词汇教学等基础知识。英语词汇教学时,尽量避免机械性认读,可以把单词放在一个句子中,把句子放在情景下。这样学生在输入句子的同时,既学会了这个词汇的发音,同时也明白了词意。

第二,创设真实的交际情境,强化有意注意,培养独立、完整表达语句的习惯。学生在口语交流的时候,只有情景真实有效,学生交流起来才能感觉到语言有意义,才能乐于参与。同时在口语交际的时候老师要尽量引导学生在单句对话的同时,循环运用部分以前学过的句型,让彼此间的对话变成一个完整的信息交流。只有变简单对话为完整的信息交流,才更符合日常生活交际的情景。

(二) 培养学生的语言表达兴趣,营造口语教学环境

在小学阶段,学生只愿学习自己感兴趣的知识,因此在教授口语时,应尽量设计一些学生感兴趣的话题,使学生能说、会说、敢说。教师可以根据不同学生年龄的不同特点、口语基础水平、学习进度等开展一些适合学生心理特征的活动,来提高学生学习英语口语的兴趣。

在教学实践中,要坚持探索行之有效的口语交际教学策略,精心设计口语交际情境,选择贴近生活的话题,运用双向或多向互动的交际方式,对口语交际教学进行全面、合理的调控,并拓展延伸到生活中去,培养学生的英语实际运用能力。

小学生日常生活常见的,如问候、自我介绍、谈论日期、征求别人意见、道谢、物品介绍、打电话等,这些情景都可以通过小组表演使他们互助互学,先通过师

[①] 黄振远.新课程英语教学[M].福州:福建教育出版社,2003:164.

生对话,然后学生自由组合或同桌进行对话操练,然后抽学生表演,进行竞争评优,从而激发学生要说得更好的欲望,让他们"用中学,学中用"来培养他们运用英语进行交际活动的能力。有趣的故事或情节总是很容易抓住孩子们的心,教师也要恰如其分地创设或利用故事的情节,让学生愿意说,乐意演,变"苦学"为"乐学"。所以,英语只有生动,才能够吸引学生的注意力;只有活泼,才符合小学生的心理特点,使他们感受到学习的乐趣。一切方法,只要有利于激发学生的兴趣,有利于培养良好的学习习惯,教师都可以尝试去采用。

(三)积极给学生创设口语展示交流的平台

教师要给学生创设参与的机会和口语展示的平台,可尝试采用如下方法:

1. 课前口语练习

每节英语课利用课前三分钟进行 Free talk。每次让 1~2 名学生上台,围绕一个话题,可以是自我介绍、介绍朋友等进行对话,全班轮流进行,人人参与,训练英语口语表达能力。

2. 让学生用英语做小演讲

每周安排一节口语训练课,结合教材内容安排训练话题。① 分角色表演对话,这是学生喜爱的一种语言交际训练形式,其基本方法就是将所学的对话或课文让学生分别扮演各种角色进行表演。② 讲故事,学生通过听、讲故事,训练其英语读、听、讲各方面的技巧,增强学生对英语的兴趣,并增强说英语的信心。③ 表演课本剧,根据课本中的课文情节,创设情景,让学生以舞台剧的形式表演出来。④ 模拟配音,老师展示图片或录像,学生根据情景用英语配音。⑤ 看图说话。

3. 营造浓郁的英语学习氛围

(1) 创设校园英语学习环境

辅导学生办英语手抄报;在黑板上开辟"英语角",写上每日一句;学校在各楼层的墙壁上喷绘出英语名言警句;学校的标示牌上附上英语;课间及午休期间播放英语广播;开展英语口语兴趣小组等。

(2) 创设家庭英语环境

在家里的日常用品上贴上英语单词卡片;让学生回家教家长学英语,体会成就感,以提高英语学习兴趣;让家长平时多用英语和子女进行简单的日常交流;利用房间的一角摆上跟英语相关的东西,在家里创设"英语角",让学生有自己的英语领地。

4. 举办英语口语大赛

每一学期学校举办小学生英语口语大赛,内容包括才艺展示、读课文并根据课文内容回答问题、看图说话及根据所给单词讲故事等,并通过班级预赛、学校复赛等层层选拔的方式推荐学生参加英语口语大赛,也可以举行English Party等形式,突出活动激趣作用,促进学生积极参与。①

(四) 运用多种教学手段,丰富英语口语教学活动

1. 运用多媒体提高小学英语口语教学

小学英语教师应充分利用现代多媒体技术,设置生动的学习场景,引发学生的学习兴趣,有效地培养学生的英语实际运用能力。

教学中教师也可以把录音机搬进课件并对其功能进行扩张,设置如下按钮可以自动调节播放速度:录音、停止录音、播放录音、停止播放录音、显示译文或文本。这一创意对小学英语教学很有吸引力和借鉴作用。还有电子笔板的普及更方便了教师的教学,也极大地吸引学生们的好奇心。运用多媒体教学,告别了传统的教学方式,变呆板枯燥的教学方式为生动活泼的课堂演示与表演。做到声像结合,图文并茂,这适合小学生好奇、求新的年龄特点。

2. 合理运用小组合作,增强有效的口语教学参与

新课程倡导"面对学生全体,全面进行教学"的教学理念,但在实际教学过程中,我们所面临的问题是班额普遍较大,无法兼顾全体,大部分学生因此无法得到语言实践的机会。在课堂上我们如何在有限的时间内采用更适合学生语言发展的课堂教学方法,是口语教学的关键之一。

3. 运用游戏与歌曲教学

爱玩是孩子的天性,游戏可以增进学生学习英语的兴趣和信心,有利于学生克服腼腆羞怯的心理,养成大胆说英语的习惯。不少小学英语学习内容可以用歌曲形式表达,这有助于激发兴趣和分散难点。

因此,在英语教学中融音乐与英语为一体,能帮助学生理解对话,表现情景内容,创设有声语言环境,使学生自然投入。在唱歌过程中,可以根据歌曲内容进行问答或分角色对话,体现歌曲中的交际情景。让学生从机械、呆板、单调、紧张的学习环境中解脱出来,消除学习疲劳,并感受到学习的乐趣,提高学习效率。快乐动感的歌曲能制造轻松愉快的学习氛围,使学生兴致勃勃地投入课堂学习中,并大大提高学生的口语交际能力。②

(五) 创新英语口语教学方法,抓住"三件宝",有效促进学生口语能力的再提高

抓住"三件宝"——朗读、背诵和默写(听写)。① 听录音,跟着读。② 疯狂

---

① 徐桂英.浅谈小学英语听说教学[J].科学大众,2011(11):86.
② 束定芳,庄智象.现代外语教学——理论、实践与方法[M].上海:上海外语教育出版社,1996:79.

地朗读英语。③ 朗读和背诵是学好英语的有效途径。在英语教学中,教师要加强对学生的朗读训练,要提倡学生大声读英语。让学生读出丰富的情感,读出优美的语音、语调,读出神奇的语感,读出快乐,读出自信。

背诵是记忆的一种重要途径,是促进积累的有效方法。要提高英语口语水平,不进行必要的背诵是不行的。在平时的教学中,教师应根据教学内容和目标要求对学生提出适当的背诵要求,如要求学生每天背诵一个单词,并进行必要的反馈检查。这样下来小学六年后完全可以掌握 600～700 个单词,达到毕业要求。要把背诵作为一种学习方法来使用,还要把背诵作为一种学习能力来发展。小学英语有很多对话情景,贴近生活,易于理解。学生读熟了,背过了,自然而然地就会加以运用,形成语言,脱口而出,从而达到提高其口语水平的目的。

四、小学英语口语教学应注意的问题

1. 尽可能了解学生的心理活动和学习方式

很多教师在教学过程中使用的教学手段很有创意,很富有交际意义。但是要根据小学生的思维方式和心理活动是否能够接受来设计课程,避免学生不能理解,不能消化教师所设计的教学而导致教学成果得不到显现,导致学生对英语学习提不起兴趣。

2. 课堂设计的教学情景切合生活

课堂教学要情景化、交际化,所以需要设计一些情景让学生在情景中交流。那么一定要注意设计的情景应当是在日常生活中常见的,让学生更好地感受英语,更快地学习英语,更轻松地应用英语。

3. 教学过程中不要太注重纠正学生的错误

因为小学生的心理特征是比较胆小,害怕在大家面前出错,希望得到教师的鼓舞和表扬,所以教师在课堂上不要过于明显地纠正学生的语法等关系不大的错误,以免学生因为这样的原因而不愿意再在课堂上自由地进行英语口语表达活动。

4. 教学过程注意文化渗透

学习一门语言重要的是要了解这门语言的文化背景,所以小学英语的教学同样需要进行英语文化的传播,以便学生更好地了解和西方人交际。[①]

---

① 胡春洞,王守仁.英语教学交际论[M].南宁:广西教育出版社,1996:95.

五、小学英语口语教学活动设计

1. 每日报告

每节课安排一名学生在上课一开始做报告。针对小学生的学习水平,教师可适当放低要求。如让他们用所学的内容说一段话,要求1~2分钟,不可背诵课文或歌谣。或进行故事讲述,还可几个学生一起合作进行对话表演。由于是当众表演,学生必须精心准备,这样既锻炼了学生胆量,也提高了学生口语水平。表演时学生可戴自己制作的面具,一方面使表演更生动,另一方面还可掩饰紧张的表情。学生表演完后,教师打分或小结,表扬较优秀的学生,对于相对较差的,要提出意见,激励学生不断改进。在进行完一个阶段后,教师可尝试让学生即兴演讲,从而不断提高他们的口语水平。

2. 自由会话

在进行 Daily report 后,教师组织自由交谈,包括师生对话即教师提问学生回答或学生提问教师回答。如 How are you?　What day is it today? What's the weather like today? 等日常交际用语。也可根据最近学过的课文内容进行问答,这样在复习的同时也锻炼了口语能力。为了发挥学生的主体性,教师要多鼓励学生用英语提问。学生之间的对话也是口语练习的重要形式,教师可采用"开火车"的形式一问一答,这样可以使更多学生得到口语锻炼[①]。

3. 角色表演

在实际教学中,利用角色表演的形式来组织教学可以让教学内容得到更好地巩固,同时学生的口头表达能力也得到了锻炼。我们现今所用的牛津小学英语教材图文并茂,情景交融,内容贴近学生生活且富有情趣,很适合学生进行角色表演。教材中有很多话题,如交通工具、餐具、水果、食品等。我们必须让学生在熟练掌握的基础上再进行模仿表演,鼓励创新,培养学生在真实情景中的口语表达能力。如 4B 中 Buying fruit 这一课,如果只是让学生机械地读和背诵,学生会感到无聊;反之,教师创设一定的场景,让学生以顾客和店主的身份进行模仿表演,课堂气氛就会活跃起来,学生也会积极参与。

4. 小组讨论

学生在回答老师所提问题之前必须有一个思考的过程,因此,对于比较有讨论性的问题,我们可以让学生以小组形式讨论,这样每位学生都参与在内。如

---

① 刘芳. 听说法和交际法与外语教学[J]. 辽宁经济职业技术学院学报,2006(01).

What do you want to be? 这个问题,由于学生的答案都不尽相同,因此很适合小组间的讨论。讨论时间通常为3至5分钟,讨论完毕教师可请几组学生来发表他们的观点。

5. 讲故事

在 Fun with English 4B 的 Fun house 中提供了很多幽默的故事。有杨玲的小弟弟用手来代替筷子吃饭的故事,有杨玲为了吃冰激凌而装病的故事,还有猴子抢小女孩水果的故事。每个故事都是那么的生动形象,引人入胜,学生对此都非常感兴趣。这样,让他们复述故事,他们也就很乐于参与。教师可先示范复述一下,然后再让学生用自己的话表达出来。

6. 游戏的妙用

玩中有学,学中有玩。爱玩是孩子的本性。教师可以利用这一点,让学生在各种游戏中锻炼口语能力。Touch and guess, Do a survey, Place and say 等都是既好玩又有效的游戏。

以 Touch and guess 为例,可以组织以下的教学过程:

T:Boys and girls, shall we play a game now?

Ss:Great!

T:Let's play "Touch and guess". (用手势使学生明白其意思)

Who would like to have a try?

Ss:Let me try! Let me try!

T:Cissy, you please. Come to the front.

Cissy:OK.

T:(用手帕蒙住她的眼睛)Now you can touch.

(Cissy is touching)

Other Ss:What are these? Can you guess?

Cissy:Are they apples?

Other Ss:No, you're wrong.

T:Think it over, please.

Cissy:Are they pears?

Other Ss:Yes, you're right.

T:Well done!

在组织游戏活动中穿插了很多课堂用语,如"Come to the front""Can you guess?""Think it over, please."等,遇到学生不太理解的,就通过手势和表情来引导,让学生逐步领会这些语言并试着运用。此外,教师可进行角色转换,让学生来组织游戏,当一回"小老师",使学生能够真正把所学的知识运用到实践中去。

六、观看教学视频,分析视频中老师用了哪些口语教学活动

➢ 扫描目录页二维码获取视频资源。

七、小学英语口语课教学活动设计

围绕"Hello! What's your name?"展开教学,设计一个口语教学活动引导学生运用"Hello! What's your name? My name is …"句型操练。

八、小学英语口语教学设计

教学案例 5-4

教学内容是 PEP 小学英语三年级下册 Uint 2 My Family 的教学内容
一、设计意图
《标准》强调指出:英语教学要重视对学生实际语言运用能力的培养,强调课程从学生的学习兴趣、生活经验和认识水平出发,倡导体验、实践、参与、合作与交流的学习方式和任务型的教学途径,发展学生的综合语言运用能力。也就是说,要通过适合儿童年龄、心理和生理特点的生动活泼的课堂活动,把学习英语与用英语做事情联系起来,创设良好的语言环境和语用环境,使学生在愉快和自信的情绪中,保持积极的学习态度,在大量的语言实践中形成语感,养成良好的英语学习习惯。

基于以上设计意图,我将本课教学分为以下几个环节:

1. 课前寻找,激发兴趣

本课涉及的生词不多,但它和我们的生活息息相关,问题一经提出就收到了意想不到的效果,同学们十分想知道平常我们口中称呼的爸爸、妈妈、爷爷、奶奶的英语叫法。我没有告诉他们答案,让他们自己去找。像 dad(爹地),mom(妈咪)这些称呼在他们接触英语前都从港台电视频道上所熟知。上课时百分之百的同学会说 dad(爹地),mom(妈咪),大多数同学会说(uncle)安可,(aunt)安娣。从一开始就激起了同学们强烈的好奇心,使他们产生强烈的求知欲。

2. 歌曲导入,初步感知

唱英语歌是学习英语的一种好方法。课前一首歌,可以使学生精神饱满,思想集中,做好上课准备。课中一首歌,不仅能减轻学生的心理负荷,减少疲劳,又

使学生在轻松愉快的气氛中学会新词、新句型。课外几首歌,有利于开展第二课堂活动,以巩固所学知识。例如,教学本课时,我们以歌曲导入,播放"Boy and Girl":"I'm a boy and you are a girl. I'm a girl and you are a boy. Do you want to be my friend?"根据歌词中提到的boy, girl出示男孩,女孩的图片,并让说到该性别单词的学生站起来大声说。在这种活泼欢快的气氛中,在这种互动的形式下,既锻炼了学生"听"的能力,又让他们初步感知了有关他们性别的英语单词。

3. 近交流,借物练说

用"挽救大行动"的游戏进行比赛,男女同学各一组,老师走到一个同学前问"Are a boy/girl?"如果他/她回答正确了,就可以从"鳄鱼"嘴里挽救回他们组的一个人[把这些虚拟的人和鳄鱼都画大黑板上],否则就被"鳄鱼"吃掉。

在学生充分练习说的基础上,让几组同桌同学试说,要求其他同学认真听,听他们说得是否符合要求,培养学生良好的听说态度和习惯。练说内容层层深入,范围逐步扩大,为学生提供自主学习和相互交流的机会及充分表现和自我发展的空间,让学生能在掌握新知的基础上,做到新旧结合,从而培养"说"的能力。

4. 课外延伸,学以致用

小学英语的最终目的是使学生掌握以交际为目的的最初步运用英语的能力。为让学生能把课上所学的知识运用到实际生活中去,我们在课后尽量让学生用英语与老师和同学做交流,如开展"英语一分钟讲坛"的活动,让学生谈论学校、老师、家庭及个人爱好等。用英语提问问题,打招呼、交谈及用英语道谢、告别,让学生在日常生活中恰当地自然地运用英语,真正做到学以致用。

二、**教学目标**(Teaching aims)

1. Let's learn

能听、说、认读本课有关家庭成员的主要单词 man:brother, father(dad), grandfather (grandpa); woman: sister, mother (mom), grandmother (grandma).

2. Let's sing

本部分是通过学唱英文歌曲,巩固所学单词,培养学生的学习兴趣。

三、**教学难点/重点**(Teaching keys)

新词 grandfather(grandpa), grandmother(grandma).

新句子:This is my family. There are 5 people in my family.

四、**教学准备**(Teaching aids)

一张家庭照(包括grandpa, grandma, dad, mom, brother, sister),一幅家庭树(family tree)的挂图、单词卡,图卡及人物头像小瓶,学生的家庭照。

五、教学步骤(Teaching steps)

1. 热身/复习(Warm-up/ Revision)

(1) 日常口语练习：

T：Good morning, boys and girls.

S：Good morning, Miss Cheng

T：Hi, boy. I'm from Chongqing. Where are you from?

S1：I'm from Zhejiang.

T：Nice to meet you.

S1：Nice to meet you, too.

T：Hello, girl. What's your name?

S2：My name is A.

… … …

(2) 老师拿出自己的家庭照介绍：

This is my family photo. Look, this is my dad, this is my mom, this is my grandpa and this is my grandma, this is my brother. Oh, it's me.

(3) 听录音跟读第一课时中 Let's talk 的内容。

2. 新课导入(Presentation)

(1) 出示家庭树的挂图，如下：

My family：

Grandfather(grandpa), grandmother(grandma).

father(dad), mother(mom).

sister, I, brother.

教师指着挂图说：This is my family. There are 7 people in my family：my grandpa, my grandma, my dad, my mom, my sister, my brother and me. 然后指着本课要学的单词教读 grandfather，反复几遍后，将 grandfather 的图卡贴于黑板上，把相应的 grandfather 的头像小瓶也摆在讲台显眼位置。向学生指出 grandpa, grandma 像 dad, mom 一样更多地用于日常口语中。用同样的方法教读 grandma, father, mother, (brother, sister 不属于我们该课掌握的内容)，并将相应的图卡贴在黑板上，相应的头像小瓶摆放在讲台上。

(2) 游戏：看谁拿得快。分组比赛，分别请两组的两位同学上台比赛，教师做出某个单词的口型，但不出声。台下的同学根据老师的口型分辨出单词并大声地说出来，台上的两位同学一个要迅速地取下黑板上相应的图卡，一个要迅速地把相应的头像小瓶拿在手中，再重复一遍单词。反应快，读得准的同学可为该组赢得一分。

（3）把图卡取下后，黑板上就只剩下单词了，教师指着单词，让学生分组认读，读对的得一分，分数最多的组为胜。

（4）听 Let's learn 的录音，学生听音认读 grandfather（grandpa），grandmother（grandma），father（dad），mother（mom），man，woman。

3. 趣味操练（Practice）

（1）游戏：老师事先准备好单词卡，请三位同学上台，一位同学说出单词，如 dad，一位同学要迅速地把正确的图卡找出来贴在家庭树（family tree）的相应位置，另一位同学要把正确的头像小瓶拿在手中，然后大声说：Dad，this is my dad. 对表达正确的同学给予奖励。

（2）歌曲：老师告诉学生 I love my father，I love my mother. 反复教读 love，并根据手语中表达爱的动作为歌曲配上相应的动作，请学生模仿、说：I love my father，I love my mother. 听歌曲，学生跟唱。

4. 作业（Assessment）

（1）活动手册 P11，2 Listen and number.

（2）歌曲部分要求学生课后学唱，唱给家长听。

六、教学后记

情趣教学合理利用

《标准》指出，英语课一定要根据儿童的身心特点来改革课堂教学模式，让孩子在乐中学，在玩中学，通过表演、竞赛等形式来激发他们的学习兴趣。在这堂课中这种教学模式得到了充分体现。

这是一堂四年级的课，所讲授的内容是同学们每天都要称呼的家庭成员。我根据四年级学生的生理、心理特点设计了这堂生动活泼的英语课，课后总结有以下几个特点：

1. 沟通情感，让学生爱学

伟大导师列宁说："人类在探究真理时，积极肯定的情感起激励、促进作用，消极否定的情感起抑制、阻碍作用。"在这堂课中，我对学生的信任以及对他们个性的尊重使整个课堂气氛愉快、和谐。在整个课堂中，我一直保持和蔼可亲的态度，用亲切的眼神，多用鼓励性的话语。当学生答对或是说得好时，我总是竖起大拇指称赞他/她：Good boy！/Good girl！或者奖给学生一个小贴画。当学生回答不出时，也不批评，而是亲切地注视学生说："Think it over, it's ok."

2. 创设情境，让学生乐学

运用多种手段进行情境的创设，如录机音、各式各样的卡片等辅助教学工具。有效地模拟出情景，使学生注意力集中，兴致高昂。用家庭树的形式，呈现出一个家庭中家庭成员的组合就像一棵树一样，站得最高的年龄最大；反之站得最低的年龄最小。用学生所熟悉的自然景物来比喻,这种比喻浅显易懂从而引起学生极大的兴趣,接着又以头像小瓶的形式来呈现,增强了学生的视觉刺激,让他们在笑声中不知不觉就学到了知识。图卡、挂图、头像小瓶的运用让学生感觉就像在家里一样,正面对着自己的亲人,从而引发兴趣,极想知道在日常生活中家庭成员英语的称呼。

3. 设置活动,让学生学以致用

在这堂课中我设置了各种教学活动,如游戏、唱歌、竞赛等,让学生在参与活动中感知、巩固、运用所学语言。在复习 sister, brother 两个单词时让学生马上想到了 boy 和 girl 这两个单词,同时启发他们 boy 和 girl 长大后都会成为 man 和 woman,马上让他们找出属于 man 的家庭成员是哪些,属于 woman 的家庭成员又是哪些。说到 man 时所有男孩都站起来说:I'm a boy, and I'm a dad, and I'm a grandpa, and I'm a man;说到 woman 时所有女孩都站起来说:I'm a girl, and I'm a mom, and I'm a grandma, and I'm a woman。在唱歌时学生都表现出了极高的热情,甚至有些同学会自己举一反三,说到 I love my father/mother,他们会说 I love my grandpa/grandma. My father loves me, my mother loves me. 等。

整堂课充满了活力,笑声不断。但不足的地方也有几处:① 给予孩子展示的空间不够;② 课堂有时太活跃,有静不下来的现象,一动一静相结合才是比较完美的一堂课。

第五节 小学英语读写教学

一、小学英语读写教学的意义

《标准》指出:小学阶段英语教学任务之一是使学生掌握一定的英语基础知识和听、说、读、写技能,形成一定的综合语言能力。其中,阅读在听、说、读、写四项技能中占有十分重要的地位,而阅读和写作又密不可分。广泛的阅读能够为学生提供大量的语言输入,但仅仅依靠语言的输入是不可能掌握英语,形成综合运用英语的能力的,还需要通过大量的语言输出——"说"和"写"来检验和促进语言知识的掌握和运用能力的形成。①

---

① 蓝卫红.小学英语教学法[M].南宁:广西教育出版社,1998:29.

二、小学英语读写教学的目标

一级(三、四年级)

(1) 能看图识字;
(2) 能在指认物体的前提下认读所学词语;
(3) 能在图画的帮助上读懂小故事;
(4) 能正确书写单词和句子。

二级(五、六年级)

(1) 能认读所学词语;
(2) 能根据拼读规律读简单的单词;
(3) 能读懂教材中简短的要求或指令;
(4) 能读懂问候卡等中的简单信息;
(5) 能借助图画读懂简单的故事或小短文,养成按意群阅读的习惯;
(6) 能正确朗读所学句子或短文;
(7) 能根据要求为图画、实物等写出简短的标题或描述;
(8) 能模仿范例写句子;
(9) 能写出简单的问候语;
(10) 写句子时能正确使用大小写字母和标点符号。

三、小学英语阅读能力的培养

(一) 传授阅读基础知识

通过朗读,人们能更好地体会、理解所读文章的思想感情。朗读时,学生的眼、口、耳、脑同时并用,这样就会增强理解和记忆,还能提高语音语调的水平。朗读应在学生理解新课内容之后进行朗读练习,可以师生共同进行,形式可多样化。

例如,范读——教师或学生的示范朗读;领读——由教师、学生或录音分句领读;试读——学生试着独立朗读。朗读的练习多种,以下是常用的练习方法。

1. 默读

默读主要是指阅读时不发出声音。默读主要是在朗读的基础上培养的。教师指导学生默读时不仅要不动唇、嘴上不读出声,心里也不要默念,还要指导学生逐步学会边默读边思考,并适当提高默读的速度。

默读课文可以在课堂上进行。教师事先问一两个问题,学生边读边寻找答案。要求学生在阅读时尽可能多地掌握课文内容。

2. 精读

巩固和扩展所学知识,发展学生的语言运用能力都有赖于精读练习。

小学阶段的精读教学主要培养学生的一些基本阅读技能,识别词的印刷形式,理解词义,把词的音与形统一起来。学会理解课文的词句,养成按意群阅读的习惯。

3. 泛读

小学阶段的泛读材料应选择适合小学生知识水平和心理特点的读物,如:小诗、寓言、歌曲、童话等。注意力应放在对主旨的理解上,不需要逐词理解。读故事是泛读的一种好形式。

读故事可以培养阅读能力,增加阅读的兴趣,故事常常提供极好的机会让学生讨论人物和情节、诱发学生的语言表达。阅读时重点应放在故事中心意思上,学生只需大致了解故事主要情节和人物,不必每个词都读完。①

(二) 小学高年级英语阅读教学的阶段策略

1. 阅读的准备阶段(Pre-reading)

(1) 激发学生的阅读动机,善于运用技巧,如:设疑,预测等方法引导学生愉快地走入文章中,激发学生的阅读兴趣。

(2) 重视温故而知新。研究表明,如果语篇涉及读者熟悉的主题,他们就能顺利理解文章中的信息。利用图片、歌谣、身体动作、游戏等巩固学生在此之前所学的与阅读材料相关的知识,为阅读做好铺垫。例如,五年级下册 Unit 4 Part A Read and write,利用做动作猜单词的小游戏,学生掌握了 doing the dishes, reading a book 等词组,通过听、说和做动作,加深印象,并巧妙地以旧引新,自然、有序地导出新知识。

(3) 激活与阅读材料相关的文化背景知识,扫清语言障碍。如:西方国家节日、习俗与我们国家大不相同,阅读材料中人物的背景和场景跟我们国情也存在差异,教师通过相关知识的讲解,学生可以了解和比较中西方的文化差异,并预测阅读文章的内容。

(4) 学生通过文章图片、设置的情景和课件,根据上下文的联系,猜测新单词的含义。

2. 阅读的呈现阶段(While-reading)

(1) 布置任务,略读文章。阅读的开始阶段适宜布置简单的,让大部分学生

---

① 胡壮麟. 对中国英语教育的若干思考[J]. 外语研究,2002(08).

都能完成的任务去读,让学生在直接、表面的阅读任务中找到乐趣,阅读方式可以是略读或跳读,例如,找出文中的中心句;找出一年四季描写天气的词;给警察叔叔填填工作时间表;预测 Zoom and Zip 一年四季的活动……

(2) 带着问题,精读文章。带着教师布置的几个问题,详细阅读,掌握详细的信息(get the main information),也可以是小组活动的形式,讨论问题,通过解决问题,加深对阅读材料的理解和运用。

① 问题的形式可以是简单的问与答,判断对错,选择答案等。

② 练习的设置也可以是填表格,给图片或句子排顺序,图片与句子的配对,填空等。

③ 教师可以通过听说与阅读结合的方法让学生去欣赏短文,通过模仿录音或动物、各种人物的语气朗读,通过角色表演等形式,达到巩固语言的目的。

3. 阅读的拓展阶段(Post-reading)

教师可根据阅读材料的实际情况,提高学生的理解水平,训练学生的想象能力和创新思维,检测学生的语言输出能力。学生可以复述课文,写作(在学生可以运用的程度下可以改变人称去写新文章:I, you, she, he, they,也可以改变时态:把过去式改为将来式等),续写原文,把原文写成日记或信件的格式等。教师也可以引导学生的思维从课堂之内延伸到生活实际中去,有效地挖掘学生的语言潜力,发展学生综合运用语言的能力,如:五年级下册 Unit 2 Part B Read and write 中除了 Zoom 和 Zip,同学们想一想,还有哪些动物会冬眠呢?例如,六年级上册 Unit 2 Part A Let's read 中,大家都知道指示路线了,大家告诉我,我们怎样去麦当劳呢?

正确的阅读策略有利于小学高年级学生提高阅读技能,能培养学生良好的阅读习惯和阅读技巧。教师只有不断地探索,求真,制定切实有效的阅读方法去引导学生,才能充分发挥学生的自主学习能力,调动学生的积极性,让英语阅读教学真正快乐起来![1]

四、小学英语写作能力的培养

(一) 传授写作基础知识

由于小学生进行英语写作的难度较大,所以提高小学英语写作质量很不容易。在进行英语写作教学时,教师应该注意根据教学目标与学生特点,采用适当的教学方法,传授基本的写作知识。

---

[1] 林立. 小学英语教学研究[M]. 北京:首都师范大学出版社,2004:53.

1. 科学指导单词识记,提高正确拼写的效率

单词拼写是写作最基本的要素之一,过分强调它是不妥的,但忽视单词拼写教学的后果是严重的。如果学生在初学英语时形成了不注意拼写的习惯,会导致英语写作中单词错误百出的问题。

集体拼读单词表面上看整齐划一,实际上不少学生有口无心。在新授单词时教师可采取演绎法,即单词出现后就讲解一些发音、拼读规则,再让学生依此类推;在复习单词时,教师可以采用归纳法,复习一些单词后引导学生归纳总结一些字母和字母组合的发音规律。掌握了正确的单词拼写规律,识记单词对学生而言是一件十分轻松而有趣的任务。许多学生看到新单词,不用查字典就能根据规律正确朗读出该单词;反之,听到一个新单词,他们也可以根据读音正确拼写出该单词。

2. 精讲精练标点符号,提高正确运用的能力

标点符号是写作中的小问题,常被教师与学生忽视。但正确使用标点符号对正确表达思想十分重要,它也是写作基本功之一。在英语写作教学中不必在标点符号上花费大量时间,教师应该把各种常见的标点符号的意义与使用规则对学生讲解清楚,在掌握规则后给出短文让学生进行一些添加标点的练习。

3. 强化操练句法结构,提高正确表达的水平

小学英语教学不要求讲解语法知识。教师在教学中可以尝试将有关的句法结构进行重点操练,不讲解语法知识,但让学生在强化操练中自然而然地获取语言结构,以便学生在写作时能正确地表情达意。

(二) 小学高年级英语写作教学的阶段策略

"滴水穿石非一日之功,冰冻三尺非一日之寒。"英语写作能力并非一蹴而就的,它必须由浅入深、由简到繁、由易到难、循序渐进、一步一步地领着学生进行训练。小学阶段作文教学可以采取多种形式。

(1) 口头表述。如四年级的学生刚开始学写句子,可以先练习口头介绍自己:I am a girl. I'm 9. I'm thin. I have long hair, two big eyes, a big nose and a big mouth. I like sports.

(2) 造句。即用学过的词、短语或句式,模仿课文中的表达进行造句,如将 I am tall. 换成 I am short. 等。这种形式不仅巩固了学生的新知识,同时也有利于拓展。

(3) 填补式作文。这种形式可以让学生对课文进行复述,教师把要复述的短文拿掉一些词句来让学生填完整。如 This is a picture of my room. There is a big table. There are white curtains. The closet is near the table. Many

clothes are in the closet.

（4）排列句子顺序。将打乱顺序的句子按事件发展的时间顺序或逻辑关系或按图等整理成一篇完整的短文，这方面的练习在平时的考试就经常出现，适合四五年级初学作文的学生，多练有助于提高学生的写作思维。

（5）图配文，让学生根据给出的或自己画的图，写上一定的文字进行说明，这种形式比较受学生欢迎，教学效果明显。

（6）仿写。学完一个完整的单元，教师可以根据本单元的教学要点，帮助学生系统归纳、整理语言知识点，可以围绕一个人、一件事或一个动物写一篇短文，要求学生注意模仿例文的时态和语态仿写。通过仿写训练，能引起学生对英语时态和语态的重视。例如，一般现在时主语是第三人称单数，动词加"s"或"es"，这是学习的难点。教师可让学生先写一写自己一天的生活，然后调查一个朋友或亲人一天的生活，模仿例文仿写。通过对比，使学生对同一时态不同人称动词的运用有了更深刻的理解，而不仅仅停留在记忆的层面上，也可免去老师不断地重复讲解和提醒。

（7）连词成段。给出五到六个单词或词组，如 Sunday，went to the book store，bought a comic book，by bus，happy. 让学生用适当的词句将它们连起来，这篇英语作文就写出来了。

It was Sunday, December 21st. I went to the book store. I bought a comic book there. I went back home by bus. I was so happy. [1]

五、小学英语读写结合教学活动设计

PEP 小学英语教材注重学生语言运用能力的培养，是以话题为中心，以词汇、对话、语篇这三个模块的方式来安排话题教学内容的。到了六年级，出现了一些真正意义上的阅读课型（Let's read）。这部分的阅读理解旨在让学生在文本的阅读中巩固本单元的主要词汇、句型，获得语言知识，并适当扩展语言，增大语言输入量，提高语言运用能力。根据听说领先，读写跟上的原则，可以采用"导—读—用"的教学模式，在英语阅读教学中读写结合，提高学生的英语阅读理解能力。

（一）读写结合，复习导入

由于 Let's read 部分是前面 Let's learn 和 Let's talk 部分词汇和句型的复现和巩固，因此在导入新课时，教师可以采用以旧引新的方法，帮助学生建立起

---

[1] 张莺，付丽萍. 小学英语教学法[M]. 长春：东北师范大学出版社，2002：125.

文本与以往知识经验之间的联系，以学生已有的知识为基础，从旧知识入手，创设一种认知期待，让学生通过阅读来"验证"对新知识的理解，为下面的阅读做好铺垫。

在执教六年级下册，Unit 3 Last Weekend Part A Let's Learn 时，设计如下：

首先，设计写出动词过去式的练习：

visit grandparents _____ watch TV _____
play football _____ wash the clothes _____
clean the room _____ cook meals _____

完成后，要求学生自己读读，在写写、读读中，复习词汇，然后在与学生的日常交流中引出本课内容：

T：What did you do last weekend?

S：I visited my grandparents/watched TV/read a book/did homework …

T：You did many things last weekend. You were busy. Last weekend, Wu Yifan was busy, too. What did he do? Let's read.

如此，由词汇到句型，由旧知到新知，自然导入新课。

(二) 读写结合，指导阅读

阅读的指导是阅读教学的核心环节。在上面提到的阅读课教学中，可以采用略读、寻读、精读、填表格等多种方式，引导学生整体感知语篇，了解文本大意，获取具体信息，训练阅读技巧，提高阅读实效。因此，实施步骤如下：

1. T：What did Wu Yifan do last weekend?

让学生带着问题，快速浏览语篇，初步了解大意。

2. Fill in the blanks.

学生带着任务寻读，查找上周末所做的事情，然后填空：

Wu Yifan _____ busy last weekend. He _____ his grandmother Saturday morning. They _____ noodles together. In the evening, they _____ TV. Sunday morning, Wu Yifan _____ football with his friends. In the afternoon, he _____ his clothes and _____ his room.

3. Finish the table

精读课文是阅读课中最关键的环节，不仅要读通课文，还要读懂课文；不仅要理清课文的主要脉络，还要对语言、句式、篇章结构进行系统的学习。Smith 和 Elley 曾指出："儿童只有在被给予难度与其能力和水平相当的任务时，才会学得最好。"这说明设计的任务必须要适度。而以任务促读，正好符合了精读的要求，能使学生的阅读思维更加活跃，有效促进学生阅读理解能力的提高。因

此,可以设计填表的任务:

表 5-5 填表任务

Wu Yifan's last weekend	
Time	Activities
Saturday morning	
Saturday evening	
Sunday morning	
Sunday afternoon	

(三) 读写结合,读以致用

阅读的过程是信息输入的过程,而运用所输入的信息来完成某项任务则是激发学生的阅读兴趣,巩固其阅读效果和转化其学习能力的必要途径。因此,在阅读全文后,可设计以下环节:

1. 引导学生复述短文

学生填完上述表格后,引导学生根据表格中的关键单词复述短文。

2. 结合生活实际,仿说

英语学习的目的,就是为了更好地运用语言于实际的交流之中。让学生根据课文,联系自己实际生活,进行说话练习,它是在语言实践中积累知识,丰富言语,培养交际能力的一种主要形式。

3. 根据短文进行仿写

英语学习的最终目的就是使学生能够把学到的知识内化为自己的语言。让学生根据已学的短文进行仿写有助于提高学生综合运用英语知识的能力,实现学以致用的目的。例如,可以设计:"I was busy last weekend."开头的仿写。

(四) 结合写的内容进行朗读训练

当学生写出了自己的文章,学生会很有成就感。但由于学生是在教师的帮助下完成习作的,要使学生更加有效地内化语言,可以让学生朗读自己的作文或者互相交流彼此的作文,从而才能真正掌握课堂上的语言,并形成一定的语感和语篇能力。

总之,读、写是一个有机统一、紧密联系的整体,培养小学生的英语阅读能力是一个渐进的复杂过程,不能操之过急。通过读写结合,培养学生的阅读兴趣,给予阅读技巧的指导,提高学生的阅读能力,并形成一定的综合语言运用能力。

六、分析教学案例5-5,讨论以下问题

1. 教师通过什么方法带领学生阅读理解文章?
2. 教师采用了哪些方法引导学生写作?
3. "看图说一说"这一环节,对于英语水平比较弱的学生来说是比较难做到的,应如何引导学生完成这一环节教学活动?

教学案例5-5

教学设计书

一、教学背景

1. 课例名称:In the zoo
2. 执教教师:许家琦
3. 指导教师:黄佩丽
4. 课型:单元教学(第二课时)
5. 学段(年级):六年级上学期
6. 教材版本:广东省教育厅编写《开心学英语》

二、教学内容

Book Seven Unit 8

三、教学目标

1. 知识目标:学生能掌握句型:Which is faster, the car or the duck? The car is faster.

2. 技能目标:通过阅读,能运用形容词的比较级来描述出动物之间的比较情况。

3. 情感目标:① 培养学生用形容词的比较级来描述事物的能力,说明各种动物都有它们的特点,我们要好好地保护它们,让它们更好地生活。

② 通过表演活动和小组活动,让学生学会协助与合作,从而提高学习效果,合作学习的意识得到进一步加强。

四、教学重点

(1) 通过对阅读内容的理解,初步掌握如何运用形容词的比较级来描述事物之间的差别。

(2) 能正确口头运用Which is faster, the cat or the duck? The cat is faster

来进询问并做出正确的回答。

五、教学难点

(1) 掌握与动物相关的词汇及形容词；

(2) 掌握形容词比较级的改写；

(3) 对图中动物园情况进行即兴表演。

六、设计思路

根据《标准》的要求，强调要激发学生对英语学习的兴趣，使学生树立自信心，养成良好的学习习惯和形成有效的学习策略，发展自主学习的能力和合作精神；使学生掌握一定的英语基础知识和听、说、读、写技能，形成一定的综合语言运用能力，让学生主动有效地参与学习过程。为使学生成为课堂上的主人，本人在教学中运用情景教学法，创设情景帮助学生通过情景理解教学内容，逐步培养学生用英语思维的习惯，同时运用游戏教学法及表演法，通过小组合作学习，创造一种和谐融洽的学习氛围。本人主要是按照"任务型教学"的结构来设计课堂活动的，通过引导学生参与讨论的学习方式，即"探究学习、合作讨论、主体参与"，体现教育以人为本，尊重学生的认知规律和情感发展规律的理念。通过 Games, Music, Songs 等在课堂上的运用，让学生在学中玩，玩中学，融情入境，做到寓教于乐。

七、教学策略

(1) 教学方法：本节课采用 TPR、情景教学法、活动教学法和游戏教学法。在教学中运用情景教学法，创设情景帮助学生通过情景理解教学内容，逐步培养学生用英语思维的习惯，同时运用游戏教学法及表演法，通过小组合作学习，创造一种和谐融洽的学习氛围。另外，灵活贯穿无意识记忆知识迁移法，让学生能够在老师有意识的指导下无意识地轻松识记知识。这些教学方法更符合学生的心理特征和认识特点，能够更好地调动学生学习的积极性，激发他们的学习兴趣，培养他们的语言知识运用能力，提高他们的综合语言素质，而且更能够提高课堂教学的有效性。

(2) 辅助手段：制作多媒体课件来辅助教学，CAI 能够创造较为真实的模拟情景，尤其本课是以一个简单故事作为任务主线，更加能产生"身临其境"的直观效果，学生更容易理解故事内容。另外，CAI 更能制作出色彩鲜艳的视觉效果，能够更好吸引学生的注意力。相对传统教学手段来说，CAI 产生的效果更加明显。

(3) 准备材料：光盘、课堂练习、图片、铅笔等。

八、教学过程

Step 1　Warm-up and lead-in

1. Sing a song.

T：What's that?　　　　Ss：It's a snail.

T：And what about this?　　　Ss：It's a snake.

T：Good, Do you remember this song Which is slower?　　　Ss：Yes.

T：Let's sing this song, OK?　　　Ss：Yes.

【设计意图：通过唱歌曲：Which is slower，让学生复习前面学习过的句型，一方面提高学生的学习兴趣和集中力，另一方面为下面的内容做好铺垫。】

2. Free talk.

T：Hello, Everyone!

Ss：Hi, Teacher ...

T：Do you know which place has many animals?

Ss：Zoo.

T：Do you ever go to the Zoo?

Ss：No, I don't.

T：That's OK! Today, we will go to the zoo. Are you ready?

Ss：Yes.

【设计意图：通过真实的交际训练引出本节课要学习的内容，利用日常谈话为学生创设轻松的学习氛围，消除学生的紧张情绪，并由此自然地引出本课所要学习的话题。】

Step 2　Presentation

1. Review the English phrases.

T：Now, we are going to take the bus to the zoo. Let's go.

Ss：Yes.

(1) Show some animals' pictures, have Ss guess ...

Ant, butterfly, fox, fish, duck, bear, snail, bird, chicken ...

(2) Have Ss read the English phrases after the teacher for some times.

【设计意图：通过情景，带学生到动物园看动物，以游戏形式，让学生猜动物，复习已学习过的动物单词，既可以吸引学生的注意力，又有效地复习学生学过的单词，让学生学习起来更生活化、更贴近生活、贴近自己，兴趣更浓厚。】

(3) Show two animals, have Ss say a sentence.

T：Now, look at the picture; let's say a sentence, OK?

Ss：OK.

T：For an example：Which is faster, the cat or the duck? The cat is faster.

(Use the CAI, finish the step)

Ss: Which is slower, the sail or the ant? The sail is slower.

(4) Groups work

There are so many animals, now, let's talk about them in my groups, and fill the chart.

S1: Which is nicer, the green fish or the red fish?

S2: The green fish is nicer …

(Fill the chart)

Animals	Adj.	Sentences
cat, duck	fast	The cat is faster.

(6) Ask and answer.

T: Which is bigger, the bird or the chicken?

Ss: The chicken is bigger.

Ss: Which is heavier, the bear or the panda?

T: The bear is heavier.

【设计意图：通过看图进行问答训练，强化学生对句型的复习，还加上填表格，把所说的句子转变成文字，提高书写能力，在小组合作上，还可以互相协助共同提高。】

2. Learn Reading.

T: We had seen so many animals, how to tell our friends or parents, now, let's read a passage.

(1) Show new reading.

Reading：

This is a zoo. There are so many animals in it. They are very happy. Look, the cat and the duck are running. The cat is faster. The bear and the panda are eating. The bear is heavier. What a happy picture!

(2) Read after the teacher, and answer some questions.

T: What are the cat and duck doing?　　Ss: They are running.

T: Who are eating?　　Ss: The bear and panda are eating.

T: Which is heavier, the bear or the panda?　　Ss: The bear is heavier.

(3) Groups work.

Have Ss finish the blank.

In the zoo, the cat and the duck ＿＿＿＿＿＿. The cat is ＿＿＿＿.

_____ are eating. The bear is _____. What a happy picture!

Show one group's answer on the blackboard, have Ss check together.

【设计意图：通过阅读及回答问题,让学生描述图中的动物,可以从它们做什么的角度描述,然后利用形容词的比较级来做对比,这样写起来,比较自然,学生掌握起来比较容易。】

3. Write a passage.

Today, we knew how to say the animals, now, let's write "in the zoo".

(1) Play the music, have Ss write.

Passage 1：In the zoo, the animals are _____. Look, the green fish and the red fish are _____. (swim) The green fish is _____ (nice) on the leaf, the snail and the ant are _____ (run), the snail is _____ (slow)

Passage 2：In the zoo, the animals are happy. Look, _____ _____.

(2) Groups work

Have Ss read their writings one by one in groups, choose the best one in each group.

(3) Share：Teacher give some comments on those good written works.

【设计意图：通过学生有选择性仿写文章,达到阶梯及思维的拓展。让不同程度的学生都可以尝试描述动物的比较情况。在分享中,学生能养成口头表达的能力,促进写作能力的提升。】

Step 3　Summary

Show some pictures, have Ss must protect our animals.

Step 4　Homework

Write a passage on the book.

Blackboard design：

Unit 8　In the zoo

Which is faster, the cat or the duck? The cat is faster.

七、设计一个写作教学方案

根据 PEP 小学英语五年级下册 Uint 3 My school calendar 中 Read and Write 部分 Easter Party 的教学内容,设计 1 个写作教学方案。

教案设计要求：帮助学生积累课文内容相关单词,初步了解写作的构成,学会写简单的句子。

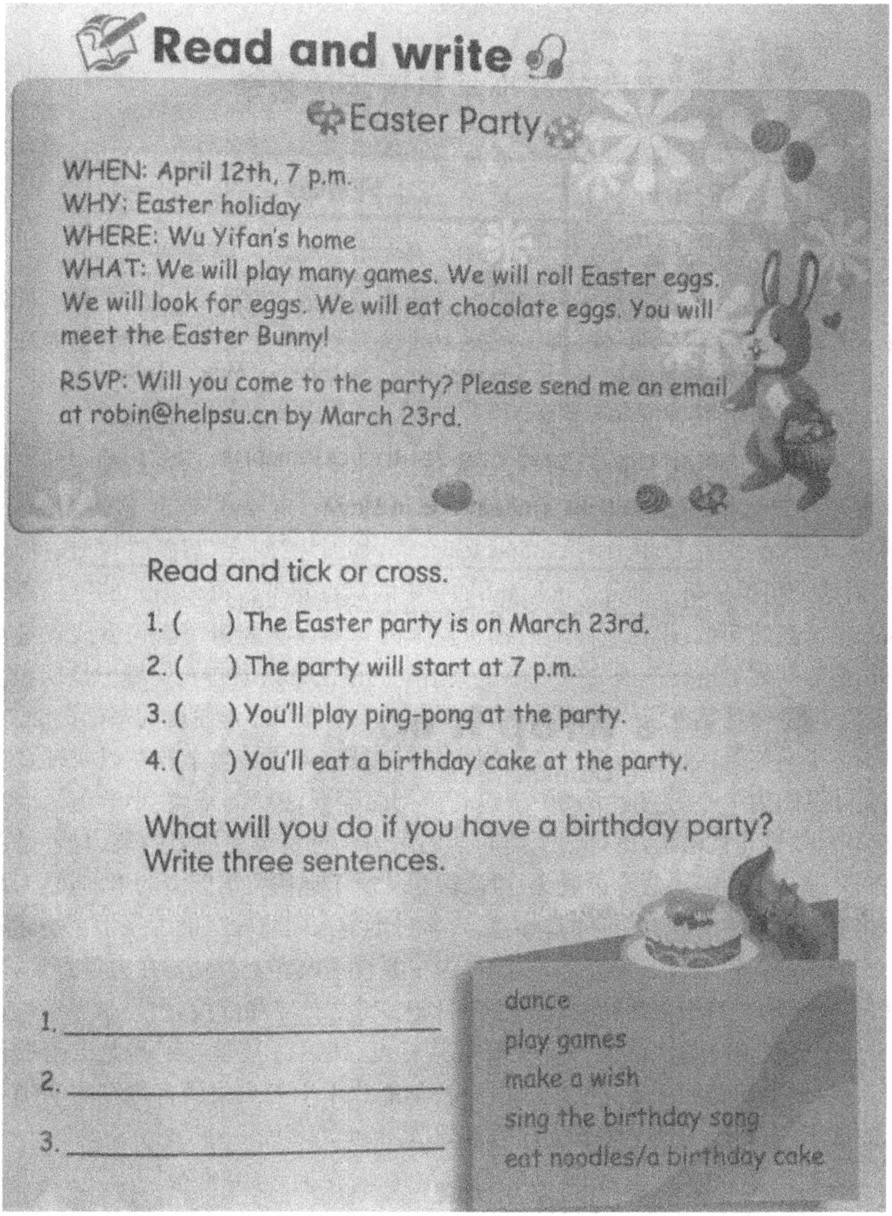

Read and write

🌸 Easter Party 🌸

WHEN: April 12th, 7 p.m.
WHY: Easter holiday
WHERE: Wu Yifan's home
WHAT: We will play many games. We will roll Easter eggs. We will look for eggs. We will eat chocolate eggs. You will meet the Easter Bunny!

RSVP: Will you come to the party? Please send me an email at robin@helpsu.cn by March 23rd.

Read and tick or cross.

1. (　) The Easter party is on March 23rd.
2. (　) The party will start at 7 p.m.
3. (　) You'll play ping-pong at the party.
4. (　) You'll eat a birthday cake at the party.

What will you do if you have a birthday party? Write three sentences.

1. _____
2. _____
3. _____

dance
play games
make a wish
sing the birthday song
eat noodles/a birthday cake

第六节　小学英语语法教学

一、小学英语语法教学的意义

作为入门阶段,小学英语教学的主要任务是通过看、听、说、玩、唱等一系列教学活动,对学生进行听、说、读、写的基本训练,激发学生的学习兴趣,培养良好的英语学习习惯,并且通过学习一定量的词汇,接触一定量的日常交际用语,培养以听说能力为主的初步交际能力,为初中进一步学习英语打好基础。

目前我国出版的小学英语教材一般是按结构与功能相结合进行编写的。新标准英语的每个模块中各单元的第一部分为 Listen and point 或者 Listen, point and say 或者 Look, listen and learn 等,都围绕"四会"掌握的句型进行操练,而这个句型是第三部分 Look and say 中的重点句型。每个单元的第一部分都安排了新的句型,跟在后面的内容所操练的句型以巩固运用新句型或者是在新句型的基础上进行扩展为主。小学英语中的语法都是安排在句型中呈现和教学的。学生一旦掌握了常用句型之后,就基本上掌握了小学阶段的基础语法。

在小学英语教学中应该正确把握语法的位置,将语法教学放在以实现真实的交际意图为中心的交际活动中去进行。同时需要注意的是,在小学英语语法教学中,教给儿童语法,不是为了培养他们用语法分析英语语言的能力,不是要他们掌握一系列的语法术语概念,语法教学从属于运用英语能力的培养,是为培养儿童运用英语的能力服务的。语法教学在小学入门阶段只能围绕学生交际能力的培养这一教学目的来进行,不能作为主要教学内容。教师要在大量直观、形象、富有交际性的语言活动中对语法项目的关键之处略做点拨,引导学生通过观察、分析已获得的感性认识,归纳、概括其特点,使语法教学起到画龙点睛的作用,有效地帮助交际任务的实现。语法教学能让学生对英语语言规则有明确系统的认识,有利于帮助学生建立起语言规范。①

二、小学英语教学的目标与内容

从小学英语教学的任务来看,似乎只要学生通过听听、说说、唱唱、读读、做做,学会简单的英语对话或用英语进行简单描述日常生活就达到了教学目的,语

---

① 黄明敏,吴金洪.小学英语语法教学方法研究[J].教育教学论坛,2012(29).

法教学可有可无。其实不然,语法能力是交际能力的组成部分,语法教学是语言教学必不可缺的内容。事实上,人们在学习和运用语言的过程中,总是自觉或不自觉地学习和运用语法。因而,静态的、封闭的语法知识是在运用中为动态的、开放的、创造性的交际活动服务的,语法是帮助实现交际目的的手段。

根据《标准》,小学英语语法教学的二级目标描述如下:

(1)知道名词有单复数形式;
(2)知道主要人称代词的区别;
(3)知道动词在不同的情况下会有形式上的变化;
(4)了解表示时间、地点和位置的介词;
(5)了解英语简单句的基本形式及其表意功能。①

小学英语语法教学具体内容,见表5-6:

表5-6 小学英语语法教学的具体内容

语法项目	语法内容
名词	可数名词,不可数名词,名词的单复数,名词所有格。
动词	动词原形,助动词,动词现在分词,动词三单式,动词过去式。
形容词	形容词的比较级和最高级构成及用法。
数词	基数词和序数词。
代词	人称代词:主格 宾格。 形容词性和名词性物主代词指示代词:this that these those。 不定代词:some any many。 疑问代词:what who whose which。
介词	表示方位和表示时间。
疑问句	一般疑问句,特殊疑问句。
时态	现在进行时,一般将来时,一般现在时,一般过去时。
there be 结构	肯定句,否定句,一般疑问句,特殊疑问句。
句子	种类: 　　陈述句:肯定句 否定句。 　　疑问句:一般疑问句 选择疑问句 特殊疑问句。 　　祈使句:肯定句 否定句。 　　感叹句:以what引导的感叹句以how引导的感叹句。
冠词	不定冠词,定冠词。
连词	并列连词,转折连词。

---

① 张云飞.主要外语刊物语法教学文章综述(1997—2006)[J].山东外语教学,2008(68).

三、小学英语语法教学的原则

1. 交际性原则

小学英语语法的交际性在于语言呈形象化、交际化。语法能力是交际能力的组成部分,语法不应该在孤立的句子中进行,而应该在交际活动中将零碎的语法点和真实有效的语境结合起来,从视、听、说入手,在听说实践中使学生发现、掌握语言规律。通过设计、创造交际性语言环境,借助幻灯片、动作、实物、图片、简笔画、表演对话、手势、表情等形式,以教学内容为中心,组织交际活动把语法点和交际性语境结合起来,让学生在贴近生活实践的语言材料中感知、理解和学习语言,在语言交际实践中掌握语言结构,发展言语技能,培养初步的交际能力。

2. 实践性原则

语言学习,离不开实践和反复练习。以行为主义学习理论为基础的听说法认为,外语学习基本上是一个形成习惯的过程。形成习惯的过程,按行为主义的观点可解释为,当对刺激的正确反应一直受到奖励,习惯就形成了。其他流派也从不同角度提出了练习在培养言语能力中的作用。因而在教学中特别是语法教学中必须强调语言学习的实践性和练习的多样化。

小学英语语法主要出现在单词、句型、短小文章中,因而语法教学主要是结合这些具体的学习活动,让学生感受、领会、掌握一些基本的语法知识。语法教学要做到精读多练,或适当点拨,反复操练,直到熟练掌握,形成语感,建立一套新的语言习惯。

3. 多样性原则

纵观各种版本的小学英语教材,我们会发现:小学英语的教学内容基本上是以单词、对话、句型的形式出现,而且每一种感性材料和特定情景都为某一语言项目或语法的学习奠定基础。这就需要教师在培养语言交际能力的活动中,设计多种多样的方法,把语法项目巧妙地融入语言教育活动中去。语法教学的多样性主要体现在为一种语法项目设计多种不同的活动形式,或为多种不同的语法项目设计与其相适合的活动形式。例如,可以用对比、图表、口诀、童谣、歌曲、游戏等方法把枯燥的语法规则变成形象、有趣的活动,使学生在轻松愉快的活动中掌握语法知识。

4. 阶段性原则

语法是语言内部规律的总结,学习英语要了解其基本语法。小学英语阶段开展语法教学不是从语法到语法,而是要帮助学生在感性认识的基础上上升到理性认识,最后让学生在理性认识的基础指导之下再进行语言实践。小学英语教学的任务之一是培养学生对英语语义产生一些感性认识,为初中进一步的学习打下基础。小学英语阶段实际上就是对英语知识的感性积累阶段。从这一点看,小学英语语法教学有最初阶段的特点,应把握这一初级阶段的特点。

四、小学英语语法教学的方法

在语法教学方面,教育专家提出了两种方法:显性语法教学(Explicit Grammer Teaching)和隐性语法教学(Implicit Grammer Teaching)。显性语法教学是指通过学习语法规则来达到掌握语法的目的。它侧重在教学中直接谈论语法规则。它的语法教学目的直接明显,强调的是教师一方的作用。隐性语法教学是指在教学中避免直接谈论所学语法规则,主要通过情景让学生体验语言,通过对语言的交际性运用归纳出语言规则,强调的是学生一方的作用。显性与隐性语法教学各有优势,两者并不互相矛盾。

使用隐性语法教学避免学生陷入"满堂灌"的局面,避免过于严肃机械的练习,提供机会让学生在有意义、生动有趣的情景中练习和运用所学的新项目。例如,做游戏、任务型教学法等。但隐性语法教学与显性语法教学相结合,则可以使学生有意识地学习语法知识的同时在语言运用中内化语言结构,从而习得语言。教师可以采用这样的教学顺序:首先,让学生在一个有意义的情景中(meaningful context)理解所教语法项目的意义;然后,提供足够的机会让学生在较真实的语境中进行交际性活动,运用所学的语法项目;最后,在学生理解并会运用的基础上,教师把学生的注意力吸引到语法规则上来,进一步巩固所学的内容。也就是说,教学的前部分可使用隐性语法教学,后部分可用显性语法教学起到辅助、巩固作用。①

(一)归纳小结并明确语法规则

对于语法教学,教师应该先在课堂中逐步向学生渗透具体的语言现象,然后要求学生课后通过观察分析发现规律,进而采用公式归纳和语言归纳的方法总结出语法规则,从而便于领悟和记忆。有以下几种规则供参考。

1. 线段法

教材中的一般过去时、一般现在时、一般将来时等语法内容可采用公式法、线段法来归纳。讲解时态判断使用范围时,可通过以下线段法进行:

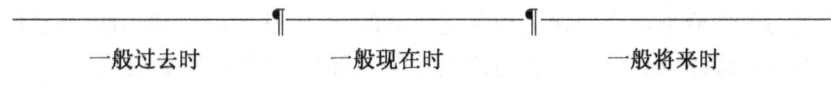

---

① 任翠芹.小学英语语法教学的基本原则[J].考试周刊,2007:48.

在具体使用时可通过公式法进行对照使用。

(1) 一般过去时：主语＋动词过去时＋其他＋过去时间

(2) 一般现在时：主语＋动词现在时＋其他＋现在时间

(3) 一般将来时：主语＋<u>动词将来时</u>＋其他＋将来时间

　　　　　　　（will＋动词原形）

2. 图表法

把学生容易混淆的一些相关语法进行归类列成表格，然后引导学生进行观察、对比和分析，启发学生找出关键点进行突破，化难为易，从而有针对性地帮助学生建立全面的知识体系。以代词教学为例：

表5-7　人称代词

	第一人称		第二人称		第三人称	
	单数	复数	单数	复数	单数	复数
主格	I	we	you	you	he/she/it	they
宾格	me	us	you	you	him/her/it	them

表5-8　代词单复数

	第一人称		第二人称		第三人称	
	单数	复数	单数	复数	单数	复数
形容词性物主代词	my	our	your	your	his/her/its	their
名词性物主代词	mine	ours	yours	yours	his/hers/its	theirs

（二）设置梯度，正确引导，分层学习语法规律

语法规律教学要注意梯度，正确引导学生一步步揭开谜团，不急于让学生一下子就得到答案。强调学习的过程，让学生在解决问题和完成任务的过程中，通过与他人对话、交流、讨论来理解，形成共识，构建自己的知识。可以采用以下方式设置梯度：第一，教师举例，师生共同完成例句。第二，学生仔细观察、讨论、分析、比较例句，初步归纳出规律，教师适时点拨，解答学生疑问。第三，教师对学生归纳的规律给予客观的评价和补充。第四，学生进行操练，教师提供多种形式的练习，如：选择、填空、翻译和阅读理解等，以检查学生的掌握情况。①

---

① 汤敏敏.随风潜入夜润物细无声——浅谈小学英语语法知识的构建[J].科教文汇，2012(51).

（三）自编童谣、歌曲，反复诵读，轻松学习语法规律

依据针对性原则，不同年龄段的学生有各异的学习内容与学习特点。三、四年级学生多采用韵诗诵读来学习巩固语法规律，效果较好，既体会语言的美感，也能使学生对所要掌握的语言知识产生兴趣，引起重视，在反复朗读中加深记忆，从而掌握语法规律。在节奏鲜明、富于韵律感的歌谣中学习语法，能起到事半功倍的效果。例如，在学习情态动词 can 及其句型 What can you do? I Can …时，教师可利用"新年好"的旋律编写下面的歌谣，让学生两两对唱，帮助学生学习、理解、掌握。

I can sing. I can sing.
What can you do?
I can dance. I can dance.
Let's dance together.

然后要求学生根据自己的实际情况，自己填词，在吟唱这首歌谣的过程中，学生不但轻松地掌握了本课的重点句型、语法结构，还陶冶了情操。

（四）创设情境，形象学习语法规律

传统的外语教学过多强调语言，忽略语言功能，往往把语言形式从语境和情境中脱离出来。这样的话，即使学生学习了语言形式，掌握了语言规律，在实际情境中也不会运用。所以，语法规律的学习过程应创设良好的语言学习环境，为学生提供最恰当、最真实的语言信息输入，引导帮助学生学习语言规律，发展语言能力。在设计任务时要充分考虑到学生的需求及认知特点，使用真实的任务，帮助学生采用真实的方式或应用所学语言，帮助他们意识到所学知识的相关规律及意义。

情境是指运用目的语的环境。语言存在于特定的情境中。新颖、生动的教学情境可以引发学生快乐、愉悦的情绪状态，而语言也只有在一定的情境中才能被正确理解和运用。所以，教师要在真实或模拟真实的情境中进行语法教学，使语法知识由抽象变形象，降低学习的难度。例如，在教学形容词比较级时，教师可以选两名个子高的学生到讲台前。Li Ming is tall. Wang Lei is taller. Wang Lei is taller than LiMing. 在这样的真实情境中学生立刻就明白了 taller 的含义。这时，教师适时引导学生对身边的其他学生观察、对比，说出 A is shorter than B. /C is fatter than D. / E is thinner than F. 等句子，在教师一步一步地引导下学生结合身边的情境讲出了许多比较级的句子，有的学生还举一反三说出 My father is older than my mother. 等句子。教师此时在学生大量的口头训练之后加以点拨、归纳，学生在不知不觉中进入了学习状态，既学习了语法知识，又

（五）运用教具，增强语法规律学习的直观性和生动性

小学生的思维是以形象思维为主，而语法知识则是抽象的、枯燥的，这不符合儿童的心理特点。因此，在小学英语语法教学中必须化抽象为具体，把某一知识点具体为学生既熟悉又感兴趣的素材，广泛利用图片、实物、动作、简笔画、歌曲、游戏等直观手段呈现语法。如在教学方位介词时，可采用实物呈现法。教师首先出示一个 toy bear，把它放在讲台上比较显眼的地方。

T：Where is the bear?

Ss：It's on the desk.

教师反复做放置的动作，让学生明白 on 的概念，然后教师把 toy bear 快速放到讲台内。

T：Where is the bear? Is it on the desk?

Ss：No.

T：Where is it?

Ss：It's in the desk.

教师可以让学生来操作，让学生在说和做的交际活动中明白介词的用法。教师也可以用同样的实物展示法教学 in front of，behind，near 等介词。在教学中教师还可以用图画、简笔画等直观手段形象呈现内容。例如，在教学名词复数时，教师可以先在黑板上画一个苹果，依次画两个、三个，教学 apples，然后再举一些其他的例子，让学生自己说。这样在直观的对比中学生很快就理解了复数的意义。①

五、小学英语语法教学中需要注意的问题

1. 忌操之过急

在小学阶段，学生对英语的掌握还是以基础知识为主，主要学习一些常用词汇和常用句型，而所涉及的语法知识也只是一些基础且浅层的内容。因此对语法知识的教学不要操之过急，应按照循序渐进的原则，一个台阶一个台阶地上，一小步一小步地走，不要一下子给学生造成太大的困难。当遇到新的语法点时，不要在第一课时就归纳语法知识，而应该先给学生大量听和读的语言输入的时间，如以讲故事的形式呈现这一内容，先给学生留下深刻印象，在第二或第三课时再引导学生把这一语法规则归纳出来，并在以后的教学中不断加以训练和

---

① 曾贤模.关于英语语法教学地位的思考[J].贵州教育学院学报，2003(54).

巩固。

2. 忌贪多嚼不烂

一种时态所涉及的语法知识或语法规则往往比较多,比如:一般过去时,既有句子结构(主语+动词过去式+过去的时间),又有动词过去式的构成规则,这时教师不能为了追求教学的完整性而把这两方面的内容放在一个课时上完。对于小学生来说一时掌握这些内容有一定的难度,教师可以把它分成两个课时上完,逐层推进。

3. 忌过于苛责

学生每接触一种新的语法知识,总会出现这样那样的语法错误,或者对话时说错句子,或者写短文时用错时态。当学生出现这样的错误时说明他们对这一方面的内容出现了学习障碍。我们首先要反思自己的教学是否需要改进,切忌严厉批评犯错误的学生,否则会严重打击学生的学习积极性,导致他以后再也不敢大胆开口用英语进行交流和表达。

4. 忌只讲不练

语言的习得离不开练习,语法知识的熟练掌握和运用也离不开练习。教师在讲解和归纳了某一语法知识后并不是万事大吉了,还要不断地重复和练习,在以后的教学中一旦遇到与它相关的内容,不妨带领学生一起把有关的规则复习一遍。所谓熟能生巧,只有不断练习,不断反复,才能让学生把语法规则真正融入他们自己的思想意识中,内化为他们的语言技能。①

示例 1:

一、活动目的:教学动词-ing 形式的构成规则

二、教学方法:采用归纳法进行教学

活动步骤:

1. 让学生观察下列单词:look—looking go—going rain—raining clean—cleaning come—coming ride—riding write—writing close—closing sit—sitting get—getting put—putting stop—stopping

2. 引导学生找出动词-ing 的构成规则,并小结如下:

(1) 大部分动词直接在单词后加-ing;

(2) 以不发音的 e 结尾的动词,先去掉 e 再加-ing;

(3) 以重读闭音节结尾的动词,双写最后的辅音字母再加-ing,这类动词只占少数。

---

① 朱耀华. 对当前英语语法教学的一些思考[J]. 基础英语教育,2011(23).

3. 学生明确以上规则后,进行笔头练习。如选择正确的动词形式填空;用动词的适当形式填空或阅读短文填空等。

示例 2:

一、活动目的:教学 There be 结构

二、教学方法:任务型教学法

活动步骤:

1. 听老师的指令,画出 Mickey 的房间摆设;

2. 读句子检查图画;

3. 设计自己的 Dream house,并描述出来;

4. 用 There be 结构的句子描写自己的 Dream house.

提示单词和句型:

(1) 表示方位的介词:in, on, under, behind, in front of, above, over, beside, next to, between.

(2) There is a/an＋单数名词＋表示方位的介词短语。

(3) There are＋复数名词＋表示方位的介词短语。

操作过程:

(1) 给每位学生发一张房间的框架图,里面没有任何家具摆设。再给每位学生发一套家具摆设的小图片。

(2) 全班学生听老师的指令,把家具图片放在合适的位置。

T: This is Mickey's new house. There is a clock on the wall. There is a table near the window. There are some flowers on the table. There is a bed next to the window. There is a picture over the bed. The chair is between the table and the bed. Beside the window, there are some green curtains. It is a nice room. (这是听的训练)

(3) 教师出示刚才所说的句子,同桌之间根据教师提供的句子互相检查图片。(这是读的训练)

(4) 再给学生发一张白纸,引导学生设计自己的 Dream house,所有家具摆设由学生发挥想象自己画出来。

(5) 学生在四人小组中介绍自己的 Dream house,用 There be 结构的句子来描述。(这是说的训练)

(6) Homework:用 There be 结构的句子描写自己的 Dream house.(这是写的训练)

示例 3：

一、活动目的：教学现在进行时

二、教学方法：交际教学法

活动步骤：

John 是 school newspaper 的记者，他想为 school newspaper 写一份调查报告——星期六晚上 7 点同学们是如何与家人共度美好时光的。于是他对 Mike，Tim，Mary 进行电话采访。

John：Hello, this is John. May I speak to Mike?

Mike：Hi, speaking.

John：What are you doing, Mike?

Mike：I am watching TV.

John：What's your father doing?

Mike：He's reading a book.

John：What's your mother doing?

Mike：She's doing housework.

John：Are you happy?

Mike：Yes. ...

John 对 Mike 的采访是一个示范，接下来每四人一个小组仿照这个模拟情景组织小组对话，教师特别提醒学生要注意正确使用现在进行时的句子结构和构成要素(主语＋是动词 am, is, are＋动词 ing)。

示例 4：

一、活动目的：教学名词单复数变化

二、教学方法：创设情境

活动步骤：

可创设这样的情境帮助三年级学生理解名词的单数和复数的区别：Tom（请一名学生扮演 Tom）刚刚成为一年级新生，他非常开心地在收拾自己的文具和书籍。我们和他一起数，好吗？

Teacher：Look, one book, two books, three books, four books ...（一边数一边把书举起来，同时强调 book 加了 s 后的发音）

Teacher：Now let's count the pencils. One pencil, two pencils, three pencils ...（引导全班学生一起参与数数，提示他们留意老师什么时候在单词后加了 s 的发音）

Teacher：Now let's count the colour pencils. 然后让学生自己尝试着往下数 One colour pencil, two colour pencils, three colour pencils, four colour pencils...(教师观察学生有没有在单词后加上 s 的发音,及时表扬或及时纠正)

最后,引导学生思考在数文具或书籍的时候,什么情况下要在单词后加上 s 的发音(在数两件或两件以上的文具或书籍的时候),为什么要在单词后加上 s 的发音呢？在一个个环环相扣的问题引导下,教师就可以把名词单复数变化的概念渗透给学生,给他们一个初步的感知。

示例 5：

一、活动目的：教学现在进行时

二、活动步骤：

教师事先安排不同学生做不同的事,将其发出的声音录制下来,课堂上将其播放出来。

—Hi, I am Nancy. I am singing.（同时播出南希唱歌声）Can you hear me?

—I'm Zhang Ling, I am playing basketball.（传出拍篮球的声音）

也可以由教师自己做许多不同的事,将声音录制下来,让学生来猜测教师正在干些什么。

示例 6：

一、活动目的：比较 be 的时态变化

二、活动步骤：

1. 铺垫

多媒体出示一卧室,内有一张床和一张课桌,床上有两件毛衣,床下有一双鞋,桌上有一只手机和一些鲜花,墙上挂着一只风筝。

T：Where's the mobile phone?

S1：It's on the desk.

T：Where're the shoes?

S2：They're under the bed.

多媒体出示下列句型：

It is on the desk.

They are under the bed.

2. 导入

隐藏上图中的手机和鞋,媒体出现两幅图,让学生进行对照。

T：Where's the mobile phone now? Is it on the desk?

Ss：No.

T：But it was there just now.

T：Where are the shoes now? Are they under the bed?

Ss：No.

T: But they were there a moment ago.

多媒体出示下列句型：

It was there just now.

They were there a moment ago.

由学生已知的一般现在时作铺垫，引出 be 动词的一般过去时，两种时态对比使用，教师做适当解释。

3. 操练

(1) 复习动词 ing 形式的短语：drawing pictures, doing the dishes 等（集中在教材第六册四、五、六三单元之中）

(2) T: School is over. Where do you want to go? 幻灯出示 park, home, zoo 三幅图片，在公园里有同学在野餐、下棋、收集树叶等；在家里爸爸在接电话，妈妈在做饭等；在动物园里动物们都在忙碌着。让学生两人一组说说三个地方里的人和动物都在干什么，然后决定去哪个地方。

(3) 隐藏毛衣和风筝，两图对照，让学生分小组模仿操练。

4. 总结

现在进行时表示说话人说话时正在进行的动作，由助动词 be 的人称形式（am, is, are）+动词的 ing 形式构成。以 walking 为例，用表格归纳如下：

What	are	you	doing?
	is	he	
	is	she	
	are	they	

	I	is	walking.
	He		
	She		
	They	are	

教师出示三组词，让学生观察每一组单词的规律：

draw—drawing   read—reading   cook—cooking

take—taking   have—having   write—writing

sit—sitting   run—running   swim—swimming

一般过去时表示过去某时发生的动作或存在的状态，其谓语动词要用动词的过去式。在汉语中不存在这样的现象，这是中英文的区别之一。还要向学生讲清 is, are 的过去式分别是 was 和 were。

5. 运用

分组自由创设情景，活用以上所学知识，用英语进行交流。这样，借助媒体，通过对话感知，模仿训练，归纳语法现象，活用知识进行实践等一系列活动，有效地帮助学生掌握了 be 动词一般过去时的用法。

(1) 欣赏歌曲"Animals, Animals Are Everywhere"，让学生问后找出含有

现在进行时的句子:Some are climbing. Some are swinging.

(2)观察早上到校后学生们在教室里画画、学习等的场景,用现在进行时进行描写。

六、分析教学案例5-6,尝试完成以下任务:

1. 教师通过哪些方法复习巩固动词的三种时态?
2. 尝试设计一个一般现在时的教学活动。
3. 尝试设计一个一般过去时的教学活动。
4. 尝试设计一个一般将来时的教学活动。

教学案例5-6

小学六年级英语语法复习

一、教学目标

1. 知识目标:复习巩固动词的三种时态:一般现在时、一般过去时、一般将来时。
2. 能力目标:能正确运用不同的时态说句子,锻炼学生的综合语言运用能力。
3. 情感目标:培养学生在活动中的合作精神,让学生在活动中体验成功。

二、教学重难点

能正确区分三种时态的正确用法以及能够在实际生活中灵活运用。

三、板书设计

	一般现在时	一般过去式	一般将来时
概念	经常、反复发生的动作或行为及现在的某种状况。用来叙述经常性发生的事情、习惯和爱好等。	一般过去时表示过去某个时间发生的动作或存在的状态。	叙述将要发生的事情或打算。表示将要发生的动作或存在的状态及打算、计划或准备做某事。
时间状语	always, usually, often, sometimes, never, every week (day, year, month ...), once a week, on Sundays.	ago, yesterday, the day before yesterday, in 1989, just now, at the age of 5, one day, long long ago.	tomorrow, next day (week, month, year ...), soon, in a few minutes, by ..., the day after tomorrow.

续 表

	一般现在时	一般过去式	一般将来时
基本结构	动词原形,如主语为第三人称单数,动词上要加(e)s。 am/is/are ＋ 形容词/名词。	was/were＋形容词/名词。 行为动词(动词过去式)。	am/is/are/going to＋do。 will＋do。
否定式	am/is/are＋not。 谓语动词若为行为动词,则在其前加don't,如主语为第三人称单数,则用doesn't,同时还原行为动词。	was/were not。 didn't ＋动词原形。	am/is/are/going to ＋ not＋do。 will＋not;在行为动词前加will not,同时还原行为动词。
一般疑问句	把be动词放于句首。 用助动词do提问,三单形式则用does,同时,还原行为动词。	was 或 were 放于句首。 用助动词do的过去式did提问,同时还原行为动词。	be放于句首。 will提到句首。

四、教学过程

Step 1：Review the present indefinite tense(一般现在时)

T：Today let's review something that we've learned.

You know I usually read books at home. Sometimes I play with my son.（板书）

Now I want to know what do you usually do at home.

S1/S2/S3：I usually …（生答,师板书）

T：What does your mother/father usually do at home?

S1/S2/S3：My mother/father usually … at home.

（生答,师板书并用红笔标出动词的三单形式）

T：What do they often do in the evening?

S1/S2/S3：They often … in the evening.（生答,师板书）

T：Let's read these sentences.

S：…

T：Who can make a summary about this part?

Why do the verbs plus "s" or "es"？

（生小结一般现在时）

233

T: Ok, now let us ask your partner and finish the chart, then tell us in class.

Name	Activity(at home)

Step 2: Review the past indefinite tense（一般过去时）

T: Yesterday I went to Tangshan.

I bought some food and clothes for my son.

Then I rowed a boat.

I was very happy.（板书动词过去式）

Who can tell me what did you do yesterday/last night/last weekend?

S1/S2/S3: I watched TV yesterday.（分类板书动词过去式）

T: Please read after me.

Who can make a summary about this part?

（生小结一般过去时）

T: Ok, now let us ask your partner and finish the chart, then tell us in class.

Name \ Time	Yesterday	Last night	Last weekend

Step 3: Review the future indefinite tense（一般将来时）

T: Listen to me.

I feel very hot.

I am going to swim in the swimming pool tomorrow.

You can suppose tomorrow is Sunday.

What are you going to do tomorrow?

S1/S2/S3: I am going to ... tomorrow.（生答，师板书）

T: What is your father/mother going to do this weekend?

S1/S2/S3: My father/mother is going to ... this weekend.（板书）

T: What are they going to do this weekend?

S1/S2/S3: They are going to ... this weekend.（板书）

T: Who can make a summary about this part?（师板书：be going to＋动原）

（生小结一般将来时）

T：Ok, now let us ask your partner and finish the chart, then tell us in class.

Name＼Time	Tomorrow	This weekend	This summer holiday

T：（做补充）"will"在一般情况下可替换"be going to"

例如，I am going to swim tomorrow.

可写成：I will swim tomorrow.

Step 4：综合练习

1. Make dialogues（编对话）

{ A：What do you usually do … ?　　B：I usually …
　A：What did you do … ?　　　　　 B：I …
　A：What are you going to do … ? 　B：I am going to … }

2. Exercises paper（课堂练习）

3. Comprehension（阅读理解）

Step 5：结束课堂教学

本章小结

听、说、读、写四种能力是一个有机的、互相联系的整体，四者互为依存，互相渗透，缺一不可。听和读是说与写的前提和基础，说和写又反过来对听和读起着进一步的消化和促进作用。在英语教学中，只要从以上几方面着手，就能提高学生的英语水平，进而全面地提高学生的英语综合素质。

课后思考题

1. 在词汇教学中，老师可教给学生哪些记忆单词和短语的方法？
2. 请阐述小学阶段英语听、说、读、写能力培养之间的关系。

第六章　小学英语教学评价

章首语

评价是英语课程的重要组成部分。英语课程的评价应根据《标准》采用科学、合理的评价方式和方法，尽可能做到评价主体的多元化，评价形式和内容的多样化，评价目标的多维化。本章从四个方面介绍小学英语教学评价。通过本章学习，希望学习者在今后的评价实施过程中，能根据不同阶段英语学习的内容、目标以及评价的不同功能，选择恰当的评价方法，并进行合理组合。

知识点思维导图

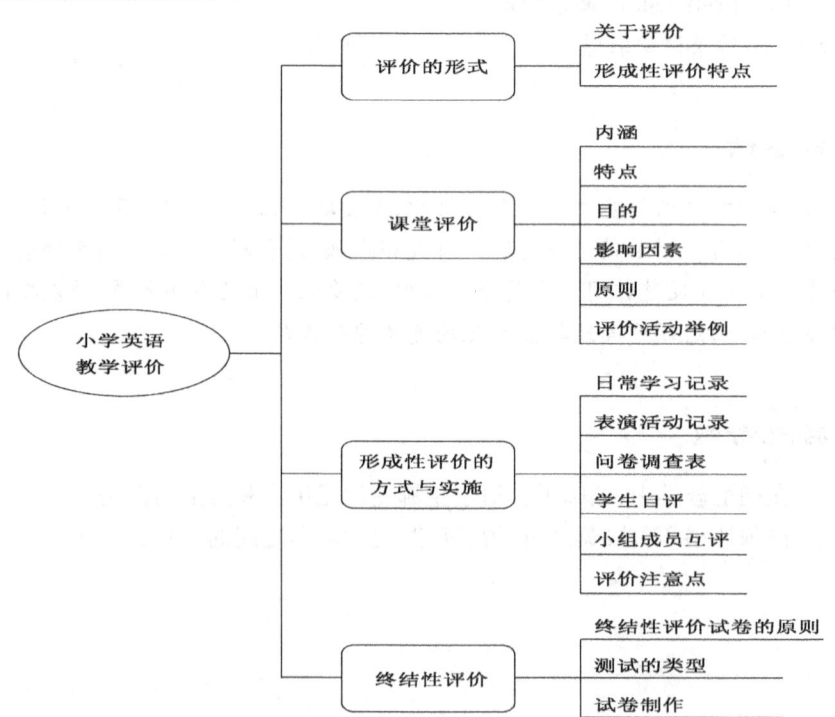

评价是英语课程的重要组成部分。科学的评价体系是实现课程目标的重要保障。英语课程的评价应根据课程标准的目标和要求,教学的全过程和结果实施有效监控。新课标基本理念中对英语课程评价体系的要求:优化评价方式,着重评价学生的综合语言运用能力。英语课程评价体系要有利于促进学生综合语言运用能力的发展,要通过采用多元优化的评价方式,评价学生综合语言运用能力的发展水平,促进学生的自主学习能力、思维能力、跨文化意识和健康人格的发展。评价体系应包括形成性评价和终结性评价。日常教学中的评价应以形成性评价为主,关注学生在学习过程中的表现和进步;终结性评价着重考查学生的综合语言运用能力,包括语言技能、语言知识、情感态度、学习策略和文化意识等方面。

第一节 评价的形式

一、关于评价

教学评价是教学活动重要组成部分,贯穿于教学过程,对教与学起着极为重要的导向、激励、调控作用。长期以来,传统的教学评价方式强调了其选拔功能,忽视了学生的主体性;强调了知识的灌输,忽视了学生的创造性,从而形成了只以考分、升学作为评判学生的优劣、能力和培养前途的唯一标准的评价体系。恰当的评价活动可以对学生的学业进步和人格形成产生积极的推动作用。

形成性评价的概念是由斯克里文于1967年所著《评价方法论》中首先提出。形成性评价又称过程评价,是在教学过程中进行的评价,是为引导教学过程正确、完善的前进而对学生学习结果和教师教学效果采取的评价。形成性评价是一种着眼于促进学生多方面发展的评价形式,它主要是对学生日常学习过程中的表现、所取得的成绩以及所反映出的情感态度、策略等方面的发展的评价。它注重教学应面向全体学生及其个性发展,主张以学生发展为本,培养学生的合作精神挖掘创新潜能。

形成性评价是指通过观察、活动记录、测验、问卷调查和课后访谈等形式对学生的学习进展进行的持续评价。它是伴随学习进程(while-learning)持续进行的评价;它的目的是向师生提供学生状态和进程的反馈信息,从而调节教与学活动的一种评价手段,也是一种学习方式。形成性评价关注学生学习过程,试图通过改进学习过程来改善学习结果;它除了评价知识、技能等可量化的方面以

外,更适于评价兴趣、态度、策略、合作精神等不易量化的品质,评价结果多以描述性评价、等级评定或评分等记录方式。

终结性评价(如期末考试、结业考试等)是指在一个学习阶段末对学生的表现和能力所做的评价。终结性评价发生在一个学习阶段结束后(post-learning);其目的是评估学生是否达到和在多大程度上达到了教学的目标;它关注的是学习的结果;它评价的是学习内容中易于量化的方面,如知识、技能,成绩多以精确的百分制来表达。它是检测学生综合语言运用能力发展程度的重要途径,包括语言技能、语言知识、情感态度、学习策略和文化意识等五个方面。终结性评价应根据教学的阶段性目标确定评价的内容和形式,可以包括口语、听力、阅读、写作和语言知识运用等部分。小学的终结性评价应充分考虑小学生的认知特点,选择恰当的形式和内容,做到简明、实用。

二、形成性评价的特点

形成性评价是"对学生的学习过程进行的评价,旨在确认学生的潜力,改进和发展学生的学习"。形成性评价的任务是"对学生日常学习过程中的表现、所取得的成绩以及所反映出的情感、态度、策略等方面的发展做出评价。其目的是激励学生学习,帮助学生有效调控自己的学习过程,使学生获得成就感,增强自信心,培养合作精神。"形成性评价不单纯从评价者的需要出发,而更注重从被评价者的需要出发,重视学习的过程,重视学生在学习过程中的体验;强调人与人之间的相互作用,强调评价中多种因素的交互作用,重视师生交流。在形成性评价中,老师的职责是确定任务、收集资料、与学生共同讨论、在讨论中渗透教师的指导作用,与学生共同评价。形成性评价的特点为:

1. 评价主体多元化

在形成性评价中,评价的主体除了教师以外,还包括学生、家长、学校管理人员等,不同的评价主体可以从不同的角度做出不同的评价,避免单个评价主体造成的评价结果片面化、绝对化,提高评价的实效性,促进学生英语能力的发展。此外,学生在形成性评价中处于评价的主体地位,可以通过互评等方式,与其他同学进行比较,相互取长补短,不断地进行总结、反思和改进。

2. 评价内容多元化

形成性评价要求从知识与能力、过程与方法、情感与态度方面综合进行评价,而不仅仅是从学生的知识与能力方面单独进行评价。也就是说,在英语教学中,不仅要对学生学习的结果进行判断,还要对产生这一结果的各种因素和动态过程进行描述和判断,看到他们的学习动机、兴趣、情感、态度、人格、意志等非智力因素发展的一面。也就是说,既要重视学生语言知识和语言技能的掌握,又要重视其在语言学习过程中的行为参与、情感参与和思维参与。

3. 评价形式多样化

形成性评价强调要运用多种方法,从多个角度、多个侧面充分了解学生的特点。在评价标准上,既以课程目标为参照标准,又以学生的纵向发展水平为参照标准。要尽量淡化量化和客观化的评价,因为量化和客观化的评价容易使情意性和感悟性很强的英语语言学习变得简单化和肤浅化,丢掉语言教学中最有意义、最有价值的内容。在英语教学中,要采用定性评价,因为定性评价虽然具有模糊性和不确定性,但是可以从本质上保证评价的科学性,保留英语教学中最有意义、最有价值的内容。

第二节　课堂评价

一、课堂评价的内涵

课堂评价是收集、综合和分析信息的过程,是了解学生的各项技能发展水平和发展潜力等信息的过程。课堂评价也称为课堂评估,包括课堂教学评估和课堂学习评估。这里所提到的课堂评估为课堂学习评估,是教师用来获取学生学习情况的一种课堂操作方式,是课堂研究的一个重要组成部分,是教师和学生对教学和学习实施监控的一种手段。通过对学习过程的观察、对学习效果的适时反馈、师生对话,教师可以对学生学到什么、学到了多少、学习方式如何、学习状况如何有比较深入的了解,从而有效地开展教学,提高教学质量。

二、课堂评价的特点

1. 以学生为中心(learner-centered)

学生是学习的主体,课堂教学的一切活动都是为了学生的发展。以学生为中心要求评价能够体现人文精神,要注重学生的全面发展,评价内容不应只集中在语言上,更要注重非智力因素的发展。以学生为中心同样要求评价要全面,不应只是对个别学生,而要提供所有同学的全方位的信息。

2. 教师为主导,学生为主体(Teacher-directed and Student-conducted)

评价内容的确定、方式的选择以及处理反馈信息的方式一般由教师确定,教师在课堂评价中起到组织、管理、监控的作用。学生虽然是课堂评价的客体,但同时也应该以主体的身份参与评价。课堂评价应该是学生自我评价、学生互评与教师评价相结合的统一体,这样才能提供完备的数据。

3. 形成性(Formative)

课堂评价的目的是提高学习的质量,而不是为评价学生提供数据;它注重学生是否达到学习的目标,而不是与其他同学成绩的比较。因此,课堂评价应不以评定成绩为目的,教师对学生的反馈信息也应采用个别化的方式,通过采访、座谈、问卷等描述性完成,而不是仅靠测试。评价所关注的不应只是学生目标的达成情况,同样要注意学生在学习过程中的表现,形成性与过程性是一致的,不可分的。

4. 情景具体性(Context-specific)

课堂评价所针对的是具体的学生、具体的教师、具体的课堂教学内容。适用于一个班级的评价方式不一定适合另一个班级,适合于一种课型的评价方式也未必对另外一种课型有效。所以,评价不等于测试。测试,尤其是水平考试可以是非情景性的。而评价要求适合学生、适合课堂,因此所采用的方式以及评价的内容会有很大的灵活性。

5. 连续性(On-going)

课堂评价不是终结性测试,而是一个连续的"反馈链"(feed-back loop)。一个反馈链一般由三到四次评价组成,各反馈链又前后相连,一直延续下去。每一个链环中,教师运用各种各样的策略对学生的学习情况进行评价,然后将信息反馈给学生,并针对某具体情况提出改进意见;然后进行第二次、第三次,甚至第四次评价,以检测学生学习行为改进情况或课堂教学的效用。

6. 评价和教学一体化

课堂评价不是孤立的检测手段,而是课堂教学的一个组成部分。将评价的机制纳入正常的课堂教学中可以促进有效教学的开展。

三、课堂评价的目的

作为一种形成性检测手段和课堂研究的一部分,课堂评价有以下几个目的:① 检测学生对当堂教学内容掌握的情况;② 检测学生对策略运用的情况;③ 检测学生对学习过程的自我监控情况;④ 检测教学任务的完成情况;⑤ 发现学生在学习中仍未解决的问题;⑥ 发现教学操作中存在的问题;⑦ 发现课程设置中存在的问题;⑧ 发现评价策略本身存在的问题;⑨ 为学生调整自己的学习方案提供反馈;⑩ 为学生调整学习策略的使用提供反馈;⑪ 为教师调整教学方式提供反馈。

总之,课堂评价的最终目的是做出关于改进教学、促进学习的各项决策。

四、影响课堂评价的因素

1. 教学理念

教学理念是影响评价的主要因素。传统的教学把评价等同于测试,虽然评价理论有了很大发展,但是以测试为主的评价方式依然存在,理论与实践总是有一定的差距。在多元理论、建构主义理论和后现代主义理论逐渐为越来越多的教师所熟悉后,课堂评价的方式也随之发生了变化,课堂评价的过程性、形成性以及学生主体参与等会被越来越多的教师所接受。现代评价理论并不排斥测试,但是只有测试是不能为学生的发展和教学的改进提供有效的信息反馈的。

2. 学生的参与

学生的积极参与是课堂评价得以顺利进行的保证。课堂评价是教师辅助下的学生自评,自然必须有学生的参与。如 Angelo 和 Cross 所言,只有当学生积极参与评价活动,并从中掌握评价策略之后,课堂评价才能发挥其应有的效力。这需要学生理解课堂评价的意义、课堂评价在学生中的地位、课堂评价的方式以及他们在评价中的角色。要想激发学生参与评价的动机,我们就必须满足学生的需求,因此,评价中的多元化、学生自主和学生主体就显得愈发重要。我们根据学生的具体情况选择评价的侧重点,选择正确的评价方式是有效评价的保证。

3. 评价活动的正规化

课堂评价作为教学和学习的一种监控手段应纳入正常的课堂教学之中,成为课堂教学不可缺少的一部分。这要求评价必须具有系统性、规范性,必须长期展开,在具体的实施中不断丰富自身的内容和策略。只有这样才能保证评价的效用,使课堂评价真正成为课堂教学和课堂学习的一部分,评价才会更具有策略性。

4. 评价的类型

评价类型是影响评价的直接因素。采用形成性评价还是终结性评价方式;评价是以教师为主体还是以学生为主体;评价关注的是学生的语言知识水平还是语言应用水平,还是学生知、情、意的全面发展,所有这些都会直接影响课堂评价的效果。评价类型的选择要考虑到课堂教学目标,要考虑到学生的年龄特点、认知特点和智力倾向等因素。

5. 反馈

评价中教师必须将课堂评价的结果及时反馈给学生,以便学生采取相应的对策,并且根据反馈信息调整自己的学习计划,选择恰当的学习方式。反馈一旦滞后或根本没有反馈,课堂评价将失去应有的效应。

6. 评价技术资源

评价技术资源同样会影响评价的开展。在教学还只是停留在笔和纸的时代,评价多是测试,更多是笔试,评价等同于测验。在网络技术发达的今天,教师可以利用网络技术使评价多元化、个体化和跟踪化。评价技术的发展是评价发展的一种推动力。

五、课堂评价的原则

课堂教学评价不同于测试,其目的是监控学生的学习,利用评价信息指导学生的学习和改进教师的教学。课堂评价所特有的目的和作用,要求有特定的实施方式与之相适应。根据课堂评价的目标和特点以及对评价因素的控制,教师在进行课堂评价时应遵循以下原则:

1. 针对性原则

为了保证评价有效进行,教师必须了解各种评价策略的目的及其预期的效果。为了使评价方式适应教学的具体实际,满足课堂教学目标,适合学生的具体情况,教师应根据不同的课型以及教育者的素质选择适当的评价手段。

2. 过程性原则

课堂评价属于形式性评价的范畴,课堂评价所关注的是课堂中学生的学习过程,因此课堂评价应遵循过程性原则。评价所关注的是学习的过程,评价本身也是一个过程,是课堂教学中的一部分,而不是同课堂教学相分离的。为了保证评价的过程性,课堂评价的内容应更多关注学生的表现,而不是学生的成果;关注学生的发展,而不是学生的成就。同时课堂评价应具有连续性,就某一方面的评价不应该是一次性的,而应根据具体情况持续几个周、一个学期,甚至一个学年。

3. 效率性原则

课堂评价的有效开展有赖于学生的配合,有赖于信息反馈的及时与适当。为了使学生有效配合课堂评价的进行,教师有必要使学生理解所采用的策略的作用和操作方式,让其看到课堂评价给他们带来的效益;有必要让学生参与评价,借以培养学生的自我监控能力。反馈及时得当在评价中具有十分重要的作用。教师要注意"反馈链"中每一环结束时所采用的处理方式,使学生清楚课堂评价的作用和价值;在评价的每一阶段将获取的信息进行分析整理后及时反馈给学生。从这些反馈信息中学生可以了解教师采用这种评价方式的意义,了解自己的不足,从而采取相应的措施。

4. 变化性原则

课堂评价要避免单调,学生参与动机的激发从某种程度上要借助于评价的变化性。如果每一堂课都采用相同的评价方式,比如:一分钟问卷,并且所答问题相同,学生就会失去兴趣。因此课堂评价方式要多样化,这同时也符合多元化的标准。

六、课堂评价常用评价活动举例

1. 一分钟问卷

一分钟问卷用于检验学生对教学内容的掌握、对课堂活动的态度等。具体操作如下:

(1) 在下课前 2~3 分钟,让学生取出一张纸,写出对下列问题的回答:
What activity do you like best?
What activity do you dislike?

(2) 教师将学生的答案收起并加以分析;

(3) 在第二节课上对上一堂课遗留的问题进行专门处理。

2. 卡式评价

为了保证评价的有效进行,教师有时可将评价的内容制作成评价表,在活动结束时,发放给学生。如下是一个课堂结束时对阅读策略使用情况的自评表:①

```
Self-evaluation Sheet
    Date:_____    Name:_____
    1. I was able to select a story I am interested in.        (  )(  )
    2. I tried to guess from the context when I met new words in the story.
                                                                (  )(  )
    3. When I failed to guess out the words, I referred to the Chinese
version for reference.                                          (  )(  )
    4. I skimmed the story to first find what it is mainly about.  (  )(  )
    5. I read the story carefully, interested in some of the details.
                                                                (  )(  )
    6. When I was required to retell a character I like best, I scanned the
story again for some details.                                   (  )(  )
    7. In the discussion with others, I found I was able to get the right
information very quickly as I read in the way I had.            (  )(  )
    8. I am satisfied with my reading this time.                (  )(  )
```

---

① 黎茂昌,潘景丽. 新课程小学英语教学理论与实践[M]. 成都:四川大学出版社,2011.

第三节　形成性评价的方式与实施

实际上,大多数老师在教学中都使用过形成性评价的某些形式和技术,如给课堂表现好的学生发小星星、给学生的作业写评语。但是这些使用是无意识的、零碎的、缺乏明确的目的性和系统性。根据小学生的年龄特点和英语水平,综合教学实践中使用的形成性评价的手段,我们在小学英语教学中可以以档案的形式对学生进行形成性评价。

一、日常学习记录

日常学习记录包括作业记录、课堂表现记录、测验成绩等。作业记录除记录家庭作业的成绩(多用等级)或评语外,每学期还可分阶段收几份学生认为比较满意的作业样品,并且可以在学习小组内说明为什么选择这份作业,它是如何完成的,这样可以让学生对好的学习方法进行反思和交流。课堂表现主要是教师对学生完成课堂教学活动的评价记录,如在答问、朗读、游戏、比赛、会话表演中获得小星星、小旗等。可以用星或旗的颜色来表示活动的质量,如:蓝色表示积极参与,红色表示表现出色等。这些星或旗可分单元粘贴在学生的学习档案中。这样学生可对自己每一个单元和上一个单元的课堂表现进行对比,督促自己不断进步。

学生日常学习记录法可采用成长记录袋方式,又称为档案袋方法,是一种新兴的评价方式。这种方法是指学生把自己有代表性的作品汇集起来,以展示自己的学习和进步的状况。其中收集的每份作品都是有意识地根据预先制定的标准选择的。学生成长记录袋评价方法包含着自我评价的成分。

它分为三种:第一种,作品学生成长记录袋。指收集学生作品的学生成长记录袋,这些作品被评为学生最好的作品,又被称为"展示学生成长记录袋"或"成就学生成长记录袋",其内容可以是一盘录像带、一个模型,也可以是一篇作文或一件艺术品等。第二种,过程学生成长记录袋。它的内容可能包括作品完成之前的所有草稿;描述小组在实现共同目标的过程中,学生所扮演的角色等。第三种,进步学生成长记录袋。这种学生成长记录袋中的内容包括学生首次和最后一次在实现任务中所完成的相似的作品或作业。

二、表演节目活动记录

每学期可组织一到两次全员参与的表演节目的活动。如:英语歌曲吟唱、诗歌朗诵、短剧表演等活动。学生以小组或个人为单位,围绕学习的重点自定表演内容。表演时间由学生自定,但要提前通知老师。教师利用课前几分钟每次安排一组学生表演(学生也可选择独立一人表演)。教师对学生的表演进行评价。还可为学生的活动留下录音或照片,一并收入学习档案中。

三、问卷调查表

问卷调查表主要用于评价学生的学习兴趣与态度。如:教师可以设计下表6-1调查学生对学习的态度:

表 6-1　学生对英语的学习态度

项目	同意	不同意
英语非常有用		
希望每天都有英语课		
我每天愿意花课外时间学习外语		
英语对我来说很重要		
学习英语很有趣		
英语太难了		
英语课没意思		
英语对我来说没什么用		

教师评语:_____

_____

日期:_____

对学生的兴趣可通过下表 6-2 来调查:(=满意、=还可以、=不满意)

表 6-2　学生兴趣调查表

项目	满意	还可以	不满意
学唱英语歌曲			
背诵英语歌谣			
表演英语对话			
听英语小故事			

续 表

项目	满意	还可以	不满意
讲英语小故事			
阅读英语故事或笑话			
根据英语提示做手工			
收集生活中的英语			
听老师讲英语			
跟同学讲英语			
给父母念英语			
做英语游戏			
做书面练习			
为图画配英文说明			

教师评语：_____

_____

日期：_____

通过以上调查，教师可以了解学生的学习态度和兴趣所在，采取相应的措施提高教学效果；学生可以有目的地调整自己的学习策略和态度，发展自己的兴趣。这样的调查可以一学期进行两次，最好有一个较长的时间，以便发现学生的态度与兴趣是否发生了变化。正确的学习态度的形成与兴趣的发展是小学生英语学习的两个重要方面，也是形成性评价的重要内容。

四、学生自评

学生自评是学生对自己的学习策略、努力程度和学习效果等以及它们之间的关系的评价和认识。学生可以从课堂活动和学习过程两方面对自己的学习状况进行评价。

课堂活动是完成学习任务、达到学习目标的主要途径。学生参与课堂活动的程度和质量在很大程度上决定着学生的学习成效。对学生学习活动进行评价就是使学生意识到他们自己的学习状态，并学会不断改进自己参与活动的能力和水平。下面是一份自我评价课堂活动的列表6-3：

表6-3　课堂学生自我评价表

活动内容	我的态度		我的行动		
	喜欢	不喜欢	主动参加	参加但不主动	未参加
制作水果沙拉					
采访调查同学喜欢的食物					
为家人设计两天的食谱					
表演在麦当劳购买食物的片段					
为生日派对安排食物					

小结：

我喜欢的活动有____项,我参与了____次活动,其中____次我很积极、主动。这些活动使我_____（在相应的项目前打"√"）

☐ 敢于和乐于开口说英语。

☐ 英语成绩提高了。

☐ 学会了了解和倾听同学的意见。

☐ 体会到了与同学合作的重要性。

☐ 觉得英语学习很有趣味。

☐ 觉得英语很有用。

学生对自己学习过程的评价是形成学习责任感、形成个人独特有效的学习方法、提高学习能力的重要途径。对学习过程中的评价要求学生分析自己掌握学习内容的情况,对自己的学习方法和策略进行反思,并提出自己努力的方向。根据小学生英语学习活动的实际情况教师可根据单词、课文、模拟对话、作业等几个项目,设计表格让学生对学习过程进行评价。见表6-4。

表6-4　学生对项目的评价

第____单元	单词	课文	模拟对话	其他课堂活动	家庭作业
对本单元的学习效果满意吗？					
为什么？					
下单元目标					

第一栏中请用符号填写：☆＝满意，△＝还可以，○＝不满意。

"为什么"一栏可能的选择：

（1）我听课时特别专心

（2）我参加课堂活动很积极，获得更多讲练英语的机会

（3）我在课后花了更多的时间来复习

（4）我使用了一种巧妙的方法来学习，如：将单词编成两句顺口溜来记忆

（5）我进行了课外阅读

（6）我在课后跟同学和父母讲英语

（7）学习的方法是死记硬背，学习很辛苦

（8）学习内容太难

（9）课后没有复习

（10）其他

课堂活动或学习过程的评价在每单元的学习结束后进行。一学期大约有6～7次这样的活动。

五、小组成员互评

合作学习的方式在英语课堂中极为普遍。合作小组成员之间的评价可以起到相互督促、相互学习的作用，有利于激发学生你追我赶的上进心。评价的内容可以包括学习态度、学习策略等方面。通过评价使学生体会到努力程度、学习方法与学习效果之间的关系，从中受到启发。但小组成员的互评不宜太频繁，以一学期两次为宜。下面是一份互评的列表。

表6-5　小组成员互评表

填表人：_____　　填表日期：_____

姓名：		是	不是
学习态度	他/她喜欢上英语课吗？		
	他/她总是按老师的要求做吗？		
	他/她上课认真吗？ 上课时做与学习无关的事吗？		
	他/她在小组活动中表现积极吗？		
	他/她总是很认真地完成作业吗？		

续 表

姓名：		是	不是
学习策略	他/她上英语课前有预习吗？		
	他/她在课后跟同学讲英语吗？		
	除了课本以外，他/她看其他的英语书吗？		
	在小组活动中，他/她经常主动提示其他同学吗？		
	他/她在学习中会想一些特别的办法来记忆单词和课文吗？		
总评	很好，我要向他/她学习。		
	不错，我相信他/她还可以做得更好。		
	他/她需要，还需要帮助。		

以上几个方面构成学习档案的主要内容。除此以外，在档案的最后还有学生对自己本学期总的评价和教师、家长的评语等栏目。学习档案展示了学生在努力学习后所取得的进步和成绩。学生在建立档案的学习过程中可以思考他们学到什么、是如何学习的，对自己的学习情况及努力方向有比较明确的认识，增强对学习的责任感，体验点滴成功，逐渐培养自主学习的习惯和能力。学期末，当学生手中捧着记录着自己学习成果的档案时，他们会产生一种由衷的成就感和自豪感，学习英语的动机自然会得到强化。

六、在小学实施形成性评价要注意的几点

1. 在评价手册（即学习档案）的设计形式上，要考虑小学生的年龄特点

档案名称不使用"学习档案"之类的严肃字眼，而是冠以"学英语"（空格中填学生的名称）这样一个突出学习者个人价值的标题。在表格设计上，可以用一些卡通符号来代替文字，在形式上适应小学生的喜好，使评价成为一件他们乐意做的事。评价内容的表述宜具体，不宜概括。如：对学习态度、学习策略等的评价要细化为一系列的具体问题，以适应小学生的理解水平，从而使评价有效。

2. 学生是建立学习档案的主要参与者

教师要鼓励他们学会对自己的学习负责，学会评价和监控自己的学习活动。要对他们进行评价指导，发展他们必要的评价技能，如：记录学习情况、在同学帮助下提高作业水平、与教师讨论、对照学习目标评定自己的表现、确定努力的方向等。教师一开学就把学习档案发给学生，告诉学生这份档案将成为本学期的

英语成绩记录,告诉他们评定成绩的内容和形式,让他们比照档案来要求自己,在建立档案的过程中,还要对学生进行具体的布置和指导。

3. 在某些情况下,学生之间可以互相修改作业、寻求帮助

鼓励学生将他们的作业拿出来讨论和修改。即使经教师评价后的作业样品也可以再修改,最终将最令人满意的版本放入学习档案中。在这个过程中,程度低的学生可以从程度高的同学那里得到帮助,程度高的学生通过修改程度低的同学作业加深对英语的感受和理解。这个过程实质是学生自我提高的过程。

4. 评价要结合平时的学习进行

我们不主张评价与平时的学习脱离而另设一套活动作为评价的任务。相反,应以学生平时参与各种教学活动的表现作为评价的主要依据。评价的内容与形式要为学生所熟悉,要与平时的教学方式相近。换言之,学生是怎么学的就怎么考。此外,要防止评价活动占用过多的上课时间,防止建立档案的活动加重学生的负担。

5. 根据不同年级学生的年龄特点采用相应的评价技术

由于小学低、中、高年级的学生各方面存在着比较大的差距,在选择形成性评价的形式与技术时,要充分考虑他们的年龄特点和能力水平,使之适宜。例如,前面所述的评价性技术用于低年级时,要进行简化。[①]

第四节　终结性评价

终结性评价——对学生学习结果的评价。英语教学评价中除了进行日常的评价外,还应在某一个阶段进行考试测评,这样能总体把握学生掌握知识、技能的程度和能力发展水平,为教师和学生确定后续教学起点提供依据。通过测试教师和学生可以相互反馈信息。教师能检察整个学生群体的学习情况,针对学生出现的问题能及时查缺补漏,帮助学生进步。学生可以了解学习进展情况。考试后教师可以指导学生针对自己的考试情况写出分析、总结等相关记录装入学习档案中做到学习过程和结果的统一。

---

① 安凤歧,梁承锋.小学英语新课程教学法[M].北京:首都师范大学出版社,2012.

一、终结性评价试卷的原则

《标准》明确指出:终结性评价主要检测学生综合语言运用能力的发展程度;终结性评价应根据教学的阶段性目标确定评价的内容和形式;终结性评价应将知识与技能的评价有机结合起来,着重考查学生在具体语境中运用英语的能力,渗透对情感态度、学习策略和文化意识的考查。考试形式应灵活多样,合理配置主观题和客观题。小学的终结性评价应充分考虑小学生的认知特点,选择恰当的形式和内容,做到简明、实用。

基于课程标准的这些目标要求和小学英语教学的实践,小学英语终结性评价试卷应从遵循以下几个原则:

(一)能力原则:突显语言运用能力

按照课程标准要求,终结性评价试卷的全部试题应该以检测学生运用英语的能力为目标。小学英语终结性评价的设计可从以下几个方面体现:首先采用任务型、活动型试题;让学生用已经掌握的英语在活动中去完成一个任务,来展示自己的英语运用能力,教师根据学生完成任务的情况,对他们运用英语的能力给予评价,从而实现终结性评价。其次,注重对语言运用能力的考查,而不是在知识层面进行终结性评价。小学英语终结性评价试卷应该是在语句、语段、语篇层面进行测试,放弃单纯的词汇和短语,甚至语音层面的测试。最后,合理设计试卷结构,小学英语终结性评价试卷的结构应符合小学生运用英语的特点。一般小学英语一级的试卷结构以听说占50%、读写占50%为宜,二级的试卷结构以听说占30%、读写占70%为宜。

(二)教育原则:强调评价育人

评价,包括终结性评价,也是育人的重要途径。素质教育是义务教育的核心内容,在试卷设计中应该把素质教育贯穿其中。发展学习策略是终身学习的基础,也是课程标准的基本内容。我们通过让学生完成任务对他们进行评价,而完成任务的指令本身应该体现完成任务的策略,以此帮助学生更好地形成合理的学习策略。情感态度和文化意识是课程标准规定的内容,也应该在评价中体现。而跨文化教育既包含文化交往的态度,也包含文化意识。

(三)差异原则:尊重学生个性差异,学生存在个性差异是必然的,教育既要强调共性(达到共同的基础性目标),也要尊重个性差异。不仅在教学中应该如此,在终结性评价中也应该如此。

(四)人文原则:体现评价的人文性;测试焦虑是终结性评价必然会面对的,而如何尽可能减轻学生的测试焦虑,则是试题设计本身应该考虑的。

(五)兴趣原则:注意试题的趣味性。在小学英语教学中教师们大都能遵循小学英语兴趣第一的原则,但在测试中一般很难充分体现趣味性,致使很多学生没有兴趣参与终结性评价活动。①

二、试卷的制作

(一) 要求

笔试试卷的制作是英语教师必备的重要技能。试卷命题时应以相应的大纲为依据;应对教与学有良好的导向作用;应根据不同目的选择题型;应确保试题的效度(即此题要考学生什么);应在预定范围之内,难度适中。试卷设计还应符合下列要求:

(1) 有题头;标题要包括考试对象、学期、类别(期中、期末等)、所考课程、卷类(A、B卷等)、出卷年月和考试用时。此外,要留出地方填写测试的日期、考生姓名、班级和分数。

(2) 有大题的题号和指示语、此大题总分和每小题分数。

(3) 试题、标准答案和评分标准配套;听力部分要有录音材料和录音稿。

(4) 试题难度适中且分布得当。

(5) 正规考试一般要设计两份难易度相当的试卷,即 A、B 卷。

(6) 题量和考试时间搭配合适。

(二) 题型

试题设计应多样化,可有以下的题型:

一是选择题。可有单项选择题和多项选择题。这种题型可用来检查英语发音、词汇和语法,在考试中经常遇见。命题时应注意命题的目的,题干要明了简洁;选择项要有干扰项且不宜过于冗长。以下面题目为例:

A: What are you doing?

B: _____. (题干)

A. They row a dragon boat.

B. They running. (干扰项)

C. They watch TV.

D. They are playing basketball. (正确答案)

二是连线。在考虑试题难易程度分布的时候,连线题可作为较为简单的题目出现,因此该类题只考查学生的辨别能力和推测能力。

---

① 雷云萍.小学英语终结性评价试卷的设计原则——以宜宾县小学六年级英语终结性评价试卷为例[J].基础英语教育,2005年10月,第7卷第5期(76-78).

三是听写。听写可以考核学生的词汇掌握能力和拼写能力,可有单词听写、句子听写或短文听写的形式。根据学生的水平,短文听写可分为全文听写和部分听写(Spot dictation)。试题的难易程度可由听力材料的速度、次数、间隔的长短等控制。

四是回答问题。可以是听音答题或阅读理解答题等。根据学生的水平,可以提示或独立回答。

五是填空题。可有单词填空、句型填空和完形填空的形式。通过填空使句子或段落的意思完整。但需注意填空的空格要有目标性且位置不宜过于密集。空格的抽取以有上下文提示或学习的重点为宜,例如,语法点。

六是阅读理解题。根据学生所学的水平和内容,给出一至五篇难度适当、长短得当的文章,针对每篇文章的内容出几道题目,考查学生对短文的理解。题目可以是多项选择题,也可以是简答题。

七是写作题。根据给出的题目或提示用英语写小短文。

(三) 试卷制作的检查

综上所述,可通过检查以下各项是否考虑并做到来判断试卷制作是否合理:试题的考点是否明确;试题内容是否在命题范围内,难度是否适中;难易题分布是否恰当;题型选择是否合理、是否多样化;题量是否适中;试题格式是否正确;试题题头是否符合要求;指示语是否简洁明了;分数是否分布合理;试卷(答卷)、标准答案和评分标准是否配套;拼写是否正确。

三、试卷示例

PEP人教版小学五年级英语下册期末测试题

听力部分(共30分)

一、听录音,选出你听到的单词或词组。(10分)

(　　)1. A. spring　　　　B. summer　　　　C. fall
(　　)2. A. March　　　　B. May　　　　　　C. April
(　　)3. A. eat breakfast　B. eat lunch　　　　C. eat dinner
(　　)4. A. 7:30　　　　　B. 8:30　　　　　　C. 9:30
(　　)5. A. drinking　　　B. eating　　　　　C. having
(　　)6. A. fly kites　　　B. plant trees　　　C. make a snowman
(　　)7. A. nice　　　　　B. sweet　　　　　 C. good
(　　)8. A. go hiking　　　B. go shopping　　 C. go fishing
(　　)9. A. go to bed　　　B. go to school　　 C. go to work

(　　)10. A. first　　　　B. second　　　　C. third

二、听音,完成句子。(10分)

1. Look, what is my mother doing?
   She's _____.

2. Chen Jie and Amy are _____.

3. Hello _____, Can I speak to Chen Jie, please?

4. Her grandpa is _____.

5. When is your birthday? _____.

三、听问句,选答句。(10分)

(　　)1. A. There are four seasons in a year.
　　　　B. Spring is my favourite season.

(　　)2. A. It's June 21st.
　　　　B. It's Thursday.

(　　)3. A. No. He's playing football.
　　　　B. Yes. He's very tall.

(　　)4. A. My mom is a doctor.
　　　　B. Sure. Hold on, please.

(　　)5. A. They are cooking dinner.
　　　　B. She is answering the phone.

笔试部分(共70分)

一、选出不同类的单词。(10分)

(　　)1. A. winter　　　B. cool　　　C. spring　　　D. summer
(　　)2. A. cool　　　　B. cold　　　C. warm　　　　D. walk
(　　)3. A. skate　　　 B. swim　　　C. climb　　　 D. season
(　　)4. A. first　　　 B. two　　　 C. second　　　D. third
(　　)5. A. May　　　　 B. July　　　C. Sunday　　　D. June

二、找出单词的正确译文,将其标号填入前面的括号内。(10分)

(　　) 1. spring　　　　A. 春天　　　B. 季节　　　C. 夏天
(　　) 2. morning　　　 A. 下午　　　B. 中午　　　C. 上午
(　　) 3. May　　　　　 A. 五月　　　B. 三月　　　C. 六月
(　　) 4. write a letter　A. 写报告　　B. 写信　　　C. 写电子邮件
(　　) 5. swim　　　　　 A. 游泳　　　B. 荡秋千　　C. 跑步
(　　) 6. usually　　　　A. 通常　　　B. 一般　　　C. 经常
(　　) 7. evening　　　　A. 晚上　　　B. 早上　　　C. 中午

(   ) 8. have a picnic   A. 数昆虫   B. 举行野餐   C. 做实验
(   ) 9. drink water   A. 打架   B. 讲话   C. 喝水
(   ) 10. twelfth   A. 十二   B. 第十二   C. 第二十

三、选择填空。(共20分)

(   )1. My parents usually get up _____ 6:40.

    A. on   B. in   C. at

(   )2. —What's the date today?

    —_____

    A. It's Tuesday.   B. It's cool   C. It's April 1st.

(   )3. —Is Amy answering the phone?

    —_____

    A. Yes, he does.

    B. No, she is writing a letter.

    C. No, he isn't.

(   )4. There is a call _____ you.

    A. for   B. on   C. at

(   )5. —_____?

    —They are listening to music.

    A. What do they do?

    B. What are you doing?

    C. What are your grandparents doing?

(   )6. This is _____ duck.

    A. my   B. an   C. you

(   )7. He's _____ an e-mail.

    A. writing   B. write   C. written

(   )8. _____ they playing sports?

    A. Are   B. Is   C. Am

(   )9. Winter _____. Zoom and Zip don't skate. They sleep.

    A. coming   B. come   C. comes

(   )10. I'm making a birthday cake for _____ family.

    A. we   B. us   C. our

四、选择正确的答句。(10分)

(   )1. What do you do on the weekend?

(   )2. When is Children's Day?

( )3. Which season do you like best?

( )4. Are you climbing the mountain?

( )5. What are you doing?

A. No, I'm going hiking.

B. I'm doing homework.

C. June 1st.

D. Winter. I can play with snow.

E. I often do homework and go hiking.

五、句型转换。(10 分)

1. Are you having lunch at home ? Yes. (肯定回答)

2. Jack is <u>flying the kite</u> now.(对画线部分提问)

   Jack now?

3. He goes to work at 7:00.(改为一般疑问句)

   he to work at 7:00?

4. I have lunch <u>at 12:00 noon</u>. (对画线部分提问)

   you lunch?

5. Do you like winter? (肯定回答)

六、阅读理解。(10 分)

Mike: Hello. This is Mike. Is that Wu Yifan?

Wu: Yes, this is Wu Yifan. What are you doing, Mike?

Mike: I'm watching TV. What are you doing? And how is everybody doing?

Wu: Just fine. I'm doing the dishes. My father is writing an e-mail in the study. My mother is sweeping the floor. And my brother is playing chess with my sister.

Mike: What do you do on the weekend?

Wu: I visit grandparents and go shopping.

Mike: Do you want to go to the nature park?

Wu: Sure. What time?

Mike: At 1:30.

Wu: OK. See you later.

Mike: Bye.

根据短文内容,判断正(T)误(F)。

( )1. Wu Yifan is watching TV.

(   )2. Mike is doing the dishes
(   )3. Wu Yifan's father is writing an e-mail in the bedroom.
(   )4. Wu Yifan visits grandparents and goes shopping on the weekend.
(   )5. Wu Yifan wants to go to the Children's Park at 1:30 with Mike.

本章小结

科学的评价体系是实现课程目标的重要保障。小学英语课程的评价应根据《标准》规定的课程目标与要求,采用科学、合理的评价方式和方法,对教学的过程和结果加以及时、有效地监控,以起到对教学的积极导向作用。在课堂评价中,应突出学生的主体地位,发挥学生在评价过程中的积极作用。评价应采用形成性评价与终结性评价相结合的方式,既关注过程,又关注结果,使对学生学习过程和学习结果的评价达到和谐统一。小学英语教学中可以以档案的形式对学生进行形成性评价。评价除了关注学生综合语言运用能力的发展过程外,还要注重学生在学习过程中情感态度、价值观念、学习策略等方面的发展和变化。

课后思考题

1. 如何利用"档案袋"开展小学英语教学评价?
2. 小学英语教师如何有效地对学生进行课堂评价?
3. 为什么小学英语教学评价应以形成性评价为主的多种方式相结合?

附 录

一、英语字母表(手写体)

二、英语国际音标表

英语国际音标表(48个)

元音(20个)

长元音	/ɑː/	/ɔː/	/ɜː/	/iː/	/uː/		
短元音	/ʌ/	/ɒ/	/ə/	/ɪ/	/ʊ/	/e/	/æ/
双元音	/eɪ/	/aɪ/	/ɔɪ/				
	/ɪə/	/eə/	/ʊə/				
	/əʊ/	/aʊ/					

辅音(28个)

轻辅音	/p/	/t/	/k/	/f/	/θ/	/s/
浊辅音	/b/	/d/	/g/	/v/	/ð/	/z/
轻辅音	/ʃ/	/h/	/ts/	/tʃ/	/tr/	
浊辅音	/ʒ/	/r/	/dz/	/dʒ/	/dr/	
鼻音	/m/	/n/	/ŋ/			
半元音	/j/	/w/		边音	/l/	

三、常用课堂用语

1. 上课（Beginning a class）

(1) Let's start now. /Let's begin our class/lesson.

(2) Let's start a new lesson/Lesson 1.

(3) Let's get ready for class.

(4) Stand up, please.

(5) Sit down, please.

(6) Have you got everything ready for class?

2. 问候（Greeting）

(7) Hello, boys and girls/children.

(8) Good morning, class/everyone/everybody/children/boys and girls.

(9) Good afternoon, class/everyone/everybody/children/boys and girls.

(10) How are you today?

3. 考勤（Checking attendance）

(11) Who's on duty today? /Who's helping this morning/today?

(12) Is everyone/everybody here/present?

(13) Is anyone away? /Is anybody away?

(14) Is anyone absent? /Is anybody absent?

(15) Who's absent? /Who's away?

(16) Where is he/ she?

(17) Try to be on time. /Don't be late next time.

(18) Go back to your seat, please.

(19) What day is it today?

(20) What's the date today?

(21) What's the weather like today?

(22) What's it like outside?

4. 宣布（Announcing）

(23) Let's start working. /Let's begin/start a new lesson. / Let's begin/start our lesson.

(24) First, let's review/do some review.

(25) What did we learn in the last lesson?

(26) Who can tell/remember what we did in the last lesson/yesterday?

(27) Now we're going to do something new/different. /Now let's learn something new.

(28) We have some new words/sentences.

5. 提起注意（Directing attention）

(29) Ready? /Are you ready?

(30) Did you get there? /Do you understand?

(31) Is that clear?

(32) Any volunteers? /Anyone else?

(33) Do you know what to do?

(34) Be quiet, please. /Quiet, please.

(35) Listen, please.

(36) Listen carefully, please.

(37) Listen to the tape recorder/the recording.

(38) Look carefully, please.

(39) Look over here.

(40) Watch carefully.

(41) Are your watching?

(42) Please look at the blackboard/picture/map ...

(43) Pay attention to your spelling/pronunciation ...

6. 课堂活动(Classroom activities)

(44) Start! /Start now.

(45) Everybody together. /All together.

(46) Practise in a group. /Practise in groups/in groups, please.

(47) Get into groups of three/four ...

(48) Everybody finds a partner/friend.

(49) In pairs, please.

(50) One at a time. /Let's do it one by one.

(51) Now you, please. /Your turn (Student's name).

(52) Next, please. Now you do the same, please.

(53) Let's act. /Let's act out/do the dialogue.

(54) Who wants to be A?

(55) Practise the dialogue, please.

(56) Now Tom will be A, and the other half will be B.

(57) Please take (play) the part of ...

(58) Whose turn is it?

(59) It's your turn.

(60) Wait your turn, please.

(61) Stand in line. /Line up.

(62) One by one. /One at a time, please.

(63) In twos. /In pairs.

(64) Don't speak out.

(65) Turn around.

7. 请求(Request)

(66) Could you please try it again?

(67) Could you please try the next one?

(68) Will you please help me?

8. 鼓励(Encouraging)

(69) Can you try?

(70) Try, please. /Come on.

(71) Try your best. /Do your best.

(72) Think it over and try again.

(73) Don't be afraid/shy.

9. 指令(Issuing a command)

(74) Say/Read after me, please.

(75) Follow me, please. /Repeat after me.

(76) Do what I do.

(77) Look carefully, please. /Watch carefully.

(78) Once more, please. /One more time, please.

(79) All together.

(80) Please come to the front. /Come up and write on the blackboard/chalkboard.

(81) Come and write it on the blackboard.

(82) Please go back to your seat.

(83) Practice in groups, please. /In twos. /In pairs.

(84) Put your hand up, please. /Raise your hand, please.

(85) Put your hands down, please. /Hands down, please.

(86) Say it/Write it in Chinese/English, please.

(87) Please take out your books.

(88) Please open your books at page … / Find page … / Turn to page …

(89) Please answer the question/questions. /Please answer my question(s).

(90) Please read this letter/word/sentence out loud. /Please read out this letter/word/sentence.

(91) Please stop now. /Stop now, please. /Stop here, please.

(92) Clean up your desk/the classroom, please.

(93) It's clean-up time. /Tidy up your desk/the classroom.

(94) Put your things away. /Clean off your desk. /Pick up the scraps.

(95) Clean the blackboard.

(96) Plug in the tape-recorder, please.

(97) Put the tape-recorder away.

(98) Put the tape in its box/cassette.

(99) Listen and repeat.

(100) Look and listen.

(101) Follow the words.

(102) Help each other, please.

(103) Fast. /Quickly! /Be quick, please.

(104) Hurry! /Hurry up, please.

(105) Slow down, please.

(106) Slowly.

(107) Bring me some chalk, please.

10. 禁止和警告 (Prohibition and warning)

(108) Stop talking. /Stop talking now, please.

(109) Don't talk. /Everybody quiet, please.

(110) Don't be silly.

(111) Settle down.

11. 评价

(112) Good, thank you.

(113) Good! /Very good. /Good job. /Good work. /Excellent. /Great! /Well done.

(114) Let's clap hands for Tom.

(115) I like the way you ...

(116) That's interesting! /That's better.

(117) Don't worry about it. /No problem. /Come on, Tom. /Take it easy.

(118) You're getting better every day. /Keep it up.

(119) I don't think so.

(120) That's not quite right, any other answers? /That's close. /That's almost right.

(121) Not quite, can anyone help him/her? /Try again.

(122) A good try.

12. 布置作业 (Setting homework)

(123) For today's homework ...

(124) Practise after class. /Practise at home.

(125) Say it out loud, before you write it down.

(126) Copy/Print/Write each word twice.

(127) Remember (Memorize) these words/sentences.

(128) Learn these words/these sentences/this text by heart.

(129) Do your homework. /Do the next lesson. /Do the new work.

13. 下课 (Dismissing the class)

(130) Hand in your workbooks, please.
(131) Time is up.
(132) The bell is ringing.
(133) There's the bell.
(134) There goes the bell.
(135) Let's stop here.
(136) That's all for today.
(137) Class is over.
(138) Goodbye. /Bye. /See you next time.

参考文献

书刊类:

[1] 教育部基础教育课程教材专家工作委员会. 义务教育英语课程标准(2017年版)[M]. 北京:北京师范大学出版社,2017.

[2] 桂诗春. 心理语言学[M]. 上海:上海外语教育出版社,1985.

[3] 胡春洞. 英语教学法[M]. 北京:高等教育出版社,1990.

[4] 许国璋. 论语言和语言学[M]. 北京:商务印书馆,1995.

[5] 胡春洞,王守仁. 英语教学交际论[M]. 南宁:广西教育出版社,1996.

[6] 束定芳,庄智象. 现代外语教学——理论、实践与方法[M]. 上海:上海外语教育出版社,1996.

[7] 蓝卫红. 小学英语教学法[M]. 南宁:广西教育出版社,1998.

[8] 李维. 小学儿童教育心理学[M]. 北京:高等教育出版社,1999.

[9] 胡壮麟. 关于英语语法教学的再认识[A]//全国大学英语教学研讨会学术委员会. 中国大学英语教学论丛(上). 北京:外语教学与研究出版社,2000.

[10] 胡壮麟. 语言学教程[M]. 北京:北京大学出版社,2001.

[11] 何广铿. 英语教学法基础[M]. 广州:暨南大学出版社,2001.

[12] 张莺,付丽萍. 小学英语教学法[M]. 长春:东北师范大学出版社,2002.

[13] 程晓堂,郑敏. 英语学习策略[M]. 北京:外语教学与研究出版社,2002.

[14] 王电建,赖红玲. 小学英语教学法[M]. 北京:北京大学出版社,2002.

[15] 王笃勤. 英语教学策略论[M]. 北京:外语教学与研究出版社,2002.

[16] 王笃勤. 小学英语教学法导学[M]. 北京:中央广播电视大学出版社,2003.

[17] 王蔷. 小学英语教学法教程[M]. 北京:高等教育出版社,2003.

[18] 黄远振. 新课程英语教学[M]. 福州:福建教育出版社,2003.

[19] 鲁子问. 小学英语教育学[M]. 北京:中国电力出版社,2004.

[20] 俞理明. 语言迁移与二语习得——回顾、反思和研究[M]. 上海:上海外语教育出版社,2004.

[21] 林立. 小学英语教学研究[M]. 北京:首都师范大学出版社,2004.

[22] 杭宝桐. 中学英语教学法[M]. 上海:华东师范大学出版社,2006.

[23] 鲁子问,王笃勤.新编英语教学论[M].上海:华东师范大学出版社,2006.
[24] 傅小平.小学英语教学论[M].长沙:湖南人民出版社,2007.
[25] 杨艳,杨细萍.小学英语教学实用教程[M].北京:气象出版社,2008.
[26] 樊永仙.英语教学理论探讨与实践应用[M].北京:冶金工业出版社,2009.
[27] 陈琦,刘儒德.教育心理学[M].北京:高等教育出版社,2009.
[28] 崔刚,孔宪遂.英语教学十六讲[M].北京:清华大学出版社,2009.
[29] 黎茂昌,潘景丽.新课程小学英语教学理论与实践[M].成都:四川大学出版社,2011.
[30] 邢家伟.小学英语课程与教学[M].北京:教育科学出版社,2013.
[31] 安凤歧,梁承锋.小学英语新课程教学法[M].北京:首都师范大学出版社,2015.
[32] 文秋芳.英语口语测试与教学[M].上海:上海外语教育出版社,1999:176-187.

期刊类:

[1] 顾绍熹.我国英语语法教学的过去和现在[J].上海外国语学院学报,1984(04).
[2] 李观仪.在培养语言能力的基础上培养交际能力[J].外语界,1990(04).
[3] 罗运芝.思维成长与语言习得[J].外语与外语教学,1997(05).
[4] 温厚.运用交际法培养学生语用语言的能力[J].外语界,1998(01).
[5] 张东正.语法教学的再认识[J].基础教育外语教学研究,2001(01).
[6] 何安坤.英汉语法特点对比促进英语学习[J].黔西南民族师专学报,2001(04).
[7] 赵颖.儿童语言习得的认知分析[J].平原大学学报,2002(03).
[8] 郭铭华.论母语在外语课上的作用[J].外语与外语教学,2002(04).
[9] 胡壮麟.对中国英语教育的若干思考[J].外语研究,2002(03).
[10] 曾贤模.关于英语语法教学地位的在思考[J].贵州教育学院学报,2003(01).
[11] 包天仁.中国小学英语教学的现状与反思[J].基础教育外语教学研究,2004(11).
[12] 陈樱.英语教学中应注意英汉语法的差异[J].文教资料,2006(08).
[13] 刘芳.听说法和交际法与外语教学[J].辽宁经济职业技术学院学报,2006(01).
[14] 王素青.合作学习在英语教学中的运用[J].中国成人教育,2007(22).
[15] 王萍.皮亚杰认知发展理论对英语教学的启示[J].理论界,2007(12).

[16] 衡仁权.国外语法教学研究的最新发展综述[J].外语界,2007(06).

[17] 任翠芹.小学英语语法教学的基本原则[J].考试周刊,2007(48).

[18] 俞林.浅谈小学英语语法教学策略[J].小学教学研究,2007(08).

[19] 李玉.关键期假说与儿童英语教育[J].阜阳师范学院学报(社会科学版),2007(06).

[20] 张云飞.主要外语刊物语法教学文章综述(1997—2006)[J].山东外语教学,2008(05).

[21] 王邦民.英汉间的语法差异与联系[J].山东教育,2008(05).

[22] 张海燕.回归语言教学本身提高英语课堂实效——对小学英语课堂教学的"冷思考"[J].成都大学版(教科版),2008(06):94.

[23] 李兰文.以情激趣以境助教——浅谈英语教学中的情境教学[J].新课程(教育学术版),2009(08).

[24] 吴佳怡.任务型教学在小学英语听说教学中的应用[J].理论探索,2009(05):83.

[25] 姚莹.加强小学英语教育中"家校合作"的研究[J].考试周刊,2009(11).

[26] 蔡燕.试谈小学英语教学的评价方式[J].考试周刊,2009(42).

[27] 李秀莲.中学"大班小班化"研究以M学校为例[D].华东师范大学,2009.

[28] 赵章芬.英语课堂小组讨论中的误区及对策[J].文理导航,2009(21).

[29] 鲁储安.如何在母语环境下渗透英语学习策略[J].考试周刊,2009(31).

[30] 梁佩琳.浅析母语在小学英语教学中的正负迁移[J].基础教育,2010(01).

[31] 吴莲萍,朱朝春.英语教学中"语法翻译法"与"直接法"的分析与比较[J].科技信息,2010(10).

[32] 林莉.巧管理真精彩——浅谈小学英语课堂教学管理技巧[J].中小学教学研究,2010(06).

[33] 李陆林.提升小学英语备课实效的思考与实践[J].中小学外语教学(小学篇),2011(03).

[34] 张慧.多元智能理论对英语教学的启示[J].中国教育技术装备,2011(08).

[35] 黄碧华.小学英语有效备课之"六要"[J].基础英语教育,2011(08).

[36] 朱耀华.对当前英语语法教学的一些思考[J].基础英语教育,2011(06).

[37] 李乱.新课标下对小学英语语法教学的思考[J].小学时代,2011(11).

[38] 徐桂英.浅谈小学英语听说教学[J].科学大众,2011(11):86.

[39] 顾大喜.小学英语PPP模式和TBL模式的对比研究[J].新课程,2011(03).

[40] 王学君.小学英语备课实效的思考[J].中国科教创新导刊,2012(09).

[41] 吕晶晶.试析小学英语的有效备课方法[J].新课程,2012(06).

[42] 黄明敏,吴金洪.小学英语语法教学方法研究[J].教育教学论坛,2012(29).

[43] 汤敏敏.随风潜入夜润物细无声—浅谈小学英语语法知识的构建[J].科教文汇,2012(06).

[44] 苗承燕,刘咏梅.第三学段学生汉语思维对英语句法学习的影响研究——基于武威市凉州6所小学的调查[J].北京教育学院学报,2012(01).

[45] 程燕芬.图表在小学英语教学中的运用策略[J].快乐阅读,2012(36).

[46] 陈宝玉.培养学生自主探究能力的策略[J].中国科教创新导刊,2012(03):46.

[47] 李玲群.家庭学习环境对小学生英语学习的影响[J].小学教研,2012(05):6.

[48] 刘丽.浅谈多媒体技术在小学英语课堂教学中的应用[J].无线互联科技,2013(05).

[49] 张晨洁.外语教学理论的几点思考[J].时代文学,2014(08).

[50] 沈青.小学英语课堂教学的有效管理[J].教师博览,2014(10).

[51] 熊丹.小组合作学习在小学英语课堂教学中的运用[J].新课程研究,2015(03).

[52] 向美.浅议小学英语课堂的管理艺术[J].教育论坛,2016(11).

[53] 郑萍.合作学习在小学英语教学中的运用[J].当代教育理论与实践,2016(05).

[54] 卢秀丽.基于故事教学法的小学英语微课设计[J].江西教育,2016(01).

[55] 于庆玲.利用电教技术提高小学英语教学效率[J].小学生,2017(01).

[56] 许亚萍.农村小学英语课程资源整合的措施[J].新课程学习,2017(07).

[57] 饶章青.优化小学英语课堂管理的对策探究[J].基础教育,2017(06).

外文类：

[1] Wilkins D A. Perspectives in Communicative Language Teaching[M]. London: London Academic press, 1983.

[2] Celce-Murcia, M. Formal Grammar Instruction, TESOL Quarterly[J]. 1991, 26(2).

[3] Scott Thornbury. How to Teach Grammar[M]. Pearson ESL, 2000.

[4] Stern, H. H. Fundamental Concepts of Language Teaching[M]. London: Oxford University Press, 1983.

[5] Widdowson, H. G. Aspects of Language Teaching[M]. 上海：上海外语教

育出版社,1999.

[6] Larsen-Freeman, Diane. From Grammar to Grammaring[M]. 北京:外语教学与研究出版社,2005.

[7] Colin Baker. Foundation of Bilingual Education and Bilingualism[M]. England: Multilingual Matters Ltd, 1993.

[8] Larsen-Freeman, D. E. An Explanation for the Morpheme Acquisition Order of Second Language Learners Language Learning, 1976(26).

[9] Rod Ellis. The Study of Second Language Acquisition [M]. 上海:上海外语教育出版社,1999.

[10] Stephen Krashen. Second Language Acquisition and Second Language Learning[M]. Oxford Press,1982.

网站类:

[1] https://wenku.baidu.com/view/31787fdace2f0066f5332279.html.

[2] http://www.sohu.com/a/190544491_618980.

[3] http://www.chinadmd.com/file/v3ivioweusrsr6czuu3veoiw_1.html.

[4] http://www.5ykj.com/Health/wu/27618.htm.

➢扫描目录页二维码获取其他相关资源